高等职业教育“十四五”规划教材
中国特色高水平高职专业建设计划成果

高职学生体育与健康

（第2版）

闫　雷　张新明　冯　园　主编

中国农业大学出版社
·北京·

内 容 简 介

本教材分理论篇和技能篇两部分，共十四章。理论篇包括体育运动促进身体健康、科学健身与卫生保健、体育竞赛与奥林匹克运动，技能篇包括健美操运动、篮球运动、足球运动、排球运动、气排球运动、乒乓球运动、羽毛球运动、游泳运动、轮滑运动、速度滑冰运动、肌肉力量训练。本教材具有理论与实践相结合、语言精练简洁、图文并茂直观、视频展示生动等特点。本教材可作为高等职业院校公共体育课用书，也可供体育爱好者学习参考。

图书在版编目(CIP)数据

高职学生体育与健康 / 闫雷，张新明，冯园主编．2 版．-- 北京：中国农业大学出版社，2024．8．--ISBN 978-7-5655-3260-3

Ⅰ．G807.4；G717.9

中国国家版本馆 CIP 数据核字第 2024SM5553 号

书　　名　高职学生体育与健康　第 2 版

作　　者　闫　雷　张新明　冯　园　主编

策划编辑　许晓婧　　**责任编辑**　许晓婧

封面设计　李尘工作室

出版发行　中国农业大学出版社

社　　址　北京市海淀区圆明园西路 2 号　　**邮政编码**　100193

电　　话　发行部 010-62733489，1190　　读者服务部 010-62732336

编辑部 010-62732617，2618　　出　版　部 010-62733440

网　　址　http://www.caupress.cn　　**E-mail** cbsszs@cau.edu.cn

经　　销　新华书店

印　　刷　河北朗祥印刷有限公司

版　　次　2024 年 8 月第 2 版　　2024 年 8 月第 1 次印刷

规　　格　185 mm×260 mm　　16 开本　　15.75 印张　　382 千字

定　　价　48.00 元

第 2 版编审人员

主　编：闫　雷　张新明　冯　园

副主编：葛建飞　杨　林　洪　霞　田　野
　　　　金　刚　马　强　马　驭　王丽敏

参　编：赵志坚　杨　楠　周继鹏　孟令辉
　　　　王明志　苏玉莲　王雨晴

主　审：吴景全

第 1 版编审人员

主　编:闫　雷(黑龙江农业工程职业学院)

副主编:孟令辉(黑龙江农业工程职业学院)
杨　楠(黑龙江农业工程职业学院)
房英杰(哈尔滨体育学院)
张雪莲(哈尔滨体育学院)

参　编:周继鹏(黑龙江农业工程职业学院)
张新明(黑龙江农业工程职业学院)
葛建飞(黑龙江农业工程职业学院)
冯　园(黑龙江农业工程职业学院)
苏玉莲(黑龙江农业工程职业学院)
刘治国(黑龙江农业工程职业学院)
洪　霞(黑龙江农业工程职业学院)
田　野(黑龙江农业工程职业学院)
杨　林(黑龙江农业工程职业学院)
王丽敏(黑龙江农业工程职业学院)

主　审:吴景全(黑龙江农业工程职业学院)

第 2 版前言

体育承载着国家强盛、民族振兴的梦想。党的二十大报告明确提出:“广泛开展全民健身活动,加强青少年体育工作,促进群众体育和竞技体育全面发展,加快建设体育强国。”“推进健康中国建设。”这为新时代学校体育高质量发展指明了方向,确立了行动指南。体育已成为中华民族伟大复兴的标志性事业,体育强国是实现社会主义现代化强国的组成部分。重视青少年体育事业发展,增强国民体质,才能真正实现由体育大国向体育强国的转变。因此,加强青少年体育事业发展是实现我国体育强国发展战略的根本所在。2019 年 8 月 10 日,国务院办公厅发布了关于印发《体育强国建设纲要》的通知(国办发〔2019〕40 号)。《体育强国建设纲要》对照我国社会主义现代化强国建设阶段,对体育强国建设 2020 年、2035 年、2050 年分阶段提出了奋斗目标,对体育强国的战略任务进行了安排,首次从政策层面回答了什么是体育强国、如何建设体育强国,并从四个方面对我国体育强国建设进行了系统设计。2021 年 10 月 8 日,国家体育总局发布了关于印发《“十四五”体育发展规划》的通知(体发〔2021〕2 号)。《“十四五”体育发展规划》瞄准 2035 年实现体育强国远景目标,提出“十四五”时期要搭建体育强国建设的“四梁八柱”总体要求,并明确了八个方面的发展目标,具有很强的针对性。

新时期党的教育方针是:坚持教育为社会主义现代化建设服务、为人民服务,把立德、树人作为教育的根本任务,全面实施素质教育,培养全面发展的社会主义建设者和接班人,努力办好人民满意的教育。高等职业教育是我国高等教育的重要组成部分,是培养拥护党的路线,适应生产、建设、管理、服务第一线需要的,德、智、体、美、劳等方面全面发展的高素质技术技能人才的教育。

高等职业教育是我国高等教育中不同层次的一种类型,是按照职业分类,根据一定职业岗位(群)实际业务活动范围的要求,培养生产建设管理与社会服务第一线的“实用型”人才,而非“学术型”人才。要求学生掌握必需的、够用的基础知识,具备较强技术应用能力,具有良好的

"职业道德"以及实干、创新、创业的精神。高职教育办学模式的学制设置主要是三年制和两年制，学生在校时间较短，强调培养职业技能，注重职业岗位中的实用性。因此，体育学科体系建设更具紧迫性和重要性。高职院校要充分考虑学生所在专业的特点，从高职教育的特色出发，为我国培养具有健康体魄的一线劳动者。

随着时代的进步和社会的发展，体育具有了举足轻重的地位，人们逐渐意识到个体生命健康需要体育，提高劳动者素质依靠体育，愉快的闲暇生活渴望体育，体育锻炼已经越来越成为人们生活的一部分，因而体育教育在现代社会显得尤为重要。承载体育教育重要环节的高职体育，担负着学校体育最后阶段关键时期的体育教育重任，因此在新形势新要求下，如何有效地发挥高职体育的教育功能，提高人才培养质量，一直为人们所关注。为进一步深化高等职业学校体育教育教学改革，我们结合多所高职院校的师资、教法、教学内容和学生的需求编写了《高职学生体育与健康》。旨在突出高职院校体育教育特点的基础上，以"健康第一"的精神贯穿教学内容的始终，并紧密联系体育与健康的最新研究成果和高职学生的专业与职业特点，使本教材更加具有时代性，符合新时代高职学生身心健康的需求。

本教材保持了第1版的编写风格，分理论篇和技能篇两部分讲述了体育运动的相关知识和具体项目的锻炼方法，并在第1版的基础上更新了部分图片，增加了健美操、气排球、羽毛球和速度滑冰四章，使内容更加丰富、全面。

本教材具有以下特点。

1. 教材有特色，有创新。在编写指导思想上着重强调了教材内容的实用性，以突出体育这门课程的教学实践性。结合高职院校的特点和实际，侧重于培养学生的终身体育实践能力、促进学生身心健康等方面，对传统内容进行了重组，重点介绍了高职院校体育与健康概况、高职院校学生如何掌握科学地进行体育锻炼的方法、每个体育项目锻炼价值等。

2. 编写团队专业。本教材由高等院校的专业体育教师、高水平训练队教练参与教材编写并审核教学内容，体育教师业务能力强，各体育运动项目由体育教练、专业运动员进行示范动作，专业拍摄团队录制和编辑视频，确保体育教学图片和视频质量，每个体育项目技术动作的重点和难点内容均会有视频演示，文字和声音相结合，有效地提高学生学习效率。

3. 普及广，实用易行。本教材在体育运动项目选择和运动内容编排上，针对体育项目或动作特点，设计安排了大量的运动技能练习方法。通过科学合理的体育运动练习方法，能够有针对性地解决技术动作难点，提高学生掌握运动技术水平的能力，而且体育锻炼项目娱乐性较强，有利于高职院校学生在愉快的活动中掌握体育运动技术动作要点，从而使学生养成体育锻炼习惯，培养体育运动兴趣爱好及终身体育运动意识。

4. 图文并茂，教学效果好。体育运动项目的动作技术、战术大多较为复杂，单以语言表述难以详尽其要义所在，学生如不能很好地加以理解，将会影响到对动作技术和战术的掌握。为此，本教材体育运动技术动作采用统一标准配图，图文并茂，以图代文、以图解文，在学生学习体育运动技术动作时，将运动特色、技术动作要领形象直观地展示给广大师生，做到实用、准确、易学，重点和难点内容配有视频演示，有效地提高学生学习效率，同时使学生感受体育带来的无限快乐和魅力。

由于编者水平有限，加之编写时间仓促，书中不足之处，恳请专家、读者批评指正。

编　者

2024 年 3 月

第1版前言

体育承载着国家强盛、民族振兴的梦想。党的二十大报告明确提出:“广泛开展全民健身活动,加强青少年体育工作,促进群众体育和竞技体育全面发展,加快建设体育强国。”“推进健康中国建设。”这为新时代学校体育高质量发展指明了方向,确立了行动指南。体育已成为中华民族伟大复兴的标志性事业,体育强国是实现社会主义现代化强国的组成部分。重视青少年体育事业发展,增强国民体质,才能真正实现由体育大国向体育强国的转变。因此,加强青少年体育事业发展是实现我国体育强国发展战略的根本所在。2019年8月10日,国务院办公厅发布了关于印发《体育强国建设纲要》的通知(国办发〔2019〕40号)。《体育强国建设纲要》对照我国社会主义现代化强国建设阶段,对体育强国建设2020年、2035年、2050年分阶段提出了奋斗目标,对体育强国的战略任务进行了安排,首次从政策层面回答了什么是体育强国、如何建设体育强国,并从四个方面对我国体育强国建设进行了系统设计。2021年10月8日,国家体育总局发布了关于印发《“十四五”体育发展规划》的通知(体发〔2021〕2号)。《“十四五”体育发展规划》瞄准2035年实现体育强国远景目标,提出“十四五”时期要搭建体育强国建设的“四梁八柱”总体要求,并明确了八个方面的发展目标,具有很强的针对性。

新时期党的教育方针是:坚持教育为社会主义现代化建设服务、为人民服务,把立德、树人作为教育的根本任务,全面实施素质教育,培养全面发展的社会主义建设者和接班人,努力办好人民满意的教育。高等职业教育是我国高等教育的重要组成部分,是培养拥护党的路线,适应生产、建设、管理、服务第一线需要的,德、智、体、美、劳等方面全面发展的高素质技术技能人才的教育。

高职教育是我国高等教育中不同层次的一种类型,是按照职业分类,根据一定职业岗位(群)实际业务活动范围的要求,培养生产建设管理与社会服务第一线的“实用型”人才,而非“学术型”人才。要求学生掌握必需的、够用的基础知识,具备较强技术应用能力,具有良好的“职业道德”以及实干、创新、创业的精神。高职教育办学模式的学制设置主要是三年制和两年制，学生在校时间较短，强调培养职业技能，注重职业岗位中的实用性。因此，体育学科体系建设更具紧迫性和重要性。高职院校要充分考虑学生所在专业的特点，从高职教育的特色出发，为我国培养具有健康体魄的一线劳动者。

随着时代的进步和社会的发展，体育具有了举足轻重的地位，人们逐渐意识到个体生命健康需要体育，提高劳动者素质依靠体育，愉快的闲暇生活渴望体育，体育锻炼已经越来越成为人们生活的一部分，因而体育教育在现代社会显得尤为重要。承载体育教育重要环节的高职体育，担负着学校体育最后阶段关键时期的体育教育重任，因此在新形势新要求下，如何有效地发挥高职体育的教育功能，提高人才培养质量，一直为人们所关注。为进一步深化高等职业学校体育教育教学改革，我们结合多所高职院校的师资、教法、教学内容和学生的需求编写了《高职学生体育与健康》。旨在突出高等职业学校体育教育特点的基础上，以“健康第一”的精神贯穿教学内容的始终，并紧密联系体育与健康的最新研究成果和高职学生的专业与职业特点，使本书更加具有时代性，符合新时代高职学生身心健康的需求。

本教材具有以下特点。

1. 教材有特色，有创新。在编写指导思想上着重强调了教材内容的实用性，以突出体育这门课程的教学实践性。本书包括理论、技能和健身三大部分共 11 章，结合高职院校的特点和实际，侧重于培养学生的终身体育实践能力、促进学生身心健康等方面，对传统内容进行了重组，重点介绍了高职院校体育与健康概况、高职院校学生如何掌握科学地进行体育锻炼的方法、每个体育项目锻炼价值等。

2. 编写团队专业。本教材由高等院校的专业体育教师、高水平训练队教练参与教材编写并审核教学内容，体育教师业务能力强，各体育运动项目由体育教练、专业运动员进行示范动作，专业拍摄团队录制和编辑视频，确保体育教学图片和视频质量，每个体育项目技术动作的重点和难点内容均会有视频演示，文字和声音相结合，有效地提高学生学习效率。

3. 普及广，实用易行。本教材在体育运动项目选择和运动内容编排上，针对体育项目或动作特点，设计安排了大量的运动技能练习方法。通过科学合理的体育运动练习方法，能够有针对性地解决技术动作难点，提高学生掌握运动技术水平的能力，而且体育锻炼项目娱乐性较强，有利于高职院校学生在愉快的活动中掌握体育运动技术动作要点，从而使学生养成体育锻炼习惯，培养体育运动兴趣爱好及终身体育运动意识。

4. 图文并茂，教学效果好。体育运动项目的动作技术、战术大多较为复杂，单以语言表述难以详尽其要义所在，学生如不能很好地加以理解，将会影响到对动作技术和战术的掌握。为此，本教材体育运动技术动作采用统一标准配图，图文并茂，以图代文、以图解文，在学生学习体育运动技术动作时，将运动特色、技术动作要领形象直观地展示给广大师生，做到实用、准确、易学，重点和难点内容配有视频演示，有效地提高学生学习效率，同时使学生感受体育带来的无限快乐和魅力。

本教材由闫雷编写第一至第五章，其余编者编写第六至第十一章。

由于编者水平有限，加之编写时间仓促，书中不足之处，恳请专家、读者批评指正。

编　者

2022年12月

目　　录

第一篇　理论篇

第一章　体育运动促进身体健康

第一节　体育与健康概述

一、体育的概念

体育一词，其英文是 physical education，指的是以身体活动为手段的教育，直译为身体的教育，简称为体育。随着国际交往的扩大，体育事业发展的规模和水平已成为衡量一个国家、社会发展进步的一项重要标志，也成为国家间外交及文化交流的重要手段。

体育是人类社会发展中，根据生产和生活的需要，遵循人体身心的发展规律，以身体练习为基本手段，达到增强体质，提高运动技术水平，进行思想品德教育，丰富社会文化生活而进行的一种有目的、有意识、有组织的社会活动，是伴随人类社会的发展而逐步建立和发展起来的一个专门的科学领域。体育可分为广义的体育和狭义的体育。广义的体育，又称体育运动，是指人们根据社会生产和生活需要，遵循人体生长发育和运动技能形成规律，以身体活动为基本手段，为增强体质，提高运动技术水平，丰富社会文化生活而进行的一种有目的、有意识、有组织的身体运动和社会活动，它属于社会文化教育的范畴，受一定的社会政治经济的影响和制约，也为一定社会的政治经济服务。狭义的体育称学校体育，是现代体育基础，是学校教育的重要组成部分，是全面发展身体，促进身心和谐发展，传授体育知识、技术、技能，提高运动技术水平，进行思想品德教育、文化科学教育，提高体育文化素养和适应社会能力的一种有目的、有计划、有组织的教育过程；是提高民族素质造就一代新人的一个重要教育活动过程。

二、体育的分类

根据体育与社会的联系及其性质，我们将体育分为学校体育、竞技体育、大众体育、娱乐体育四大类。

(一)学校体育

学校体育是指以在校学生为参与主体的体育活动，通过培养学生的体育兴趣、态度、习惯、知识和能力来增强学生的身体素质，培养学生的道德和意志品质，促进学生的身心健康。学校体育是教育的重要组成部分，是计划性、目的性、组织性较强的体育教育活动过程。高等职业院校培养的是生产、建设、管理、服务第一线的高素质技能型专门人才，是我国高等教育的重要组成部分。为了全面贯彻党的教育方针，促进高职高专学生身心和谐发展，造就更多合格人才，高等职业院校要根据《国家中长期教育改革和发展规划纲要》《中共中央国务院关于加强青少年体育增强青少年体质的意见》和国务院批准发布实行的《学校体育工作条例》的精神，落实教育部《关于全面提高高等职业教育教学质量的若干意见》精神，以“健康第一”为指导思想，上好体育与健康课程，通过较系统的课堂教学和有组织的课外体育活动，传授体育的基本知识、技能和方法，增进学生身心健康、增强体质、发展素质、提升综合职业能力，养成终身从事体育锻炼的意识、能力与习惯，为完善学生人格、提升应职应岗能力和今后的生活质量打下坚实基础。学校体育的意义在于：

（1）学校体育是国民体育的基础，对增强民族体质和提高竞技体育水平有重要的战略意义。一个民族的素质，主要包括身体素质、文化素质、心理素质和品德素质。民族体质的强弱，关系到国力强弱和民族兴衰。学生时期是长身体的时期，特别是中小学生正处在生长发育的旺盛时期。人的生长发育水平，受多方面因素的影响。体育锻炼是影响人体生长发育最积极的因素。在学生时期，加强体育锻炼，能促进身体的正常生长发育，全面发展身体，增强体质，为一生的健康打下良好的基础。同时，通过世代的积累，可以逐步提高民族的体质水平，增强实力。由于各个运动项目的运动员必须经过多年的系统训练和竞赛，才能达到较高水平，因此，各国都把希望寄托在中、小学生身上。实践证明，在学校体育活动中，发现体育人才，进行多年的系统训练，打好基础，就能为国家培养和输送优秀运动员的后备力量。儿童、青少年是各国人口构成的重要部分。因此，学校体育的发展水平，也成为大众体育普及水平的重要标志。同时，学生在学校体育教育中所养成的体育观念、能力和习惯，将有助于他们在踏入社会后，成为大众体育的生力军，从而极大地推动大众体育的发展。

（2）学校体育不仅能够使学生的体质得到增强，而且可以促进智力的发展。科学实践证明，经常坚持锻炼，可以提高大脑皮层细胞活动的强度、均衡性和灵活性。通过体育运动，还可以培养敏锐的感知能力，灵活的思维和想象能力，良好的注意力和记忆力。这一切都有利于学生的智力开发，从而有利于他们学习和运用科学文化知识。

（3）学校体育有助于培养学生高尚的思想品德和坚强的意志品质。严格的体育教学和训练，可以加强学生的组织性、纪律性，培养学生的集体主义精神。体育教学和训练的对抗性，可以促进学生良好的个性心理品质的形成，培养良好的意志品质。同时，学校体育还为学生道德行为的表现提供了有利的条件，有助于学生形成良好的道德行为。在体育运动这样一种特殊环境中，学生努力控制和约束自己的不良行为，努力表现出良好的道德风貌，从而为形成良好的道德品质和习惯打下基础。

（4）学校体育对于美育也有积极作用。它以自己丰富的内容和形式，不仅塑造体形的外在美，而且能培养学生的审美情趣。通过提高学生在体育运动中感受美、表现美、创造美的能力，更好地培养学生认识和表现自身在运动方面的美，使自我身心得到更加充分、自由、全面的发展。

（5）学校体育还是一项高尚的娱乐休闲活动。广大学生在学习科学文化之余参加体育活动，能够使紧张的神经得到松弛，享受运动带来的快乐。这既是一种很好的体脑调剂和恢复手段，又是一种有助于社会主义精神文明建设的业余文化生活。

（二）竞技体育

竞技体育是以争取优胜为目的，以运动项目（或某些身体活动）为内容，根据规则的要求，进行个人或集体的体力、技艺、思维、心理的相互较量的体育活动。

竞赛是体育运动最突出的特征，是竞技体育赖以生存和发展的重要手段，是传播和平友谊的使者，同时也是吸引人们观赏的魅力所在。由于比赛的胜负有不确定性，既紧张激烈又妙趣横生，形势瞬息万变，让观众带有倾向性的取胜期望和担心悬念，驱使人们对比赛结果十分关注。

竞技体育是在全面发展身体素质的基础上，最大限度地挖掘人的体力、智力与运动才能，以夺取优异成绩为目标而进行的科学系统的训练和各种竞赛活动。竞赛名次与所代表的群体和地区荣誉密切相关：一个球的得失、一个名次的先后都事关国家、民族或集体的荣誉，它往往被视为国家或地区间实力强弱的较量。由古希腊开创的奥林匹克运动会使竞技体育始终倡导和平竞争，并在后来的发展中，以追求更快、更高、更强为目标，最终成为表现世界和平、友谊、进步的精神力量与意志的象征。竞技体育的作用如下：

1. 激发爱国热情，精神得到升华

体育健儿获得了冠军、夺取了金牌，全国人民都会为之振奋。1984 年 7 月 29 日，我国选手许海峰在洛杉矶获得第 23 届奥运会的第一枚金牌时，全国十亿人民为之欢欣鼓舞，从此揭开了中华健儿夺取奥运会金牌的序幕，国际奥委会前主席萨马兰奇称赞说："今天是中国体育史上最伟大的一天。"我国体育健儿在国际大赛中的胜利极大地激发了中华民族的荣誉感和自豪感，增强了民族自信心。

2. 传播和平友谊，追求更快、更高、更强

竞技体育没有任何歧视，提倡弘扬奥林匹克精神，使世界不同政治观点的国家和人民，通过公平公正的竞争，增进友谊，消除敌视。例如 1936 年，在柏林奥运会上，美国田径巨星欧文斯与德国选手卢兹·朗在男子跳远决赛的激烈竞争中结识，他们在比赛中互相赶超，又互相鼓励指导，结果欧文斯以 8.06 m 的成绩获得金牌，卢兹·朗以 7.87 m 的成绩获得银牌，从此他们结下了深厚友谊。卢兹·朗在第二次世界大战中负伤身亡，战后欧文斯再到德国时不忘旧情，专程去拜访了卢兹·朗的遗孀。他们因为良好的体育道德与风范以及为人友善的品质，成为世界各国很多体育迷崇拜的偶像。

3. 提供艺术享受，促进体育产业发展

体育的魅力在于它的观赏性，而体育的观赏性主要隐藏在体育的竞技之中。这种竞技具有强烈的对抗性、竞争性、技术性、集体性和高超的艺术性，能吸引广大观众，使人们的精神得到美的享受，并为丰富人类的社会文化生活服务。在市场大潮影响下，竞技体育以其巨大魅力，加快了向商业化方向发展的步伐，特别是当人们生活水平不断提高，以竞技体育为载体的体育经营文化，伴随大众的体育消费逐步发展起来以后，促进了各种运动器材、装备以及体育传媒、广告、彩票、旅游等相关产业的兴起，为发展体育的"第三产业"创造了有利条件。

（三）大众体育

大众体育又称"社会体育""群众体育"，是为了娱乐身心，增强体质，防治疾病和培养体育后备人才，在社会上广泛开展的体育活动的总称。包括职工体育、农民体育、社区体育、老年人体育、妇女体育、伤残人体育等。主要形式有锻炼小组、运动队、辅导站、体育之家、体育活动中心、体育俱乐部、棋社，以及个人自由体育锻炼等。开展群众体育活动应遵循因人、因地、因时制宜和业余、自愿、小型、多样、文明的原则。广泛开展群众性体育活动，是发挥体育的社会功能，提高民族素质和完成体育任务的重要途径。

（四）娱乐体育

娱乐体育是指在余暇时间或特定时间所进行的一种以愉悦身心为目的的体育活动。具有业余性、消遣性、文娱性等特点。内容一般有球类游戏、活动性游戏、旅游、棋类以及传统民族

体育活动等。按活动的组织方式可分为个人的、家庭的和集体的;按活动条件可分为室内的、室外的;按竞争性可分为竞赛性的和非竞赛性的;按经营方式可分为商业性的和非商业性的;按参加活动的方式可分为观赏性活动和运动性活动。开展娱乐性体育活动,有益于身心健康,陶冶情操,培养高尚品格。

三、健康的概念

1948 年世界卫生组织(WHO)在宪章中提出健康的概念:健康不仅仅是免于疾病和虚弱,而且是保持身体上、精神上和社会适应上的完美状态,即健康三维观。

1989 年,世界卫生组织(WHO)又提出了健康的新概念:除了躯体健康、心理健康和社会适应良好外,还要加上道德的健康,具有这四个方面的健康才算是完全健康。这是目前国际社会具有权威性的概念。这一概念将人的健康分为生理健康、心理健康、社会适应健康、道德健康四个方面。

(一)生理健康

生理健康指人体的结构完整和生理功能正常。生理健康是其他方面健康的基础。

(二)心理健康

心理健康指人的内心世界充实,处事态度和谐安宁,与周围环境保持协调。一是自我人格完整,心理平衡,有较好的自控能力,有自知之明。二是有正确的人生目标,不断追求和进取,对未来充满信心。

(三)社会适应健康

社会适应是人在社会生活中的角色适应,包括职业角色、家庭角色以及在工作、学习、社交中的角色转换与人际关系等方面的适应。能为他人所理解,为社会所接受。

(四)道德健康

道德是做人的道理和应有的品德。道德健康的最高标准是“无私利他”,基本标准是“利己利他”;不健康的表现是“损人利己”或“损人不利己”。

世界卫生组织提出的健康 10 项标准是:

(1)有充沛的精力,能从容不迫地担负日常生活和工作压力而不感到紧张。

(2)处事乐观,态度积极,勇于承担责任,事无巨细,不挑剔。

(3)应变能力强,能较快地适应环境的各种变化。

(4)善于休息、睡眠良好。

(5)能够抵抗一般性感冒和传染病。

(6)体重适当,身体匀称,站立时头、肩、臀位置协调。

(7)眼睛明亮、反应敏锐、眼睑不易发炎。

(8)头发有光泽、无头屑。

(9)牙齿清洁,无龋齿,不疼痛,牙龈无出血现象,颜色正常。

(10)肌肉丰满,皮肤有弹性,走路感觉轻松。

四、亚健康的概念

(一)亚健康的概念

亚健康是近几年提出的新概念。亚健康是介于健康与疾病之间的一种状态,也称“第三状态”“灰色状态”，是指机体在内外环境不断刺激下引起心理、生理发生异常变化，但尚未达到明显病理反应的状态。据调查在10个成年人中，有3人是完全健康或患有疾病的，其他7人则处于亚健康状态。

（二）造成亚健康的原因

1. 过度疲劳造成的精力、体力透支

因生活、工作节奏加快，竞争日趋激烈，使人们用脑过度，生活无规律，身心长期处于超负荷紧张状态，造成身心疲劳。表现为疲劳、精力不足、注意力不集中、记忆力减退、睡眠质量不佳、颈背腰膝酸软疼痛、性机能减退等。长期下去，必然造成内脏功能过度损耗、机能下降而出现亚健康状态。

2. 人的自然衰老

人发育成熟以后，30岁左右新陈代谢能力开始下降，逐渐向衰老过渡，会出现体力不支、精力不足、社会适应能力降低等现象。因此，要加强体育锻炼，增强体质，促进新陈代谢，保持良好的体能和旺盛的精力。

3. 身心疾病（心脑血管病、肿瘤等）

世界各国公布的死亡病因前几位几乎都是心脑血管疾病和肿瘤。在这些疾病发病前相当长的时期内，机体也可能处于亚健康状态。此时，人体内脏系统虽然没有显著变化，但已出现功能性障碍，如胸闷、气短、头晕目眩、失眠健忘、心悸、莫名疼痛等。

4. 人体生物周期的低潮时期

人的体力、精力、情绪都有一定的生物节律，有高潮也有低潮，脑力和体力也有很大落差。在低潮时期，即使是一个健康的人，也可能出现亚健康状态。

（三）哪些人容易处于亚健康状态

嗜烟酒成瘾、娱乐过度、通宵上网、长期紧张或睡眠不足、饮食无节制、长期焦虑，具有这些不良现象之一者，就有可能处于亚健康状态。

五、影响健康的因素

影响健康的因素是多方面的，主要包括生物因素、环境因素、行为与生活方式因素、心理因素、营养因素和体育锻炼因素。

（一）生物因素

生物因素包括外界有害微生物对人体健康的影响和人体自身（作为一个生物体）机体功能的衰老。在自然界中存在着许多种致病性微生物，如细菌、病毒、螺旋体、真菌和有害寄生虫等，都是常见的致病原因。人体一旦受到这些致病微生物的侵袭，就会影响健康，甚至导致某个器官的病变，其危害程度取决于微生物的种类和机体自身的抵御能力。

2003年春季在我国和世界部分地区肆虐的SARS（严重急性呼吸综合征）病毒，在全球范围内造成了巨大的影响，也夺走了许多人的生命，由于我国政府及时采取了有力措施，才有效控制住了疫情。这次疫情给中国造成了巨大的经济损失及其他无形的损失，例如，一些国际性会议不得不因此而延期或易地举行。

2019年全球新型冠状病毒暴发，人感染冠状病毒后常见体征有：呼吸道症状、发热、咳嗽、气促和呼吸困难等。在较严重病例中，感染可导致肺炎、严重急性呼吸综合征、肾衰竭，甚至死亡。对于新型冠状病毒所致疾病，目前尚无特异治疗方法，但许多症状是可以缓解的，因此需根据患者临床情况进行对症治疗。此外，对感染者的辅助护理也对疾病的恢复有明显效果。对非感染者来说，做好自我保护尤为重要，主要包括：保持基本的手部和呼吸道卫生，坚持安全饮食习惯，保持安全社交距离等。

另外，遗传因素对人的体质强弱有着重要影响。人的染色体除决定性别外，还在胚胎发育过程中摄取环境中的许多物质，形成与亲代相似的多种特征，如体态、体质等，甚至影响人的性格、智力、功能等方面，并且其携带许多隐性或显性的致病基因，可导致色盲、聋哑等遗传性疾病的发生。重视遗传对健康的影响有特殊的意义，因为遗传性疾病种类多，发病率高(约占一般病的 20%)，不仅影响个体终生，也在家庭、伦理、道德、法制和医疗等方面，造成一定程度的社会问题。因此，加强预防措施，提倡科学婚姻、适龄婚育、优生优育，用法制来管理婚姻和生育，这是关系到民族繁衍、体质健康的基本措施。

(二)环境因素

自然环境是人类赖以生存的物质基础，保护自然界的生态平衡，也就是保护人类自身。扰乱和破坏了生态平衡，对人的生存与健康将产生直接、间接或潜在的危害，如空气污染、水污染、过量使用农药等，都时刻威胁着人类的生命和健康。人类要掌握大自然的规律，利用大自然为人类造福，促进人与自然的和谐，加快社会文明进步与发展。

1. 自然环境

自然环境指影响人类生活、生产的一切自然形成的物质、能量的总体，主要有空气、水、土壤、阳光、动物、植物等。

在自然界，生物与环境之间保持着密切联系，彼此影响，相互适应和制约。这种生物与环境的结合构成了自然的生态平衡，这是一种动态平衡，即生物体经常从内部对自身进行调节以适应不断变化的环境，而生物的活动又在不断地改变着环境的状态。由于自然或人为的因素使这种平衡遭到破坏，即称为环境污染。

环境污染会对人类的生存造成极大的危害。当今世界环境污染的主要问题有：①燃料燃烧时所产生的烟尘、工厂固体粉末中的粉尘、汽车尾气和石油化工等各种有害排放造成的空气污染，对人免疫系统均有影响，使人易患咽炎、支气管炎、呼吸道炎症、哮喘、肿瘤等疾病；由于废气排放等原因，使大气层中臭氧层遭到破坏，增加了辐射危害，酸雨增多，使全球森林面积减少，加速了土地沙化。②人们大量消费羊绒产品，是以牺牲草原为代价的。绒山羊是制作羊绒产品的唯一原料，而绒山羊对草原环境的破坏是毁灭性的，它不仅吃草，还吃草根，口中特殊的气味和化学成分使啃噬过的草地寸草不生。③滥用农药、工业废弃物、废水的随意排放带来江、河、湖泊水源的污染。污染的环境不但影响人类生存，也使大批牲畜出现各种各样的病症而死亡，原有的许多良田亩产量也出现不同程度的下降。④现代建筑装饰材料、家庭装修使用的胶黏剂、油漆造成的化学污染，使人致病致残。目前，空气污染尤其是室内空气污染已成为危害儿童不可忽视的因素。⑤肆意开垦土地、采伐林木，会造成水土流失，破坏生态环境。联合国政府间气候变化专门委员会(IPCC)发布了“全球气候变化第四次评估报告”，指出全球暖化现象人类活动要负 90%的责任，人类能源消耗活动使温室气体排放增多，这将使我们的生存环境发生恶变，破坏植被造成水土流失和干旱，破坏了人类生存环境。

治理环境、保护环境是全人类共同的责任。我国政府把保护环境作为基本国策，构建和谐社会、实行可持续发展的政策，陆续爆破拆除了全国各地大量高能耗、高污染企业，关闭了上万家小型煤矿，并开始在全国范围治理水污染，使天空开始变蓝、河流开始变清，我国的环境已开始向好的方向转变。我们每个人都必须增强环境保护意识和历史责任感,保护环境、保护人类生存的权利。

2. 社会环境

社会环境是人类工作、生活所处的社会、政治、经济、文化、教育等诸方面所形成的环境体系。

经济是社会发展、进步和生活的基础。人们的劳动方式、生活方式、营养状况和人口素质无不受经济的制约。因此,经济是影响人类健康的重要因素。经济状况与人民生活水平成正比。发达国家与欠发达国家,人们的健康水平存在明显差距。

我国为促进国民体质健康,先后推行了八套广播体操并制定了《国家体育锻炼标准》《全民健身计划》等措施,2002 年 10 月 11 日推行了体质健康测试标准,健全和完善了健康政策。2006 年 3 月 29 日,国家体育总局下发了《关于实施农民体育健身工程的意见》,并在全国正式启动,在每个村修建一个混凝土标准篮球场,配备一副标准篮球架和两张室外乒乓球台。这是中国政府推进社会主义新农村建设的一项举措。创设了有利于健康的物质和社会环境,鼓励民众积极参与全民健身,改革医疗保障服务,满足人民对健康的需求。2022 年 3 月 23 日,中共中央办公厅、国务院办公厅印发了《关于构建更高水平的全民健身公共服务体系的意见》,并发出通知,要求各地区各部门结合实际认真贯彻落实,以增强人民体质、提高全民健康水平为根本目的,深入实施全民健身国家战略,全面推进健康中国建设,进一步发挥政府作用,激发社会力量积极性,优化资源布局,扩大服务供给,构建统筹城乡、公平可及、服务便利、运行高效、保障有力的更高水平的全民健身公共服务体系。以 2022 年北京冬奥会、冬残奥会等国际赛事为契机,加强全民健身领域国际交流合作。与共建"一带一路"国家搭建合作平台,共同举办群众性体育赛事。加强中华传统体育活动国际交流,支持中华传统体育项目走出去。到 2025 年,更高水平的全民健身公共服务体系基本建立,人均体育场地面积达到 2.6 m^2,经常参加体育锻炼人数比例达到 38.5%,政府提供的全民健身基本公共服务体系更加完善、标准更加健全、品质明显提升,社会力量提供的普惠性公共服务实现付费可享有、价格可承受、质量有保障、安全有监管,群众健身热情进一步提高。到 2035 年,与社会主义现代化国家相适应的全民健身公共服务体系全面建立,经常参加体育锻炼人数比例达到 45%以上,体育健身和运动休闲成为普遍生活方式,人民身体素养和健康水平居于世界前列。

(三)行为与生活方式因素

生活方式是指人的生活规律,是生活活动的总和。包括生活态度、生活水平和生活习惯行为。作为致病因素之一的不良行为和生活方式,是指人们自身的不良行为和生活习惯给个人、群体和社会的健康带来直接或间接的危害。这种危害具有潜伏性、积累性和广泛影响性的特点。现在人们通常把因行为和生活方式所致的病如冠心病、中风、癌症等慢性病称为"生活方式病",而生活方式病或将成为人类的头号杀手。

(四)心理因素

心理活动是人脑的机能,是人脑对客观世界的反映。人的健康包括心理健康,即有良好的个性、情绪稳定、性格开朗、意志坚强、感情丰富、胸怀坦荡、豁达乐观、良好的处世能力;观察问题客观现实,具有良好的自控能力,能适应复杂的社会环境,有良好的人际关系。科学研究表明,心理活动是在生命活动的基础上产生的,反过来又通过情绪的中介作用影响到人体内脏器官的生理生化变化。积极的情绪可增进健康,延缓衰老过程,消极的情绪则会损害健康。如长期忧虑、悲伤、恐惧、压抑或一次强烈的精神创伤，都可导致一系列疾病的发生。因此，克服心理障碍，通过心理咨询和自我调节消除不良情绪，使自己心理、精神和情感融为一体，保持积极、乐观的情绪，是战胜疾病、保持身体健康的重要因素。

(五)营养因素

合理的营养是保证人体健康的重要因素。为了维持生命，保证健康，每天必须摄入一定量的各种食物，这些食物含有人体所需要的各种营养和提供人体进行各种活动的能量。营养是人体健康的基础，营养不良会影响人体正常的新陈代谢，使人体重下降、生理功能失调，从而损害健康。反之，经常摄取高蛋白、高脂肪、高热量的"三高"膳食，会产生营养过剩现象，可导致高脂血症、动脉硬化、高血压、糖尿病和肥胖症等。因此，合理膳食应少食，这样会对胃肠道有益；轻微的饥饿对人体有好处；杂食使食物互补，是获得各种综合营养的保证；慢食有减肥、美容、健脑作用；中老年人素食可预防高血脂、高血压、肥胖等文明病；淡食应少盐、少糖、少油，可以延年益寿；宜多食用新鲜食物以获得更多营养，每天食用优质蛋白如瘦肉、鸡蛋、牛奶等对身体营养有重要作用。

(六)体育锻炼因素

"生命在于运动，运动讲究科学。"健康的人适应能力强、动作灵活、思维敏捷、生命力旺盛。但要想达到理想的健康状态，必须要经过长期的体育锻炼才能形成。运动不足，可以导致人体形态发育的异常，如肥胖、干瘦等，还会使一些人胆固醇含量增高，从而诱发高血压和心血管系统疾病。运动不足可形成糖尿病、神经衰弱、心悸、失眠以及忧郁症、贫血症和其他症状，长期缺乏运动，会导致肌肉萎缩，肌力、速度、耐力、灵敏性明显下降。

第二节　体育锻炼与身体健康

一、体育锻炼对骨骼增长的影响

身高是反映人体骨骼生长发育的基本标志，人类作为生物进化的高级产物，在其身体发育过程中，既受种族、遗传等先天条件的影响，又不可忽视社会、经济、文化、营养、疾病和体育锻炼等后天因素的影响。骨骼的构造随其功能完善而有所变异，骨骼的生长决定了身高。青少年时期通过体育锻炼促进骨骼的健康生长发育，体育锻炼起着的重要作用。

(一)骨骼增长规律

人身高的增长最主要是在青少年时期，这一时期又可分为两个阶段：快速增长阶段(男性12～15岁，女性10～13岁)，此阶段每年身高可增长6～8 cm，最多可增长9～12 cm。缓慢增长阶段(男性约16岁以后，女性约14岁以后)，此阶段增长速度减慢。女性19～23岁，男性22～25岁以后，逐渐停止增高，身体发育成熟，骨化完成。

(二)体育锻炼对骨骼生长的作用

除遗传因素外，人的高矮或身高增长快慢，主要取决于儿童、少年和青年时期长骨的增长速度。经常参加体育锻炼，可促进血液循环并提高对骨的血液供应，这样能促进新陈代谢，使骨骼的结构及性能产生良性变化。主要作用是：骨密度增厚，骨骼增粗，骨小梁排列更整齐、规则，增强了骨骼的坚固性。

经常锻炼使韧带在骨骼上的附着部位，如结节、粗隆等变得更加粗糙，有利于肌肉、韧带更加牢固地附着在上面，使骨骼能承受更大的外力作用，提高了骨的抗弯、抗断、抗压、抗冲击能力。

经常参加体育锻炼还能促进骨骼增长。骨骼两端各有一层软骨称骺软骨，骨骼的增长是这层骺软骨在新陈代谢作用下，不断骨化变成硬骨，同时又不断生成新软骨的过程，如此循环往复，骨就能不断加长。一般人到25岁左右才完全骨化不再增长。

从国内外的统计材料证实，系统地参加体育锻炼的青少年，比不参加体育锻炼的同龄人身高平均高出4～7 cm。经常参加体育锻炼，还能保持骨骼的弹性，有效延缓骨的老年性、退行性变化过程。

二、体育锻炼促进心肺功能健康

（一）心肺系统简介

心肺系统是指在功能上有密切联系的循环系统和呼吸系统。心肺系统负责把氧气和营养物质运输到组织，同时把代谢废物（二氧化碳等）排出体外。体育锻炼时，骨骼肌代谢增强，需氧量大增，机体通过调节，使心肺系统活动加强以满足运动的需要。

1. 循环系统

循环系统是指由心脏和血管组成的管道。心脏实际上是由两个分开的血泵构成：右心室，泵血通过肺，称肺循环；左心室，泵血通过身体其他部分，称体循环。

体循环把含氧丰富的动脉血送至身体各部分，并通过毛细血管与组织进行气体（氧气和二氧化碳）和营养物质的交换，交换后动脉血变为静脉血，通过静脉回流至心脏。肺循环把静脉血泵至肺，在肺部静脉血吸收氧气，排出二氧化碳，重新成为动脉血并回流至左心房。

心脏每分钟泵出的血量称心输出量，正常成年男子安静时的心输出量约为5 L/min，剧烈运动时可达20 L/min，而马拉松运动员可高达35～40 L/min。心输出量受心率（心脏每分钟跳动的次数）和每搏输出量（心脏收缩一次的射血量）的影响。体育锻炼时，心输出量会因心率或每搏输出量的增加而增加。无论男性还是女性，最大心输出量在20岁以后都开始下降，这主要是由于最大心率的下降引起的，不同年龄人群的最大心率大致可由下式估算：

最大心率（HRmax）＝220－年龄（岁）

如20岁时最大心率为200次/min（220－20＝200），60岁时为160次/min（220－60＝160）。

血液通过动脉时对血管壁造成的压力称为血压。血压通常用血压计在肱动脉处测量。心脏收缩时血压达最高值，称为收缩压；心脏舒张时血压达最低值，称舒张压。高血压是指收缩压高于140 mmHg（1 mmHg＝133 Pa）或舒张压高于90 mmHg。

2. 呼吸系统

呼吸系统的主要功能就是进行气体交换。吸气时，空气进入肺，氧气扩散至血液，二氧化碳由血液扩散至肺并通过呼气排出体外。人体运输和利用氧的最大能力称最大摄氧量。最大摄氧量是反映心肺功能适应能力最有效的指标。在不同强度下运动时，机体耗氧量是不同的，在摄氧量未达到最大量之前，摄氧量与运动强度呈线性关系，因此常用最大摄氧量的百分比［$V(O_2)_{max}$，%］表示运动强度。最大摄氧量代表心肺系统输氧能力的生理极限。

(二)体育锻炼对心肺功能的影响

人体心肺功能的强弱,既是人体健康水平的标志,也是人体运动能力的重要基础。

1. 对心脏的影响

1899 年,瑞典医生汉森诊断到滑雪运动员的心脏较常人的大,但又不同于高血压、心瓣膜病患者的病理性心脏肥大,运动员这种肥大的心脏功能良好,他将这种心脏称为运动心脏或运动员心脏。生理学研究表明,经常进行体育锻炼的人,心脏的重量、直径、容积均比一般人的大,心脏具有更强的工作能力。

生理学家曾对活动少的动物和经常活动的动物,未经过运动训练的人和经过运动训练的人的心脏进行比较,结果发现经常活动者心脏的重量比不参加体育锻炼者的心脏要重得多(表 1-1)。

表 1-1 心脏相对重量

研究对象	家兔	野兔	家鸭	野鸭	普通马	赛马	家犬	猎犬	未训练的人	经训练的人
心重/体重/(g/kg)	2.4	7.7	6.9	11	6	11.5	5	11	4.8	8

比较动物心脏的轻重与寿命的长短,发现这两者关系十分密切。野兔心脏重量为家兔的 3.2 倍,而野兔的寿命正好是家兔寿命的 3～3.8 倍;猎犬的心脏重量是家犬心脏重量的 2.2 倍,而猎犬的寿命正好是家犬寿命的 2.1 倍。

经常参加体育锻炼的人,心肌细胞能获得更充足的氧气及营养供应,因而心肌细胞产生营养性肥大,可使心脏重量增加,容积增大,搏动有力。一般人心脏重量为 300 g 左右,而运动员可增至 400～500 g;一般人心容积约为 750 mL,而运动员可达 1 000 mL 以上。生理学者曾对一些 40～80 岁坚持长跑锻炼的人的心脏做检查,发现这些人的心脏无论大小和功能均类似于不从事锻炼的 20 岁左右年轻人的心脏。一些专家认为,坚持运动可使心脏推迟衰老 10～15 年。

经常锻炼的人,由于心肌收缩强而有力,每搏输出血量多,因而安静时心跳次数比一般人慢。一般人心跳 75 次/min 左右,而经常运动的人可减慢至 50～60 次/min,运动员心跳更慢,优秀长跑和滑雪运动员心率仅为 35～45 次/min。人们把这种由体育锻炼造成的安静时心率变慢的现象称作"运动性心动徐缓"。心率降低使心脏两次收缩之间有相对较长的休息时间,减少心肌疲劳,从而使心脏有更大贮备力。当剧烈运动时一般人的心率在 180 次/min,达到最大值,以后心率随负荷继续增加,每搏输出量反而下降,每分钟从心脏排出的血液总量(每分钟心输出量)增加不多,满足不了肌肉剧烈运动的需要。所以,一般人在剧烈运动不久、心率达 160～180 次/min 时,就会出现气短、头晕、恶心、浑身无力等不良现象,甚至无法继续坚持运动。经常进行体育锻炼的人在剧烈运动时反应则大不相同,即使心率达到 200 次/min 以上时,每搏输出量也能保持个体最大值,完全能满足机体剧烈运动的需要(表 1-2)。

表 1-2 一般人与经常锻炼者的心脏比较

比较项目	一般人	经常锻炼者
心脏重量/g	300	400～500
心脏容积/mL	750	1 000 以上

续表 1-2

比较项目	一般人	经常锻炼者
心脏横断面/cm^2	11～12	13～15
脉搏(安静时)/(次/min)	70～80	50～60
每搏心输出量(安静时)/mL	50～70	80～100
每搏心输出量(运动时)/mL	100	150～200
脉搏最高(运动时)/(次/min)	180 左右	200 以上

2. 对血管的影响

体育锻炼对预防心血管系统疾病有良好的预防作用。锻炼不仅能使心脏功能增强，同时也能促使血管壁增厚、弹性增强，从而维持正常血压。由于神经对血管的调节机能得到改善，肌肉中毛细血管大量开放，比安静时高 20～50 倍，小动脉血管的张力和弹性增加，剧烈运动时全身血流通畅。体育锻炼可降低胆固醇，减少脂质在血管壁的沉积，保持血管壁的良好弹性；体育锻炼还可以促进体内脂肪的消耗，并能使具有保护性的高密度脂肪蛋白增加，这些对预防动脉硬化和高血压等心血管疾病均能起到积极作用。长年坚持长跑锻炼者动脉硬化、高血压等病的发病率仅为不经常活动者的百分之几。可见，科学的体育锻炼是“心脏健康之路”。

3. 对肺功能的影响

人的肺是由肺泡组成的。人的肺大约有 7.5 亿个肺泡，如果将肺泡一个个摊开，其总面积可达 130 m^2。安静时，由于人体需氧量不多，大约只有 5%的肺泡工作就可满足身体对氧的需要。当进行体育锻炼时，由于肌肉活动及人体的需氧量增加，促使大部分肺泡参与工作，对保持和改善肺泡弹性十分有益。

体育锻炼时，呼吸频率加快、深度加深，增强了呼吸肌的力量，增加了肺通气量，使呼吸器官得到了良好的锻炼和增强。经常锻炼能促进胸廓发育，增大胸围、肺活量和呼吸差，改善呼吸频率。增加呼吸深度，提高呼吸效率(深而慢的呼吸形式所获得的换气效率比快而浅的呼吸要高 10%～20%)，使呼吸机能节省化。经常参加锻炼能提高机体耐酸和抗缺氧的能力。在剧烈运动或高海拔区域工作时，人体处于一种严重的缺氧状态，一般人的中枢神经由于供氧不足以及体内大量酸性物质的强烈刺激而产生抑制和功能紊乱，表现为胸闷、气短、浑身无力、肌肉酸痛，严重的还会出现头晕、恶心以至于无法继续运动。而经常训练的耐力项目运动员的神经中枢对于缺氧和酸性强刺激有很强的耐受性，再加上运动员体内的碱性物质，防止了体液酸性的过度升高，所以，经常锻炼的人可以在极恶劣的情况下进行大强度的工作(表 1-3)。

表 1-3 一般人与经常锻炼者呼吸机能比较

比较项目	一般人	经常锻炼者
呼吸系统	呼吸肌不发达，胸廓活动范围小，呼吸机能一般	呼吸肌发达有力，胸廓活动范围大，呼吸机能好

续表 1-3

比较项目	一般人	经常锻炼者
呼吸频率(安静时)/(次/min)	12～18,呼吸浅而快	8～12,呼吸深而慢
肺活量/mL	男子 3 500～3 600 女子 2 500～3 000	男子 4 000～5 000 女子 3 500～4 000
最大摄氧量/(L/min)	2.5～3.0,比安静时高 10 倍	4.5～5.5,比安静时高 20 倍
最大肺通气量/(L/min)	70～120	100～170
呼吸差/cm	5～7	8～14

促进心肺功能的最佳锻炼方法,应采用有氧运动来提高最大摄氧量的能力,从而增强心肺功能。最大摄氧量是指人体在剧烈运动时,呼吸和循环系统功达到最大能力时,人体每分钟能摄取的氧气量。安静时一般人每次呼吸吸入新鲜空气约 500 mL,肺通气量为 6～8 L/min,在剧烈运动时呼吸次数可增加至 40～50 次/min,每次吸入空气达 2 500 mL,为安静时的 5 倍,肺通气量为 70～120 L/min,而优秀的耐力项目运动员最大肺通气量可达 200 L/min 以上。

三、体育锻炼使形体健壮健美

人们欣赏健美的形体和健壮的体魄,它能给人以美的享受和安全感。俄国诗人马雅可夫斯基曾经写下著名的诗句:“世界上没有任何一件衣裳能比健康的皮肤和发达的肌肉更美丽。”

(一)发展肌肉力量和耐力的意义

加强肌肉力量练习和耐力练习可增加肌肉体积,提高运动能力,有效减少脂肪和保持正常体重,使体格健壮、形体健美。

增强肌肉的力量和耐力对人的一生都有益处。研究表明,随着年龄的增长,人的基础代谢率下降,能量消耗减少,体重和体脂会慢慢地增加。由于肌肉总量呈下降趋势,人的基础代谢率每 10 年下降 3%。不喜好运动的成年人每年约减少 0.25 kg 肌肉,增加 0.25 kg 脂肪。60 岁的人比 20 岁的人基础代谢率下降 12%,比 20 岁的人处于休息时每天约少消耗 1 170 kJ 热量,每 12～13 天少消耗 0.5 kg 脂肪的热量,每月近 1.5 kg,每年约 15 kg。基础代谢率下降虽少,但脂肪和体重的增加却很明显。

比较两位体重相同,肌肉相差 5 kg 的正常人,肌肉含量高的人基础代谢率也明显高。一些专家研究指出,增加 0.5 kg 肌肉每天多消耗 125～168 kJ 的热量。换句话讲,增加 0.5 kg 肌肉每年消耗掉的额外热量相当于 1.5～2 kg 脂肪的热量。

通过节食和服用减肥药能迅速减轻体重,但这并不利于身体健康,并且皮肤会变得松弛。而力量练习不仅能达到减轻体重的目的,还可以使皮肤保持弹性,但这种锻炼效果并非一日之功,应根据自己的年龄和当前的身体状况进行,通常需要 12 个月或更长时间有计划地进行有氧练习、肌肉力量和耐力练习以及合理的饮食,才会明显地减少体内脂肪,皮肤才有足够的时间恢复弹性。所以,有规律的锻炼和合理的饮食比节食减肥更有利于健康。

(二)肌肉力量锻炼的手段与方法

锻炼肌肉,增强肌肉力量,促进体格的健壮,对人体健康有良好的作用。两个体重相等的人不一定都同样健壮,体内脂肪的增加也可以使体重增加。强壮的体格需要的是体内适中的脂肪和发达的肌肉。人体的运动是由运动系统实现的，运动系统由206块骨和400多块肌肉以及关节等组成。人体肌肉重量女性约占体重的35%，男性约占40%，经过锻炼肌肉的重量接近体重的50%，同时肌肉力量、肌肉耐力、灵敏度和协调性均增强。肌肉发达的主要途径是体育锻炼，在完成各种身体练习时，根据肌肉的长度和张力的不同变化，可将肌肉工作区分为多种形式，最常见的有下列3种：

1. 向心肌肉收缩

向心肌肉收缩是肌肉长度发生缩短的收缩形式，是力量练习中最常见的工作形式。通常我们利用的哑铃、沙袋、杠铃、拉力器等进行肢体的伸缩锻炼，肌肉力量的练习均属此类。

2. 等长肌肉收缩

当手持哑铃两臂侧平举保持不动时，这时双臂肌肉就在做等长收缩，也称静力工作。这是当肌肉收缩产生的张力等于外力时，或是肌肉紧张用力维持肢体保持某一种姿势时，此时肌纤维虽然积极收缩，但肌肉的总长度并没有改变，称等长肌肉收缩。这时从肌肉整体外观看，肌肉长度没有改变，但实际上肌肉的收缩成分（肌纤维）是处在收缩中而使弹性成分拉长，从而使整块肌肉长度保持不变。

3. 超等长肌肉收缩

超等长肌肉收缩是肌肉先进行离心收缩后，紧接着进行向心收缩的形式。如跳起落地（或从高处跳下着地），紧接着再向上跳，此时股四头肌先在落地时离心收缩（被动拉长），紧接着又立刻做猛烈向心收缩，实现向上跳起。在各种练习中，如跳高、连续双足或单足跳、多级跳等均属此类练习形式。这类练习对肌肉锻炼价值颇大，又称离心向心收缩或弹性离心练习。进行肌肉力量锻炼，可选择徒手或各种器械练习手段进行上述任意形式的锻炼。徒手力量练习如俯卧撑臂部及胸背肌力，向上纵跳或单双足连续跳练习腿部肌力，仰卧起坐练腹部肌力等。哑铃、沙袋、杠铃、各种力量练习器械、橡胶带、肋木等均可作为器械进行肌肉力量练习，而最简单的单杠引体向上、双杠双臂屈伸、肋木悬垂举腿等练习也是肌肉力量练习的好手段。

无论采用何种手段锻炼，为了达到最佳效果，都应制订一个计划，如重复练习多少次，每次用多大重量，等等。不要盲目练习，以免练习次数太少效果不佳，重量过大或次数太多又易发生肌肉拉伤。在练习时可参考影响肌肉锻炼效果要注意的5个因素。

（1）最高重复次数（RM） 这个因素是指力量练习中应采取多大负荷重量。由于每个人的力量基础不同，某一重量对甲可能过重而对乙则可能太轻，因此需要找到适合自己锻炼的负重重量。这一重量以个人负重最大负荷百分比衡量。为免除称量重量，多以某一重量最高重复次数（RM）为标志。如某一重量甲能连续举8次，则这个重量对甲来说是8 RM。

一些专家认为每周训练3次，每次练习为3×6 RM，力量增大明显。同时，校代表队的运动员，为提高运动成绩练习力量，则应依专项不同而有别，如练举重和投掷项目者，则负重重量宜重些，可在5 RM以内；练短跑和跳跃项目者，可采用6～10 RM；中跑者可用10～15 RM；而长跑者则采用轻负荷多重复的方法，可用30 RM，等等。

（2）每两组练习间的间隔 在进行力量练习时，两组间的间歇休息时间，可在1 min 20 s至5 min之间选择，视负重大小、训练水平、体质状况等确定。

（3）一组重复次数 每组练习重复次数以RM的最高次数为准。如10 RM，则每组均练10次，依循序渐进原则可安排为：第一组为1/2×10 RM重量重复10次，第二组为3/4×10 RM重量重复10次，第三组为10 RM重量重复10次，其他RM负荷可参照上述方案制订或酌情增减。

(4)完成重复练习的时间　总的要求是练习不宜过慢。一次重复练习应在 5～15 s 内完成。耐力项目重复次数多的可在 20～50 s 内完成。

(5)组数　一次练习一般可安排 3～6 组,但应视练习者各项因素而定。

上述五因素供锻炼肌肉力量时参考。肌肉力量练习时容易产生肌肉酸痛,预防肌肉酸痛的发生可注意如下几点:

①根据不同体质、不同健康状况,科学地安排锻炼负荷,负荷不要过大,也不宜增加过快;

②锻炼时应尽量避免长时间集中练习身体某一部位,以免局部肌肉负担过重;

③准备活动中,注意对即将练习时负荷重的局部肌肉活动得更充分些,对酸痛有预防作用;

④整理活动除进行一般性放松练习外,还应重视进行肌肉的伸展牵拉练习,这种伸展性练习有助于预防局部肌纤维痉挛,从而避免酸痛的发生。

当已经出现肌肉酸痛后,可采取热敷、伸展练习、按摩、口服维生素 C 和电疗等方法,缓解和消除酸痛。

四、体育锻炼促进心理健康

体育锻炼是个体积极主动的活动过程,可以有效地塑造人的行为方式,是促进心理健康的重要手段。体育锻炼对心理健康的积极影响主要表现在以下几个方面:

(一)有助于智力的发展

正常智力是正确认识世界的前提,是心理健康的基础,经常参加体育锻炼能有效地提高心血管循环系统、呼吸系统机能和神经系统兴奋与抑制的交替,更有助于意识、记忆、反应、思维和想象能力的提高,并使情绪稳定、性格开朗、疲劳感下降等,这些非智力成分对人的智力水平发展具有促进作用。

(二)有助于改善情绪状态

情绪是影响生理和心理健康的重要因素之一,学生在校学习期间面对学习、就业的压力、同学间的竞争、人际关系及错综复杂的社会压力,会产生忧郁、紧张、压抑等情绪反应,参加体育锻炼能直接带来愉快和喜悦,转移不愉快的意识、情绪和行为,降低紧张和不安,从而调控人的情绪,摆脱烦恼和痛苦,改善心理健康状况。高职高专学生面对学习、考试、相互竞争的压力,要经常参加体育锻炼才能使自己的焦虑、压力感降低,使不良情绪得到改善,使心理承受能力增强。

(三)有助于确立良好的自我意识

自我意识是个人主观上对自己的身体、思想、情感、特长、能力的整体认识,由许多自我意识组成,包括“我是怎样的人?我主张什么、喜欢什么?我的身体是否具有吸引力”等。通过体育锻炼可强壮体格,使精力充沛,从而改善身体表象。

身体表象是指头脑中形成的对身体的印象。例如,不少人对自己的体重不甚满意而盲目减肥。肥胖者容易产生对身体表象和自尊的障碍。身体自尊包括对自己运动能力和体型、外貌吸引力的评价,以及对自身抵抗力和健康状况的评价,加强体育锻炼和力量训练会使自我意识得以加强。

(四)有助于培养坚强的意志品质

意志品质是指一个人的果断性、坚韧性、自制力以及勇敢顽强和独立自主等精神,是在克服困难的过程中表现出来的,也是在克服困难的过程中培养起来的。在体育锻炼中要不断克服客观困难(如气候环境条件的变化、身体素质与能力的限制、意外等)和主观困难(如紧张、畏惧心理、失意、疲劳等),锻炼者越能努力克服困难,也就越能培养良好的意志品质。

(五)有助于人际交往

体育运动使人们相聚于运动场上,进行平等、友好、和谐、公正的练习、比赛,使人们相互间产生亲近感,他们无需语言,只需一个手势、一个眼神,就可直接或间接地沟通信息、交流心声,产生一种默契,尤其是集体项目,可以使直接参与者和间接参与者通过体育运动结识更多的朋友,使每个人都融入集体中,为自己成为集体中的一员而感到心情舒畅、精神振奋。

(六)有助于消除疲劳

疲劳是综合性症状,与人的生理、心理因素有关,当人的情绪消极或学习、工作繁重时,都会感到生理与心理的疲劳。持续紧张地学习和工作,极易造成身心疲劳和神经衰弱。积极参加体育锻炼,可使身心得到放松,从而消除疲劳,保持良好的情绪状态。

五、体育锻炼促进社会适应

体育锻炼是促进社会适应的有效手段,体育锻炼具有广泛的社会性,人们在参加各种体育锻炼时,无论社区晨练还是校园体育锻炼,人人都是平等的。在体育锻炼中,需要相互交往、交流与合作,在比赛中又存在相互竞争,这种体育锻炼中形成的交往、合作、竞争意识和行为,会迁移到我们日常学习、生活和工作中。

(一)体育锻炼有助于建立人际关系

参加各种体育活动,是与他人接触和交往的好机会,在紧张的比赛或愉快的体育锻炼中,可以享受成功的喜悦,忘却烦恼和痛苦,消除孤独感,逐渐养成与人交往的意识和习惯,特别是你在某个体育项目中表现出的良好技能,更会得到广泛的尊重、信赖甚至崇拜,使你更容易与人交往,同时别人也会渴望与你交往。

美国一项研究表明,62%的女性喜欢与朋友一起锻炼,35%的女性和24%的男性将社会交往看成是坚持体育锻炼的重要原因。由此可见,体育锻炼不仅能促进人的社会交往活动,而且,其社会交往特性又会吸引人们参与和坚持体育锻炼。

(二)体育锻炼培养合作精神

现代社会需要合作精神,一个人若想在社会上、工作上取得成功,需要与他人合作,需要得到帮助,孤军奋战难成大业,所以说一个班级、一个集体必须建立良好的团队精神。合作能力是体育锻炼者的必备素质,也是通过体育活动发展的一种能力。从事体育活动特别是集体性的体育活动,需要相互间通力合作,这不但能实现集体目标,而且也能充分发挥每个人的作用,有助于养成合作意识,有助于培养团队精神。

(三)体育锻炼培养公平竞争意识

随着社会的发展,人与人之间、企业与企业之间的竞争越来越剧烈,特别是中国加入WTO后,机遇和挑战并存,竞争才会有出路。培养竞争意识和能力,有助于高职高专学生走出校门、走向社会后更好地适应社会。

竞争是体育运动的主要特征之一。奥林匹克精神是:更快、更高、更强,它所体现的就是竞争。当你看到我国奥运健儿拼搏进取夺取金牌时,你能不为此欢呼、为此激动吗?这就是竞争,竞争能给人带来胜利的喜悦,也给人带来巨大的压力,因此,在运动竞赛中要有良好的体育道德,要遵守规则,取得胜利要靠平时刻苦训练得到的能力,而不是不择手段,采取不公平的竞争达到取胜的目的,要通过竞争来培养自己积极进取、顽强拼搏的精神。

第二章　科学健身与卫生保健

第一节　科学健身的基础知识

体育锻炼是促进健康、增强体质的手段，在体育锻炼实践中，必须了解和掌握必要的运动卫生基本知识，遵循人体生理活动规律，才能收到良好的效果。违反运动卫生原则和要求而盲目地进行锻炼，不但不能取得良好的锻炼效果，还会导致运动伤害，损害锻炼者的身体健康。

一、准备活动与整理活动

(一)准备活动

准备活动是体育锻炼、运动训练及比赛前进行的有目的的身体练习，能有效地克服人体的生理惰性，减少运动损伤，提高机体运动能力，使处于相对安静状态的机体过渡到运动状态，在身体和心理上做好充分的准备。

1. 准备活动的作用

(1)克服机体的生理惰性。人体的各器官都有一定的惰性，一般来说，运动器官的发动能力较快些，而内脏器官则需 3～5 min 才能进入较高工作状态。运动前做好准备活动，能提高心血管系统和呼吸器官的功能，使机体逐步适应剧烈运动的需要。

(2)加速肌肉组织的新陈代谢，提高氧的利用率。准备活动使运动者体温升高，增强了肌肉组织的新陈代谢，进而提高了氧的利用率，为人体进入运动状态提供了良好的物质基础。

(3)调节运动情绪。节奏快、强度大的练习，可提高锻炼的兴奋性；节奏慢、强度小的练习，可降低其过高的兴奋性；适当的准备活动能使人体进入适宜的运动状态。

(4)预防运动损伤。准备活动能增加肌肉、肌腱和韧带的弹性和伸展性，使关节滑膜液增多、关节活动范围加大，从而避免运动损伤和肌肉痉挛。

2. 准备活动的要求

准备活动的内容有一般性和专门性两种，其内容、顺序和时间，因人、因运动项目不同而异。一般是先进行一般性准备活动，如跑步、活动关节，若参加竞赛可根据运动项目的特点，进行专门性的准备活动，如踢足球前做传球、停球动作等。一般的准备活动夏天约为 15 min，冬天约为 25 min。准备活动应有一定的密度和强度，心率在 130～160 次/min 方能达到预期效果，但不能过分消耗体力。一般活动应达到身体发热、微出汗、呼吸加深加快、心跳加强、主要关节感到灵活、身体感到轻松有力、兴奋性提高为宜。

(二)整理活动

整理活动是人体由运动状态过渡到相对安静状态的调整过程，它是促进体力恢复的一种有效手段。

1. 整理活动的作用

(1)有助于人体机能尽快恢复常态,由运动引起的一系列生理、心理变化需要一个逐步放松、恢复的过程,整理活动可促进这一过程的转化。

(2)有助于偿还氧债。整理活动是一个轻松、活泼、柔和的放松过程,有助于血液畅流,排出二氧化碳,消除乳酸等代谢产物,以达到偿还氧债、调节机能、减轻肌肉酸痛、消除疲劳的效果。

2. 整理活动的要求

整理活动应着重于全身性放松,尽量采用轻松、活泼、柔和的练习,活动量逐渐减少,节奏逐步减慢,以促使呼吸频率和心率下降。如在长跑到达终点后,应慢慢跑一段,或边走边做深呼吸运动或放松徒手操。特别是在紧张剧烈的运动之后,一定要进行全身放松活动,以免身体受到损伤。整理活动后,还要注意身体保暖,以防身体着凉,引起感冒。

整理活动应与结束时的运动相衔接,其内容有调整呼吸运动,自然放松走步、慢跑,徒手放松练习,简单的舞蹈动作,自我按摩和相互按摩等。

二、体育运动常识及注意事项

1. 运动后不要立即坐下或躺下

由于运动时血液循环加快、毛细血管大量开放,大量的血液参与肌肉新陈代谢,如果运动后立即坐下或躺下,肌肉运动就会立即停止,肌肉对静脉的挤压作用消失,静脉中压力下降,下肢静脉的血液就不能很快回流心脏,大量血留存下肢,而造成下肢淤血肿胀,脑部缺血而发生“重力休克”或其他不舒适感觉。

2. 饭后不宜剧烈运动

人在饭后不宜立即进行剧烈运动,这是因为人在进食后需要加强胃肠蠕动和消化腺体的分泌活动,饭后血液大量进入消化系统以利于胃肠对食物的消化和吸收。如果饭后立即运动,消化系统的血液就会被重新调剂到运动系统中,从而使胃肠蠕动减弱,工作能力下降,影响食物消化吸收,久之会使胃肠功能紊乱。

当人体在运动时,运动中枢神经产生非常强的兴奋,使消化系统神经中枢处于抑制状态,消化系统处于暂时休息状态,小血管关闭,血流量减少,胃的蠕动变慢。如果进一步缺血,可能造成消化道管壁平滑肌痉挛,引起肠胃疼痛。由于剧烈运动,人体需要大量的氧气,肺通气量增加,这时膈肌的活动幅度会加大,腹腔由于食物在胃内积存,会造成呼吸困难,同时也影响心脏的正常工作。人体运动时需要从肝脏调动大量血液参加循环,此时肝脏的血液减少,而饭后,在肠胃消化吸收的物质大多需要肝脏进行分解和再加工,进食后肝脏的血量必定增加,以满足代谢的需要,这时若进行剧烈运动,需要从肝脏中调剂血液,因此会影响肝脏的正常功能。

饭后立即进行剧烈运动会引起呕吐和运动中腹痛。进食后食物经过胃需要一段时间才能到达肠道,剧烈运动使胃受到震动、颠簸,易发生痉挛性收缩,造成食物逆行,同时肠系膜受到牵拉,刺激内脏感受器引起腹痛。因此,饭后不宜做剧烈运动。剧烈运动应在饭后 1.5 h 后进行,如在运动中出现呕吐或腹痛,应降低运动强度或暂时停止运动。饭后适宜散步或进行一些较轻缓的活动,可促进消化系统的血液循环,增进消化腺液分泌和消化器官的运动,使呼吸加深,膈肌、腹肌活动量加大,对消化系统起一定按摩作用,能提高消化与吸收的机能。

3. 运动与饮水卫生

运动时饮水要适量，水是人体的重要组成部分，它参与体内物质代谢、体温调节等生理过程。机体内的水分保持正常，才能保证身体健康。饮水要适量，过多或过少都对器官的正常功能有所影响，从而导致运动水平下降。饮水过多会增加消化器官的负担，大量的水进入血液，也加重了心脏的负担。饮水过少，使机体缺水，影响正常的生理机能，会出现口唇发干、全身无力、精神萎靡、容易疲乏等现象。

一般人每天需水量约为 2 500 mL(含食物中的水分)，运动时排汗较多，需水量更多，尤其是剧烈运动，人体分泌大量的汗液，会觉得口干舌燥，产生喝水的强烈欲望，而大量饮水会使一部分水变为汗液携带盐分等物质一同排出体外。由于汗液量的增加，实际上也就降低了血液中盐的浓度，造成体内大量缺水、缺盐，使血液的渗透压降低，破坏了体内水和盐的代谢平衡，从而影响了机体的正常生理规律。盐和水的过多损失，使人口渴想喝水，喝了水又大量排汗，如此形成恶性循环，严重时肌肉就会不由自主地强制收缩，引起痉挛。长此下去会影响食欲和消化，引起肠胃疾病。同时大量的水进入人体，短时间内也不能完全被吸收到血液中。过多的水积存在肠胃内，使人感到不舒服，更甚者妨碍膈肌运动，影响呼吸节奏和深度。所以在运动中和运动后不宜立即大量喝水。若感觉口渴并非完全表明体内缺水需要补充。事实上，口渴是由于剧烈运动时张口喘气，口腔、咽喉等呼吸道以及食道上部黏膜的水分散发、变得干燥所致，此时只需要用水漱漱口湿润一下咽喉即可，即使饮水也要多次少量饮用温开水，逐渐补充丢失的水分，每次 150～200 mL 为宜，每次间隔 15 min 以上。在排汗多的情况下，应配制一些淡盐水(浓度在 0.25%～0.5%)饮用，以补充损失的盐分。待机体平静后，可多饮用些水，以加速体液的恢复。

运动后不能立即吃冷的食物，因为运动过程中不仅体温升高，而且机体内大量的血液为肌肉进行供能活动，肠胃等内脏器官所获得的血液量相对较少，消化系统处于抑制状态。突然吃进过冷食物，会强烈刺激胃肠，引起功能紊乱，出现腹泻、腹痛、呕吐等症状。

三、体育运动环境卫生

运动环境是指人们进行体育锻炼时的外界条件，如空气、水、场地和运动设备等。运动环境也是人类赖以生存的自然环境的一个部分，因此它也受自然环境的影响。人体在进行体育锻炼时，体内物质代谢增强，与环境的关系更加密切，受环境的影响就会更大。因此，要想获得强身健体、防治疾病的锻炼效果，就必须注意运动环境卫生。

(一)体育活动时应注意空气卫生

进行体育活动时，体内代谢加强，肺通气量增加可达平时的十余倍，若空气中含有有害成分，运动时吸入体内的有害物质就比平时多得多，对身体危害更大。因此，应避免在空气混浊和恶劣的环境中锻炼，在市区避开上午和下午交通高峰，因为此时汽车排出的废气最多。如气压过低，空气湿度大，易使人体的散热机能受到阻碍，气温过高易中暑，风速过大会影响运动进行。应尽可能在室外锻炼，特别是在空气新鲜、环境幽雅的地方锻炼效果更好。在室内锻炼时，要保持卫生清洁通风。

(二)阳光对人体的影响

室外运动时，要避免强烈日光过度照射，防止紫外线和红外线对人的损害。眼睛接受的紫外线绝大多数来自反射光，从事滑雪、滑水等项目的运动更应加强保护，因为冰雪和水对紫外线有很强的反射作用，在强烈阳光下活动，特别是在高原地区，应戴遮阳帽和太阳镜，减少太阳射线对头部和眼睛的直接照射，在不影响体温调节的情况下，尽力减少皮肤被阳光直接照射的面积，或擦一些防晒霜保护皮肤。

（三）运动服装与器材卫生

运动服装应符合运动项目要求，衣料透气，便于散热，便于吸收和蒸发汗液，既有利于身体活动，又能防止摩擦伤和运动损伤。运动服装大小要合适，在夏季应穿通气性好、质软、宽松和色淡的运动服，可戴白色凉帽，在冬季北方地区比较寒冷，户外运动时，服装既要保暖又要不妨碍动作的完成，根据气温可佩戴手套和帽子。

鞋袜大小要合脚，并富有弹性和透气性，穿着要舒适，运动时要穿运动鞋，切勿穿凉鞋、皮鞋或赤脚。硬、滑或过松的鞋子会造成运动损伤。

第二节　体育运动中常见的生理反应

在进行体育锻炼的过程中，人体生理活动的有序性受到暂时性的破坏，常常出现某些生理反应，这种反应称为“运动生理反应”，常见的运动生理反应有以下几种：

（一）极点和第二次呼吸

在剧烈运动中，特别是中长跑时能量消耗大，使下肢回流血量减少，从而导致大脑缺氧，当缺氧达到一定程度时，就会出现呼吸急促、胸闷难忍、下肢沉重、动作不协调甚至恶心、呕吐等现象，在运动生理学上称为“极点”。

预防与处置：当“极点”出现后，应适当减慢运动速度，加深呼吸，上述生理反应可逐渐缓解并消失。随后，动作重新变得轻松、协调，从而运动能力有所提高，这标志“极点”已经过去，生理过程出现新的平衡，这种现象称为“第二次呼吸”。“极点”与“第二次呼吸”是运动中常见的生理现象，不必疑虑和恐惧，平时应加强体育锻炼，提高机体的运动适应能力，可以延缓“极点”出现的时间和持续的时间。

（二）肌肉酸痛

肌肉酸痛是由于肌肉一次活动量大时，或平时缺乏锻炼，肌肉对负荷及收缩放松活动不适应，在运动后 1～2 d 出现肌肉酸痛。

预防与处置：运动前要做好准备活动，开始时运动量要小些，随着肌肉不断适应逐渐增加运动负荷，要遵循循序渐进的原则，每次锻炼后，要及时做好整理放松活动。

（三）运动中腹痛

运动中腹痛主要原因是准备活动不充分，在长跑或激烈运动时呼吸紊乱、膈肌运动异常，血液淤积在肝脾两区，引起两肋间疼痛，或运动前饮食过饱、饮水过多及腹部受凉引起胃肠痉挛，都会导致腹痛。

预防与处置：饭后至少 1 h 才能进行适当的中度运动，做好准备活动，运动量要循序渐进，注意呼吸节奏，切忌闭气。如出现腹痛，可采用适当减慢速度，进行腹式呼吸，按摩痉挛部位方法，短时间即可减轻疼痛直至消失。

（四）肌肉痉挛（抽筋）

在剧烈运动时，肌肉快速连续或猛力收缩，肌肉处于疲劳时或肌肉受到冷的刺激都会引起肌肉痉挛。

预防与处置:运动前应做好准备活动,运动间歇时要注意保暖。如发生痉挛,立即对痉挛部位肌肉进行牵拉、按摩。如腓肠肌痉挛,即伸直膝关节,并做足背伸动作,最好由同伴协助,但切忌施力过猛。同时点按委中、承山、涌泉等穴位。

(五)运动性昏厥

在运动过程中,由于脑供血不足,大脑缺氧达到一定程度时,即可发生一时性知觉丧失,这种现象称为"运动性晕厥"。表现为面色苍白、手脚发凉、呼吸缓慢、眼前发黑、失去知觉而晕倒。多发生在极度疲劳下继续锻炼,激烈运动状态下(如冲刺后)突然停止运动或久蹲后骤然站起。

预防与处置:平时应经常参加锻炼,运动时要控制运动负荷,防止过度疲劳。如发生运动性晕厥,应立即将患者平卧,使脚高于头,并由小腿到大腿、向心脏方向进行推摩。如有呕吐,应让患者的头偏向一侧,按压人中与合谷穴,如停止呼吸,要立即进行心肺复苏抢救。

(六)运动中暑

"中暑"是长时间受高温或热辐射引起的一种高温疾病。在高温环境下长时间进行体育锻炼,特别是在气温高、通风不良或头部缺乏保护,在烈日直接照射等情况下,会引起体温上升、调节功能发生障碍而导致头晕、头痛、呕吐,严重时出现体温升高、皮肤灼热干燥等反应,称为"运动中暑"。严重者甚至出现虚脱、抽搐、心律失常、血压下降、昏迷直至危及生命。

预防与处置:在高温炎热环境下锻炼时,应尽量避开中午和下午气温最高时段,适当减少运动量和锻炼时间。在室内锻炼时要注意保持良好的通风,室外锻炼时,应戴浅色太阳帽、穿宽松浅色运动服。

第三节　体育运动损伤的预防与处置

一、运动损伤产生的原因

在运动中所发生的损伤称为运动损伤,造成运动损伤的主要原因有以下七点:

(1)思想麻痹大意是所有运动损伤因素中最主要的因素,其中包括运动前不检查器械、预防措施不得力、争强好胜,运动者常在盲目和冒失行动中受伤。

(2)准备活动不充分,运动器官、内脏器官机能没有达到运动状态,易造成损伤。

(3)运动情绪低下,容易在畏难、恐惧、犹豫以及过分紧张时发生伤害事故。

(4)内容安排不科学,方法不合理,纪律松散及技术上的错误等。

(5)好高骛远。超出技术能力所及的范围做动作,产生不适应性损伤。

(6)运动场地小,地面不平,器械安装不当,锻炼者拥挤,容易相互冲撞致伤。

(7)空气污浊、光线暗、气温过高或过低,以及运动服装不符合运动特点等。

二、运动损伤的预防

(1)加强运动时的安全教育,克服麻痹思想,提高预防损伤意识。

(2)认真做好准备活动,针对可能发生运动损伤的环节和易伤部位,做好预防。

(3)合理安排锻炼,合理安排运动量,防止局部运动器官负担过重。

(4)加强保护与帮助,提高自我保护能力。如摔倒时,立即屈肘低头团身滚动等。

三、常见运动损伤的处置

1. 擦伤

摔倒或器械擦伤。

处置方法:小面积可用红药水涂抹伤口或用创可贴即可,大面积擦伤,先用生理盐水洗净后涂抹红药水,再用消毒布覆盖,最后用纱布包扎。

2. 撕裂伤

在剧烈运动时,感受到突然强烈牵拉、撞击,造成肌肉撕裂。常见有局部撕裂、跟腱撕裂等。开放伤顿时出血,周围肿胀;闭合伤触摸伤处时有凹陷感和剧烈疼痛。

处置方法:轻度开放伤,用红药水涂抹伤口即可;裂口大时,则需止血,送医院缝合伤口,必要时注射破伤风抗毒素血清,以防破伤风症。如肌腱撕裂,则需手术缝合。

3. 挫伤

因撞击器械或练习者之间相互碰撞而造成挫伤。单纯挫伤在损伤处出现红肿、皮下出血,并有疼痛。内脏器官损伤时,则出现头晕、脸色苍白、心慌气短、出虚汗、甚至休克。

处置方法:在 24 h 内冷敷或加压包扎,抬高患肢或外敷中药,24 h 后可以按摩和治疗。进入恢复期可进行一些功能性锻炼。

4. 肌肉拉伤

通常有外力直接或间接作用下,使肌肉过度主动收缩或被动拉长时引起肌肉拉伤,特别是准备活动不充分更容易拉伤,严重时肌肉撕裂。

处置方法:轻者可即刻冷敷,局部加压包扎,抬高患肢。24 h 后可施行按摩或理疗。如果肌肉已大部或完全撕裂者,在加压包扎急救后,立即送医院手术治疗。

5. 肩关节扭伤

肩关节用力过猛以及肩部疲劳所致,也有因技术错误、违反解剖学原理而造成损伤。

处置方法:单纯韧带扭伤,可用冷敷,加压包扎。24 h 后可采取理疗、按摩和针灸治疗。出现韧带断裂时,应立刻送医院缝合和固定处理。

6. 髌骨损伤

膝关节长期负担过重或反复损伤累积而成的,也可一次直接外力撞击致伤,如篮球急停,跳高和跳远时踏跳不合理或摔倒撞击,都可导致这种损伤。

处置方法:采用中药外敷、针灸、按摩等。平时加强膝关节肌肉群力量练习。如采用高位静力半蹲,每次保持 3～5 min 即可。病情好转时,可逐渐增加时间,每日进行 1～2 次。

7. 踝关节扭伤

跳起落地失去平衡或场地不平,使踝关节过度内收或外翻致伤。

处置方法:受伤后,应立刻冷敷,用绷带固定包扎,并高抬伤肢。24 h 后,根据伤情采取综合治疗。如外敷伤药、理疗、按摩等。

8. 急性腰伤

运动时,突然用力过猛或脊柱运动时超过了正常生理范围。

处置方法:腰部急性扭伤后,让患者平卧,一般不应立即扶动。如果剧烈疼痛,则用担架抬送医院诊治。处理后,应卧硬板床或腰后垫一枕头,使肌肉韧带处于放松状态。也可针灸、外伤敷药或按摩。

9. 骨折

运动中，身体某部位受到直接或间接的暴力撞击时，造成骨折。如踢球时，小腿被踢造成胫骨骨折；摔倒时手臂直接撑地引起尺骨或桡骨骨折等。

处置方法：若伴有休克时，应先进行处理，即点按人中穴，并进行对口人工呼吸或心脏胸外按摩。若伴有伤口出血，应同时实施止血和包扎。骨折后切勿移动患肢，应用夹板或其他代用品固定伤肢，及时护送医院检查和治疗。

10. 关节脱位(脱臼)

因受外力作用，使关节面失去正常连接关系，叫关节脱位，又称脱臼。

处置方法：用长度和宽度相称的夹板固定伤肢，如果没有夹板，可将伤肢固定在自己的躯干和健肢上，防止震动，随后及时送医院治疗。必须指出，如果没有把握时，切不可随意做复位手术，以免再度增加伤害。

11. 脑震荡

脑震荡是指头受到外力冲击后，使大脑管理平衡的膜半规管、椭圆囊等感受器机能失调，直至引起意识和机能的一时性障碍。

处置方法：立即让患者平卧，头部冷敷，若有昏迷，立即指压人中、内关、合谷穴；若呼吸发生障碍，立即进行人工呼吸。上述处理后，出现反复昏迷或耳鼻口出血，两眼瞳孔放大，或不对称时表明病情严重，应立即护送医院治疗。在运送途中，要让患者平卧，头部固定，避免颠簸。轻微脑震荡一般可自愈，无须住院治疗，但要注意休息和必要的药物治疗，保持情绪稳定，减少脑力劳动。

第四节　体育运动处方的科学运用

一、运动处方概述

(一)运动处方的概念

运动处方类似医生给病人开的药方，是由教练或医生给参加体育锻炼的人，按其年龄、性别、健康状况、体力状况、心肺功能、体育爱好和运动经历，用处方的形式，制定锻炼内容、运动量和运动强度，以及运动中应注意的事项，称为运动处方。1969 年世界卫生组织(WHO)正式采用了运动处方这一名词，并在国际上得到认可。

(二)运动处方的分类

根据参加体育锻炼的不同目的、不同性质，运动处方可分为：

(1)强身健体运动处方　以增强体质、提高运动能力、提高健康水平为目的。

(2)健身性运动处方　以青年体弱者和中老年为对象，实现健身防病的目的。

(3)医疗性运动处方　针对患者的运动处方，辅助治疗某些慢性疾病。

(4)康复性运动处方　以恢复身体运动功能及病后康复为目的。

(5)竞技训练运动处方　针对运动员的运动处方，以提高专业运动竞技水平和身体素质。

(6)职业特点的运动处方　以提高职业适应性能和矫治职业病为目的。

(7)心理调节运动处方　以适应紧张、快节奏的工作和心理压力,减轻心理疾病,改善现代生活质量为目的。

(三)运动处方的内容

1. 运动项目

运动项目要依据锻炼者兴趣爱好、周边环境和要达到的目的而确定。为了增加力量,可选择力量性项目;一般健身或改善心血管代谢功能,预防冠心病、减肥,选择有氧运动,如快走、慢跑、骑自行车、游泳、爬山;调节心情、消除疲劳或防止高血压和神经衰弱等,可选择运动负荷较小的放松性练习,如散步、太极拳等。

2. 运动强度

即在单位时间内完成的运动量,可用最大吸氧量、心率、功率、速度(m/s)等表示。由于运动强度对锻炼者的机体影响最大,因此,它的安排适当与否是影响运动处方效果的关键。

获得最佳锻炼效果的目标心率,应该是最高心率的60%～80%。也就是说,如果最高心率是200次/min,目标心率就是120～160/min。最高心率简单的计算方法是:次数=220－年龄。测量心率的简单方法是:手指轻按(挠)动脉或颈动脉。

3. 每次运动持续的时间

为了达到运动效果,每次运动都必须持续一定的时间。运动强度较低、运动时间较长的有氧运动比较适合而有效,一般持续20～60 min,并且可减少受伤概率。

4. 运动频率

运动频率是指每周运动的次数。运动频率应根据运动强度、运动时间及个人体能而定,一般可以是每天分几次进行,或每周进行3～5次。

5. 注意事项

在应用运动处方的过程中,特别要注意三个方面的情况:一是要严格执行运动处方,禁忌过度剧烈的运动,即易发危险的动作;二是加强自我医务监督,运动中发现指标异常应及时调整或中止运动处方;三是每次锻炼前必须做充分的准备活动和运动后整理活动。

(四)运动处方的制定和程序

制定运动处方时,首先要了解身体健康状况,必须进行系统的体格检查,要进行心肺功能及运动器官的功能检查。根据个人的体格、性别、年龄情况来制定运动处方。

1. 制定运动处方的要求

(1)要有明确的目的。具体要求是:首先要有良好动机、要有通过体育锻炼提高健康体能或运动能力的良好愿望和实际行动。

(2)要有明显的针对性。从个人的身体状况和体育实践出发,找出存在的问题及其原因,制订有效的锻炼计划。

(3)要有可行性、实效性。在“诊断”的基础上,准确地制定运动处方。结合学校场地设施情况和个人兴趣爱好,对运动项目、运动量等内容进行科学安排。要易于操作和实践。

2. 制定运动处方程序

(1)了解锻炼者的基础情况。是制定运动处方最基础依据,包括年龄、性别等。

(2)健康诊断。了解锻炼者健康状况,为制定运动处方提供准确依据。

(3)运动负荷测定。对锻炼者身体机能和运动承受能力的监测和评定。主要测试指标有安静心律、血压、运动时最大吸氧量等。

(4)体能测定。对锻炼者身体素质状况进行评定,测定内容包括身体各部分的力量、速度、耐力、灵敏性、柔韧性等。

(5)制定运动处方。在完成上述调查、测定结果评价后,可依据具体锻炼的原则、方法,根据锻炼者的实际情况制订包括运动项目、运动强度、运动时间、运动频率等内容的锻炼方案。

(6)实施锻炼方案。是指按照运动处方进行锻炼。应注意,在锻炼 4～6 周后,应进行身体健康检查及运动负荷和体力测定。一是评价运动处方锻炼效果;二是根据锻炼实践反馈信息、调整出新的运动处方,从而保证健身锻炼过程与身体状况相适应,取得理想的锻炼效果。

第三章　体育竞赛与奥林匹克运动

第一节　运动竞赛与组织

一、运动竞赛概述

运动竞赛是各种体育运动项目比赛的总称，是指参与者以争取优胜为目的，以运动项目（或某些身体活动）为内容，根据规则进行个人或集体的体力、技艺、战术、心理、智力等多方面相互较量的比赛形式。运动竞赛是体育运动的主要特点之一。

二、学校运动竞赛的意义

运动竞赛是一种具有娱乐性、竞争性的身体活动，竞争是运动竞赛最突出的特征，是体育运动发展的重要手段，也是吸引人们观赏的魅力所在。

学校运动竞赛的意义主要体现在：

(1)学校运动竞赛是促进体育普及和提高的重要措施，是实现学校体育教育目的的途径之一。

(2)学校运动竞赛不仅可以丰富和活跃课余文化生活，而且能起到直接宣传和鼓励的作用，鼓舞和促进广大学生参与体育运动的积极性和自觉性，吸引更多的人参加体育活动，推动学校群众性体育活动的发展和普及。

(3)学校运动竞赛可以体现体育教学和训练工作的效果，通过竞赛可以总结和交流经验，互相学习和互相促进。有利于提高体育教学质量，有利于提高运动训练水平，有利于发展、培养体育人才。

(4)学校运动竞赛使学生受到高尚的体育情感的熏陶，提高体育文化素养，丰富和活跃校园文化生活。

(5)学校运动竞赛有利于培养学生敢于拼搏，胜不骄、败不馁，遵守纪律，服从裁判的优秀品质和集体主义精神，培养竞争与合作精神，提高学生抗挫折能力与良好稳定的心理素质，促进学校精神文明建设。

三、学校运动竞赛的特点

(一)竞争性和参与性

学校运动竞赛是争取优胜的有益活动，竞争的因素符合青年人的心理特点。通过体育竞争调动参加各方的积极性，有利于培养竞争意识和提高竞争能力。学校运动竞赛区别于高水平的竞技比赛，它面向全体学生，为大部分同学提供参与竞赛和展示个人运动才能的机会，使学生从中领悟“重在参与”的内涵。

(二)集体性与教育性

学校运动竞赛一般以专业或班级组成代表队参加,有集体项目,也有个人项目,每个人的表现都影响到集体的荣誉。参加集体活动并为集体争荣誉是青年人的特点之一。竞赛参加者表现出勇敢顽强、坚持拼搏的精神和服从裁判、尊重观众、遵守纪律的优良品德,学校竞赛是对学生进行思想品德和行为规范教育的有效手段和良好场所。

(三)多层次性和群众性

学校运动竞赛是面向全体学生的基层体育比赛,组织体育竞赛,必须考虑到它的多层次性和群众性。如既有全校性体育竞赛,又有系部、年级、班级的体育比赛,既有竞技项目比赛(如田径运动会等),又有非竞技体育比赛(如拔河等)。体现出学校体育竞赛的多层次性和群众性的特点。

(四)趣味性和娱乐性

学校体育竞赛在课余时间学生自愿参加。因此,要做好宣传和组织工作,比赛项目必须考虑学生的兴趣与爱好,组织形式与方法应新颖、灵活、多样,以提高学生参赛的兴趣与热情。从实际出发,项目内容具有健身性、娱乐性、趣味性、大众性、实用性、生活性的特点。愉悦身心、陶冶情操。

四、学校运动竞赛的组织与方法

(一)运动竞赛的组织

组织各类体育竞赛应先制定出具体项目的竞赛规程,它是组织竞赛的依据。竞赛规程内容包括:竞赛名称、主办单位、竞赛项目、竞赛日期和地点、参加单位、报名办法及人数规定、运动员资格、比赛办法、采用规则、录取与奖励办法等。

根据参加比赛报名情况合理编排比赛日程、出场顺序等,在比赛前还要组织裁判员学习有关规则和裁判方法,统一标准实施比赛。

(二)运动竞赛的方法

运动竞赛的方法是按一定的组织形式和顺序,使参赛单位或个人能尽量机会均等地参加比赛。主要方法有循环法、淘汰法、混合法等。

1. 循环赛

循环赛是让参加比赛的所有队相互之间都要轮流进行比赛的一种比赛方法。最后按各队在全部比赛中胜负的场数、得分的多少来排定名次。这种比赛方法能使各参赛队比赛机会多,有利于相互交流与学习,能比较客观地反映参赛队的水平。但是,比赛场次多、赛程长。

(1)单循环　所有参赛队(人)之间相互比赛一次称为单循环。按各队(人)胜负场次和积分排列名次。单循环比赛轮次计算:各参赛队(人)均进行一场比赛后,称为一轮。如比赛队(人)为单数时,比赛轮次等于参赛队(人)数;参赛队(人)数为双数时,比赛轮次等于参赛队(人)数减1。

单循环比赛场次计算公式为:

$$场次=[n\times(n-1)]/2$$

式中:n 为参赛队(人)数。

单循环比赛的编排:无论参赛的队(人)数是奇数还是偶数,一律按偶数安排,若是奇数,可以加上一个“0”号，使之成为偶数，遇“0”的队（人）就轮空一次，第二轮开始，1号位置的不变，其他号数按逆时针方向轮换一个位置即排出下一轮的比赛顺序。依此类推排出各轮的比赛表（表3-1、表3-2）。

表3-1　6个队（人）的比赛轮次表

第一轮	第二轮	第三轮	第四轮	第五轮
1—6	1—5	1—4	1—3	1—2
2—5	6—4	5—3	4—2	3—6
3—4	2—3	6—2	5—6	4—5

表3-2　5个队（人）的比赛轮次表（遇“0”为轮空）

第一轮	第二轮	第三轮	第四轮	第五轮
1—0	1—5	1—4	1—3	1—2
2—5	0—4	5—3	4—2	3—0
3—4	2—3	0—2	5—0	4—5

（2）双循环　指参赛的队先后进行两次单循环的比赛方法。一般是在参赛队（人）少、时间充足而增加参赛队之间的比赛机会。最后按各队在全部比赛中的胜负场数和积分排列名次。其编排方法与单循环相同，第二次循环也可以重新抽签。它的比赛轮次和场次是单循环的2倍。

（3）分组循环　是在参赛队多而时间又有限时，为合理排出名次而常采用的一种方法。就是把参赛队平均分成若干组，各组采用单循环方法排出各组名次，然后根据规程进行第二阶段比赛，再次排出名次。分组循环时为了分组合理，应设种子队，分别编在各个小组，以避免强队过于集中而失去小组出线的机会。

2. 淘汰赛

淘汰赛就是通过比赛逐渐淘汰成绩比较差的（失败的队或个人），最后决出优胜者。采用这种方法的比赛有两种形式：一种是按照一定的顺序让参赛者一组一组地进行比赛，通过预赛、复赛和决赛淘汰掉较差的，比出优胜名次。田径、游泳、短道速度滑冰项目多采用这种比赛形式；另一种是球类和其他对抗性项目，按编排好的淘汰表一对一地进行比赛，胜者进入下一轮，直至最后决出冠亚军。

（1）单淘汰　指参赛的队（人）在比赛中失败一次即被淘汰，失去继续比赛的资格。它的优点是当参赛者较多时，能在较短的时间内完成比赛任务。缺点是一次失败即遭淘汰，学习锻炼的机会少，比赛名次不一定能反映出各队（人）的水平。编排方法：根据参加比赛队（人）数，按2的n次方设号码位置数。当参赛队非2的n次方时，应根据参赛队（人）数选择最接近的略大于2的n次方数作为号码位置数，需要安排轮空，轮空数＝号码位置数－参赛队（人）数，使参加第二轮比赛的队（人）数正好是2的乘方而不再有轮空（图3-1）。

如参赛队（人）数稍大于2的乘方时，若安排轮空则轮空太多，用“抢号”的方法来解决。即以最接近的稍小于2的n次方作为号码位置数，其中一部分运动员进行“抢号”。“抢号”就是两个队（人）在一个号码位置，要先进行一场比赛，胜者留在这个位置，负者被淘汰（图3-2）。

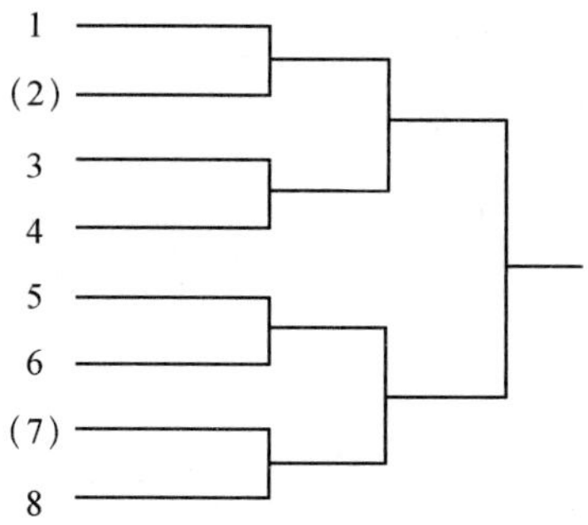

(2)、(7)为轮空位置

图 3-1 6 人参加的单淘汰赛

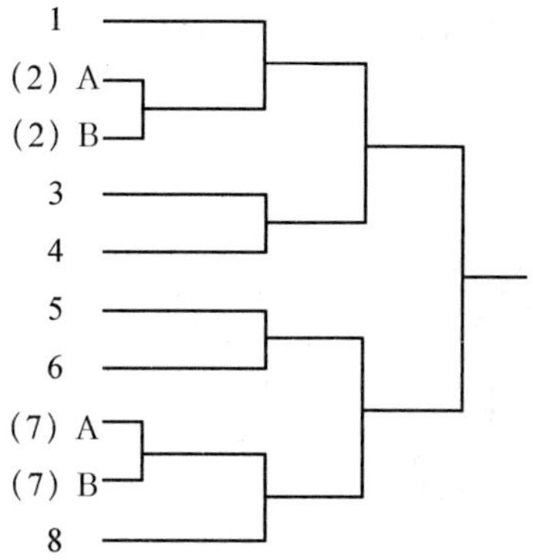

(2)A,(2)B,(7)A,(7)B 为抢号位置

图 3-2 10 人参加的单淘汰赛

单淘汰赛的轮次计算:所选用号码位置数为 2 的 n 次方即为 n 轮。

单淘汰赛的场次计算:参赛队(人)数减 1,即为比赛场次。

(2)单淘汰赛中的附加赛 单淘汰赛只能确定第 1 名、第 2 名,用附加赛的方法可以确定所有比赛中各队(人)名次。如进入前 8 名的运动员,每一轮的胜者与胜者、负者与负者之间进行比赛,直到排出全部名次(图 3-3)。

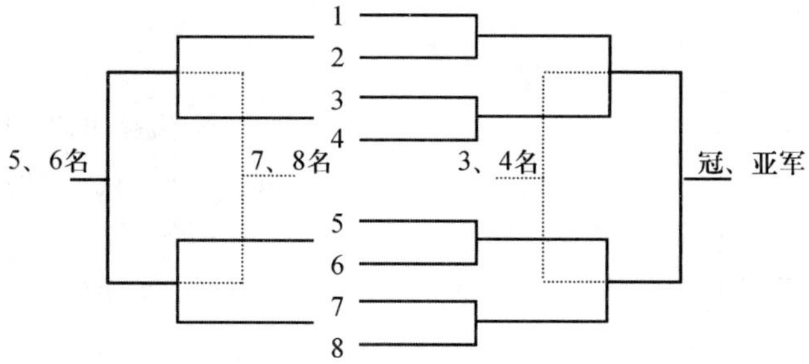

图 3-3 淘汰附加赛

3. 混合法

混合法是指在一次比赛中采用循环赛和淘汰赛两种比赛方法。在混合法中,一般将比赛分为两个阶段。第一阶段如用循环赛,最好分成 2、4、8 组,以便第二阶段淘汰赛的编排。

第一阶段如分两组进行单循环比赛并排列名次后,第二阶段一般常采用交叉赛。即 A 组的第 1 名对 B 组第 2 名,A 组第 2 名对 B 组第 1 名,两名胜者决 1～2 名,两名负者决 3～4 名;两个小组第 3,4 名可依此方法决出 5～8 名,也可在第二阶段采用同名次赛。如第一阶段分 2 个组循环比赛:两小组第 1 名进行决赛争 1～2 名,两小组第 2 名争 3～4 名,其他名次也按上述方法排出名次。

4. 球类竞赛决定名次方法

篮球、排球、乒乓球单循环比赛成绩计算办法,一般在规程中规定胜一场得 2 分、负一场得 1 分、弃权为 0 分。以积分高的名次列前。篮球如两队积分相等,则以两队之间成绩排列名次;如两队以上积分相等,则计算积分相同队之间比赛成绩,如再相等计算积分相同队之间得失分率,如仍相等则计算在组内所有比赛成绩得失分率。

排球比赛如两队或两队以上积分相等，C 值高者列前，如 C 值仍然相等，Z 值高者名次列前。

C 值＝A（胜局总数）/B（负局总数）

Z 值＝X（总得分数）/Y（总失分数）

足球循环比赛计分方法常采用胜一场得 3 分、平一场得 1 分、负一场得 0 分的形式，积分多者列前。在积分相等情况下以净胜球多少、进球总数多少，至最后由抽签来决定名次。计分方法与决定名次的有关条款应在竞赛规程中有明确规定。

第二节　运动竞赛与欣赏

观赏竞技体育比赛是现代人文化生活的重要内容，竞技体育运动的魅力吸引着数亿人去关心它、欣赏它。因为体育竞赛的最大魅力在于永恒的竞争，这种竞争具有规范性、公平性、真实性、娱乐性、新奇性、健美性和向上性。正像法国著名社会活动家、教育家、现代奥运会创始人顾拜旦说的那样："竞技的核心，不是斗争而是光明磊落地比赛，正是铭记了这种精神，才能更加强盛、更加雄伟、更加有勇气，从而陶冶人性。"

一、体育欣赏的意义

（一）调节生活节奏，享受生活乐趣

随着现代科学技术的飞速发展，现代人的学习、工作节奏不断加快，工作任务更加繁重，人们生活压力、工作压力也越来越大。观赏体育竞赛已逐步成为现代人社会文化生活中的重要内容，对现代人来说，各种丰富有趣的运动项目具有无法抗拒的魅力，人们会不由自主地去关心它、欣赏它，并从中得到无穷的乐趣。特别是在胜负难测，观众带有倾向期望时，受不确定悬念所驱使，总会使人们的情绪处于兴奋中。因此，在紧张的学习与工作之余，通过观赏体育竞赛丰富生活、愉悦精神、满足精神需求，使学习、工作和生活压力得以释放，身心得以放松。

（二）提高体育文化素养，陶冶道德情操

体育是一种特殊的文化现象，是人类智慧的结晶。各种体育项目反映出不同国家、民族的风俗和观念，如我国的武术博大精深，反映出五千年文明的文化内涵。体育文化的外延是围绕体育竞赛而进行的各种文化艺术活动，如大型赛会的开幕式文艺演出、绘画展览、火炬接力、体育新闻报道、电视转播、发行纪念封、纪念邮票、纪念币等。由于这些文化活动的开展，使得各种丰富多彩的体育文化在全世界传播，因此通过体育竞赛，使人们得以交流文化，了解世界上的各种人文景观、民族传统风情。

体育竞赛顺应了现代人的行为、情感和人格发展的需要，为塑造现代人发挥作用。通过观赏体育竞赛，感受奥林匹克精神，加强互相了解，促进友谊、团结和公平竞争。人们为运动员遵循竞赛规则，恪守运动道德、服从裁判、公平竞争良好行为而喝彩加油，这种情感会使人的心灵得以净化和升华，在潜移默化的影响中陶冶道德情操。

（三）树立人生观念，振奋民族精神

体育竞赛中的竞争是技能、体力、智力、意志和团队实力的较量与竞争。它对现实生活的启迪，是实现人生价值所应具有的信念、勇气、力量和百折不挠的执着精神。运动员在激烈的

竞争中表现出的坚定不移、临危不惧和顽强拼搏等优秀品质，激励人们在逆境中奋起，勇往直前直到实现自身价值。如我国优秀运动员提出了“人生能有几回搏”“从零开始”等，在世界大赛中，为国家和民族赢得尊严和荣誉，运动员全力以赴，这对观众的思想、情感、精神和意志产生巨大的影响，使民族自尊心得到满足，自信心不断增加，振奋了民族精神，使爱国主义情感更加浓厚。

二、运动欣赏内容的选择

人的兴趣爱好和审美观点是千差万别的，运动欣赏的内容也是多种多样的，有人喜欢看田径比赛，有人喜欢看球类争夺，有人喜欢欣赏艺术体操，有人喜欢我国的优势项目等。观众在观赏自己喜爱的运动项目时，大部分时间是在欣赏和体会运动中内在的美感因素——力量、速度、幅度、节奏、旋律、惊险度、创新度等。对于进行中的运动竞赛和表演本身，展现的却是运动员所流露出的身体、动作、技术、战术和风格的综合美感效果。

（一）欣赏身体美

几乎无人不知古希腊著名雕塑家米隆的不朽之作“掷铁饼者”。作品中人物强健的肌肉、匀称的身材、有力而和谐的姿势等充分勾勒出运动者迷人的外在美和勃勃的生命活力，这是运动者身体美的最佳表达。

身体美的内容是十分丰富的，它不仅包含着人体的体表、体形、体态等外在的美，也包含了素质、风度等一些内在的美。运动员不仅表现出运动技术高超，而且仪表端正，风度翩翩，给人以高尚、典雅的感受。

（二）欣赏动作美

人体在运动过程中，系列形体造型所展现的美称作动作美。所谓造型，是人体静态的形体展现。而在体育比赛或表演中，运动员的一招一式是在“动”中进行的，是一种动态展现。因此，我们在观赏运动时，对每一个动作做好适时的把握和审视，抓住每一个美的瞬间。大脑皮层才能保留运动员动态过程中一系列美好瞬间。

（三）欣赏技术美

运动技术是充分发挥运动者身体能力，合理有效地完成动作的方法。技术美是人体美和动作美的综合体现，体现在准确、协调、连贯、节奏感强以及平衡性、实效性高等特点。运动员优美、娴熟、惊险、新颖的技术动作，给观众带来行云流水、赏心悦目、眼花缭乱般的美妙感受。马拉多纳有如神助的带球过人，王濛优雅有力的蹬冰加速、弯道技术和超越技术等这些炉火纯青的技术动作，无不给人以心灵的震撼和美的享受。

（四）欣赏战术美

运动战术是指在竞技运动比赛中，为战胜对手或为表现出期望的比赛结果而采取的计谋和行动。其中，运动员或教练员为合理地调配力量、扬长避短、争取胜利所表现出的变化多端、出奇制胜、胜券在握，是一种自信、果敢、从容的美感表现。战术是发挥技术的先导，是驾驭比赛的灵魂，是克敌制胜的法宝。运动员或教练员如何根据实际情况采取最佳战术方案和有预见性的行动，这样可使我们对整个比赛有一个立体的、全面的认识，也可使我们从中领略最佳战术方案实施成功后的快感。

（五）欣赏风格美

运动风格，一般分为运动队的团队风格和运动员个人的技术风格。运动队或运动员在体育比赛或表演中所体现出的具有个体特色的作风和品质，往往给人以别具一格、耳目一新的感觉，这种感觉即是运动风格美的表达。一贯以积极向上、团结协作的团队精神和顽强拼搏、文明守规、尊重裁判和观众的参赛队总会给人留下美好的印象。技术风格美，是运动员(队)技术、战术风貌和格调上的优势特殊性所表达出的美感，都会给观众带来美的享受。

第三节　奥林匹克运动

一、奥林匹克运动

奥林匹克运动是在奥林匹克主义指导下，以体育运动和四年一度的奥林匹克庆典——奥运会为主要活动内容，促进人的生理、心理和社会道德全面发展，沟通各国人民之间的相互了解，在全世界普及奥林匹克主义，维护世界和平的国际社会运动。奥林匹克运动包括以奥林匹克主义为核心的思想体系，以国际奥委会、国际单项体育联合会和各国奥委会为骨干的组织体系和以奥运会为周期的活动体系。

1894 年 6 月 23 日，当顾拜旦与 12 个国家的 79 名代表决定成立国际奥委会、开创奥林匹克运动时，这一壮举曾一度成为人们讽刺的对象。而在百年之后的今天，奥运会已成为普天同庆的节日，奥林匹克运动也吸引了超过 200 个国家和地区的积极参与。1998 年，《生活》杂志刊载了历史学家精选的过去千年中最重要的 1 000 个事件和人物，1896 年顾拜旦恢复奥运会的壮举也跻身其中，成为千年盛事之一。

奥林匹克运动是人类社会的一个罕见的杰作，它将体育运动的多种功能发挥得淋漓尽致，影响力远远超出了体育的范畴，在当代世界的政治、经济、哲学、文化、艺术和新闻媒介等诸多方面产生了一系列不容忽视的影响。奥林匹克运动不仅构成了现代社会所特有的体育文化景观，以其特有的文化魅力愉悦人们的身心，更以其强烈的人文精神催人奋进，生生不已。

奥林匹克运动是时代的产物，工业革命大大扩展了世界各民族之间在经济、政治和文化等方面的联系，各国交往日益密切，迫切需要以各种沟通手段来加强国际间的相互了解。奥林匹克运动正是为适应这种社会需要而出现的，是人类社会发展到一定阶段的必然产物。

二、奥林匹克宪章

《奥林匹克宪章》(Olympic Charter)是国际奥委会制定的关于奥林匹克运动的最高法律文件。宪章对奥林匹克运动的组织、宗旨、原则、成员资格、机构及其各自的职权范围和奥林匹克各种活动的基本程序等作了明确规定。这个法律文件是约束所有奥林匹克活动参与者行为的最基本标准和各方进行合作的基础。

《奥林匹克宪章》随着奥林匹克运动的发展而逐渐完善。1894 年国际奥委会成立时没有制定具体的规章制度，只是确定了一些基本的意向与原则，如每 4 年举办一次奥运会以及国际奥委会与政府的关系等。第一个具有宪章性质的文件是 1908 年由顾拜旦起草的《国际奥委会的地位》一文。这个文件对国际奥委会的任务、组织管理、委员产生方式等问题作了比较明确的阐述。其后，在这个文件的基础上逐渐形成了奥林匹克运动的规章。在很长一段时期，这些规章的名称用语混乱，如“奥林匹克规则”“奥林匹克章程”和“奥运会规则”等。从 1978 年开始，国际奥委会正式使用“奥林匹克宪章”这一名称。在实践中为了表述方便，人们将以前这些名称不同的规章也都称为“奥林匹克宪章”。

随着奥林匹克运动的发展，国际奥委会在保持奥林匹克基本原则和精神始终如一的前提下，针对不断变化的情况，对《奥林匹克宪章》作过多次修改。现行的《奥林匹克宪章》在国际奥委会 1996 年 7 月 18 日亚特兰大第 105 次全会上批准生效。该宪章由基本原则、奥林匹克运动、国际奥林匹克委员会、国际单项体育联合会、国家奥林匹克委员会和奥林匹克运动会 6 部分组成，共 74 款，对奥林匹克运动的思想、组织、活动和制度等重要方面作了明确规定。

三、奥林匹克标志

奥林匹克标志(Olympic Logo)是由《奥林匹克宪章》确定的，也被称为奥运五环标志。它由 5 个奥林匹克环套接组成，可以是单色，也可以是蓝、黄、黑、绿、红 5 种颜色。环从左到右互相套接，上面是蓝、黑、红环，下面是黄、绿环。整个造型为一个底部小的规则梯形。奥林匹克标志象征五大洲和全世界的运动员在奥运会上相聚一堂，充分体现了奥林匹克主义的内容，“所有国家、所有民族”的“奥林匹大家庭”主题。

奥林匹克标志最早是根据 1913 年顾拜旦的提议设计的，起初国际奥委会采用蓝、黄、黑、绿、红色作为五环的颜色，是因为它能代表当时国际奥委会成员国国旗的颜色。

随着时间的推移和奥林匹克运动的发展变化，对奥林匹克标志的阐释也出现了变化。根据 1991 年的最新版的《奥林匹克宪章》“奥林匹克标志”词条的附则补充解释，奥林匹克旗和五环的含义，不仅象征五大洲的团结，而且强调所有参赛运动员应以公正、坦诚的运动员精神在比赛场上相见。

《奥林匹克宪章》规定，奥林匹克标志是奥林匹克运动的象征，是国际奥委会的专用标志，未经国际奥委会许可，任何团体或个人不得将其用于广告或其他商业性活动。国际奥委会还要求各国采取必要的措施，保护奥林匹克标志，以确保奥林匹克运动的权威性，避免奥林匹克标志被滥用。

四、奥林匹克格言

奥林匹克格言(Olympic Motto)也称奥林匹克口号。奥林匹克运动著名的格言是“更快、更高、更强。”这一格言是顾拜旦的好友、巴黎阿奎埃尔修道院院长迪东(Henri Didon)在他的学生举行的一次户外运动会上，鼓励学生们时说过的一句话，他说：“在这里，你们的口号是：更快、更高、更强。”顾拜旦借用过来，将这句话用于奥林匹克运动。1920 年国际奥委会将其正式确认为奥林匹克格言，在安特卫普奥运会上首次使用。此后，奥林匹克格言的拉丁文“Citius，Altius，Fortius”出现在国际奥委会的各种出版物上。

奥林匹克格言充分表达了奥林匹克运动所倡导的不断进取、永不满足的奋斗精神。虽然只有短短的 6 个字，但其含义却非常丰富，它不仅表示在竞技运动中要不畏强手，敢于斗争，敢于胜利，而且鼓励人们在自己的生活和工作中不甘于平庸，要朝气蓬勃，永远进取，超越自我，将自己的潜能发挥到极限。

五、奥林匹克宗旨

《奥林匹克宪章》中的“基本原则”部分指出，奥林匹克运动的宗旨是“通过没有任何歧视、具有奥林匹克精神——以友谊、团结和公平精神互相了解——的体育活动来教育青年，从而为建立一个和平的更美好的世界做出贡献”。

奥林匹克运动宗旨有以下基本含义:首先,奥林匹克运动的目标是促进人类社会向真善美的方向发展。进入工业社会以来,人类社会在开始大规模、全方位交往的同时也出现了剧烈的国际间冲突,再加上人类掌握了毁灭其自身的武器手段,使得今天的社会面临着前所未有的威胁。此外,当代世界各国面临着诸多要靠共同协作才能应付的问题,如环境、难民、地区冲突、贸易壁垒等。奥林匹克运动试图架设沟通各国人民之间联系的桥梁,增进不同民族、不同文化的人们之间的相互了解,促进世界和平,减少战争的威胁。奥林匹克运动的宗旨与人类社会正义事业所要达到的目标一致的,并在一定程度上满足了现代国际社会的需要,对进入现代社会以来的人类有直接的现实意义。奥林匹克运动的宗旨,使它成为世界和平事业的一个重要组成部分,从而确定了它在当代国际社会中的重要地位。

其次,奥林匹克运动试图以富有人文精神的体育运动作为实现自己宗旨的途径,在世界各国青年间建立起友谊的纽带。

六、奥林匹克主义

奥林匹克主义(Olympism)是奥林匹克运动先驱者顾拜旦首先使用的,但是他却从来没有直接为自己创造的这一术语提出明确的定义。顾拜旦在不同的时间和场合对之有不同的表述,在实践中,人们又常常将奥林匹克主义与另一些意思相近而又不同的术语混用,如奥林匹克理想(Olympic Ideal)、奥林匹克精神(Olympic Spirit)等。人们对奥林匹克主义的理解见仁见智,有多种不同的解释。

1974 年国际奥委会的罗马尼亚委员西波科等提议给“奥林匹克主义”下一个明确的定义,并纳入《奥林匹克宪章》。

经过 10 多年的讨论,“奥林匹克主义”一词终于出现在 1991 年 6 月 16 日生效的《奥林匹克宪章》中,这也是国际奥委会第一次给“奥林匹克主义”以正式的定义:奥林匹克主义是将身、心和精神方面的各种品质均衡地结合起来并使之得到提高的一种人生哲学。它将体育运动与文化和教育融为一体,奥林匹克主义所要开创的人生道路是以奋斗中所体验到的乐趣、优秀榜样的教育价值,和对一般伦理的基本原则的尊敬为基础的。

这个定义明确指出:①奥林匹克主义的中心思想是人的和谐发展。②奥林匹克主义强调人的和谐发展的关键是生活方式的改善。③奥林匹克主义将体育运动作为实现人和谐发展的途径。④为达到人的和谐发展的目的,体育运动必须与教育、文化相结合。⑤奥林匹克主义强调奥运选手的榜样作用。

七、奥林匹克精神

《奥林匹克宪章》指出,奥林匹克精神(Olympic Spirit)就是相互了解、友谊、团结和公平竞争的精神。奥林匹克精神对奥林匹克运动具有十分重要的指导作用。

首先,奥林匹克精神强调对文化差异的容忍和理解,强调相互了解、友谊和团结,就是要形成一种精神氛围。在这种氛围中,人们可以摆脱各自文化带来的偏见,在不同文化的展示中,看到人类社会百花齐放、千姿万态的文化图景,从而使文化差异成为促进人们互相交流的动因和互相学习的动力,从而使奥林匹克运动所提倡的国际交流真正得以实现。

其次,奥林匹克精神强调竞技运动的公平与公正。奥林匹克运动以竞技运动为其主要活动内容，竞技运动最本质的特征就是比赛与对抗。在直接而剧烈的身体对抗和比赛中，运动员的身体、心理和道德得到良好的锻炼与培养，观众也得到感官上的娱乐享受和潜移默化的教育。但是，竞技体育的教育功能和文化娱乐功能的基本前提是公平竞争。只有在公平竞争的基础上竞争才有意义，各国运动员才能保持和加强团结、友谊的关系，奥林匹克运动才能实现它的目标。

八、奥运会开幕式

开幕式(Opening Ceremony)历来都是奥运会的重头戏。在开幕式上既要反映出以和平、团结、友谊为宗旨的奥林匹克精神，也要展现出东道国的民族文化、地方风俗和组织工作的水平，同时还要表达对世界各国来宾的热情欢迎。开幕式上，除了进行一系列基本的仪式外，一般都有精彩的、富有民族特色的团体操和文艺或军事体育表演。

开幕式主要有以下仪式：奥运会组委会主席宣布开幕式开始。国际奥委会主席和奥运会组委会主席在运动场入口迎接东道国国家元首，并引导他到专席就座。各代表团按主办国语言的字母顺序列队入场，但希腊和东道国代表团例外，希腊代表团最先入场，东道国最后。

奥运会组委会主席讲话，国际奥委会主席讲话，东道国国家元首宣布奥运会开幕。奏《奥林匹克圣歌》，同时升奥林匹克旗。之后，点燃奥林匹克圣火，并以主办国的一名运动员和一名裁判员为代表进行宣誓。奏或唱主办国的国歌，各代表团退场。

这些仪式结束以后，是团体操或其他文艺表演。这是历届奥运会开幕式工作量最大、准备时间最长、花费最多的项目，东道国往往提前一两年即开始准备，以期能以恢宏的气势、独特的民族精神吸引来宾。开幕式的成败与否，在很大程度上取决于团体操和表演的效果。

九、奥运会闭幕式

开幕式突出的是庄严、隆重，闭幕式(Closing Ceremony)则多一些欢乐的气氛。必不可少的程序有各代表团的旗手按开幕式的顺序一列纵队进场，在他们后面是不分国籍的运动员队伍，旗手在讲台后形成半圆形。

国际奥委会主席和当届奥运会组委会主席登上讲台，升旗时，希腊国旗在右侧，主办国国旗居中，下届奥运会主办国的国旗在左侧。主办城市市长登上讲台，并把奥运会会旗经国际奥委会主席传递给下届奥运会主办城市的市长。

奥运会组委会主席讲话，国际奥委会主席致闭幕词。紧接着，奥林匹克圣火在号声中熄灭，奏《奥林匹克圣歌》的同时，奥林匹克旗徐徐降下，并以水平展开形式送出运动场。同时奏响欢送乐曲，各代表团退场。

最后，进行精彩的文艺表演。

十、奥运会颁奖仪式

无论对获奖的运动员，还是对观众来说，颁奖仪式(Award Ceremony)都是奥运会上最令人激动的时刻之一。

它的举行必须根据国际奥委会规定的礼仪：在奥运会期间，奖章应由国际奥委会主席(或由他选定的委员)在有关的国际单项体育联合会主席(或其代表)陪同下颁发。如果可能，在每项比赛结束后，立即在举行比赛的场地以下述方式颁奖：获得前三名的运动员身着正式服装或运动服登上领奖台，面向官员席。冠军所站的位置稍高，然后宣布他们的名字。冠军代表团的旗帜应从中央旗杆升起，第二名和第三名代表团的旗帜分别从紧靠中央旗杆右侧和左侧的旗杆升起。奏冠军代表团的国歌时，奖章获得者应面向旗帜。颁奖仪式庄严、隆重且激动人心。

十一、奥运会会歌

1896年在雅典第1届奥运会的开幕式上，国王乔治一世宣布奥运会开幕以后，合唱队唱起了一首庄严而动听的歌曲《奥林匹克圣歌》。这是一首古希腊歌曲，由希腊人萨马拉斯作曲，帕拉马斯作词，但当时并未确定其为奥运会会歌。此后的历届奥运会均由东道主确定会歌，未形成统一的会歌形式。

20世纪50年代以后有人建议重新创作新曲，作为永久性的会歌，但几经尝试都不能令人满意。于是，国际奥委会在1958年于东京举行的第55次全会上最后确定，仍使用《奥林匹克圣歌》作为奥运会会歌。其乐谱存放于国际奥委会总部。此后，在每届奥运会的开、闭幕式上都能听到这首悠扬的古希腊歌曲。

十二、奥运会组委会

奥运会主办国的国家奥委会主持成立的、专门负责奥运会组织工作的临时机构，称为奥运会组委会。

组委会负责运动会的接待、财政、竞赛、安全、医务、外事、电视广播、艺术表演、建筑工程、活动计划、奥运器材和保险等事务。组委会的工作非常庞杂，包括资金筹集、场馆建设、日程安排、安全保卫、运动员和官员的食宿行等。组委会的成员主要由奥运会主办国各有关方面人员组成。组委会主席由主办城市的市长或主办国奥委会主席担任，成员必须包括国际奥委会在该国的委员。

组委会从成立起，就直接和国际奥委会联系，并接受它的指示。同时还负责就奥运会的各项事宜，同各国家奥委会指派的联络员保持联系。组委会具有法人身份，可以独立享有法律权利和承担法律义务。从成立到结束，组委会进行的一切活动都应符合《奥林匹克宪章》，符合国际奥委会、国家奥委会和主办城市签订的协议，以及国际奥委会执委会的指示。如发生违反上述规则或不履行协议义务的情况，国际奥委会有权撤销(随时采取并立即生效)主办城市、奥运会组委会和国家奥委会举办奥林匹克运动会的任务。

十三、奥林匹克勋章

1974年国际奥委会在维也纳会议上做出决定，凡是在体育工作中模范地遵守奥林匹克原则，积极地宣传奥林匹克理想，成绩卓著，以及对奥林匹克事业做出贡献和在体育运动中取得优异成绩者，可授予奥林匹克勋章(Olympic Order)。但国际奥委会现任成员不在此列。

国际奥委会为此建立由7人组成的“奥林匹克勋章理事会”，负责提名，供国际奥委会执委会讨论。勋章分金质、银质、铜质3种。金质勋章一般只授予为发展体育运动、宣传奥林匹克理想做出重大贡献的国家领导人、已退休并健在的国际奥委会的领导人；银质勋章授予在奥林匹克运动中建立了功绩的奥林匹克优秀选手、国家或地区奥委会与体育界的领导人，以及其他知名人士；铜质勋章授予在奥运会或体育工作中取得显著成绩的运动员或体育工作者。

第四节 中国与奥运会

一、中国的奥运历程

1896年，第1届奥运会召开前，国际奥委会曾通过法国驻华使馆向清政府发出邀请。但当时的清政府正处于内忧外患之中，对体育事业毫不关心，因此没有应邀参加。

1922年，国际奥委会选举我国的王正廷为国际奥委会委员。王正廷是民国时期的外交官，他热心体育事业，并致力奥林匹克运动在中国的开展，是近代中国著名的体育领导人之一。因其对中国体育事业的贡献，被誉为“中国奥运之父”。

1924年，我国第一个全国性体育组织中华全国体育协进会成立。同年，我国3名网球运动员在法国巴黎举行的第8届奥运会上参加表演赛。

1928年，我国派宋如海观看了在荷兰阿姆斯特丹举行的第9届奥运会，宋如海成为中国“看”奥运第一人。

1932年，第10届奥运会在美国洛杉矶举行。我国首次派出运动员参赛，他就是中国奥运第一人——东北籍运动员刘长春。

1948年第14届奥运会，我国派出33名男运动员，参加篮球、足球、田径、游泳、自行车5个项目的比赛。

1952年，中华全国体育协进会改组为中华全国体育总会。同年，在芬兰赫尔辛基举办的第15届奥运会上，归国华侨吴传玉代表新中国参加了仰泳比赛，他因此被称为“新中国奥运第一人”。

受多方面因素影响，1956年11月6日，中华全国体育总会发表声明，宣布不参加第16届奥运会。1958年，我国中断了与国际奥委会的一切联系。

1979年，国际奥委会通过了承认中国奥林匹克委员会为全国性奥委会的决定。

1980年，新中国第一次参加在美国普莱西德湖举行的第13届冬季奥运会。

1984年，第23届奥运会在美国洛杉矶举行，我国派出了庞大的代表团参赛。在比赛的第一天，我国运动员许海峰就在射击项目中一鸣惊人，夺得男子手枪慢射金牌，实现了我国奥运史上金牌零的突破。在这届奥运会上，我国共夺得15枚金牌，位列金牌总数第4，跨入世界体育强国的行列。

1932年第10届奥运会，是美国洛杉矶第一次举办奥运会，我国唯一的参赛运动员刘长春参加比赛，未能取得成绩；1984年第23届奥运会，是洛杉矶第二次举办奥运会，我国取得15枚金牌。52年的轮回，在同一片土地上，见证了一个国家的强大。

从1988年到2004年，我国分别在汉城奥运会夺得金牌5枚；巴塞罗那奥运会夺得金牌16枚；亚特兰大奥运会夺得金牌16枚；悉尼奥运会夺得金牌28枚，进入三强；雅典奥运会夺得金牌32枚，位列第二。

2008年北京奥运会，我国运动员主场作战，一举夺得51枚金牌、21枚银牌、28枚铜牌，总共100枚奖牌的好成绩，位列金牌榜第一。

在2012年、2016年、2020年奥运会上，我国的金牌总数牢牢占据前三的位置，在国际上树立起体育强国的形象。

二、中国申办奥运会

1984年洛杉矶奥运会上，我国夺得15枚金牌，极大地点燃了国人对体育的热情。从这一年开始，我国开始筹办1990年北京亚运会。

北京亚运会的成功举办增加了有关部门的信心，中国申办奥运会被提上日程。

1993年，北京申请举办2000年第27届奥林匹克运动会，但在最后一轮投票中以2票之差败于悉尼。

1998年11月25日，北京递交申请举办2008年奥运会的申请书。1999年4月7日，国际奥委会正式接受北京的申奥申请。2001年7月13日，国际奥委会宣布北京获得2008年奥运会举办权。

2013年11月15日，国际奥委会公布了6个提出申办第24届冬季奥林匹克运动会的城市名单：哈萨克斯坦阿拉木图、中国北京、波兰克拉科夫、乌克兰利沃夫、挪威奥斯陆和瑞典斯德哥尔摩。2015年7月31日，在第128届国际奥委会全体会议上，北京以44票获得举办权。

三、2008年北京奥运会

2008年8月8日，中国人民渴望的奥林匹克圣火，终于在古老文明的中华大地点燃。为广泛传播奥林匹克精神，北京奥运会在和谐的氛围中，以鲜明的主题、宗旨和完美的组织，为世界体育与和平事业做出了贡献，也让辉煌永载史册。

2008年北京奥运会的成功举办，提升了我国的国际声望、强化了民族认同感、增强了社会凝聚力，使我国的大国心态和风范得到塑造和锤炼。北京奥运会圆了我国的百年梦想，使我国更加自信、更加开放、更加进步。2008年北京奥运会给世界带来无与伦比的观感，被国际奥委会前主席萨马兰奇称为“所有奥运会中最好的一届奥运会”。

(一)同一个梦想——奥运会永恒的主题

如果说，在我们的星球上，有一个可以让全人类欢乐地走在一起的节日，那么这个节日只能是奥林匹克；如果说，在我们的一生中，有一项能够以自己顽强的精神与强健的体魄赢得荣誉的事业，那么，一定是奥林匹克；如果说，在我们的时代里有一个不同种族、不同国家的人民，借以寄托和平进步的同一个梦想，那么正是奥林匹克。

(二)人文奥运、科技奥运、绿色奥运——2008年北京奥运会宗旨

1. 人文奥运

根据中国北京的历史与文化特点，体现北京举办奥运会的人文色彩和“以人为本”的思想，提出“开放的北京欢迎你”的口号，表达了中国人民的热情好客，愿为东西文化交流构建相互了解的舞台。

2. 科技奥运

采用了更多的高科技手段，如建设宽带移动通信、采用电子识别系统、研制语言翻译系统，为初次来北京的游人服务，把先进的技术装备投入奥运会的比赛中。

3. 绿色奥运

通过投入相当大的人力、物力和财力，改善北京的自然环境，为北京奥运会创造一个蓝天、碧水、绿草、鲜花和空气清新的绿色环境，表达中国人民决心积极参与世界环境保护，并履行职

责的良好愿望。

(三)2008年北京奥运会吉祥物

2008年北京奥运会设计的吉祥物为5个“福娃”，象征东、南、西、北、中欢聚一堂，着装颜色也与奥运五环相一致。蓝色的叫贝贝，似鱼和水的化身；黑色的叫晶晶，似熊猫一样憨态可掬，象征着人与自然的和谐共存；红色的叫欢欢，似火焰的化身，代表全世界欢聚一堂；黄色的叫迎迎，似可爱的小藏羚羊，将健康和美好祝福传向世界；绿色的叫妮妮，似一只飞翔的燕子，把春天和喜悦带给人们。

四、2022年北京-张家口冬季奥运会

2022年北京-张家口冬季奥运会，即第24届冬季奥林匹克运动会，简称北京-张家口冬奥会，于2022年2月4日至2月20日在北京市和河北省张家口市联合举办。这是中国历史上首次举办冬季奥运会，北京也因此成为奥运史上第一个，也是目前唯一一个既举办过夏季奥运会，又举办过冬季奥运会的城市。

(一)2022年北京-张家口冬季奥运会会徽

2022年北京-张家口冬奥会会徽以汉字“冬”为灵感来源，运用中国书法的艺术形态，将厚重的东方文化底蕴与国际化的现代风格融为一体，呈现出新时代的中国新形象、新梦想，传递出新时代中国为办好北京-张家口冬奥会，圆冬奥之梦，实现“三亿人参与冰雪运动”目标，圆体育强国之梦，推动世界冰雪运动发展，为国际奥林匹克运动做出新贡献的不懈努力和美好追求。会徽图形上半部分展现滑冰运动员的造型，下半部分表现滑雪运动员的英姿。中间舞动的线条流畅且充满韵律，代表举办地起伏的山峦、赛场、冰雪滑道和节日飘舞的丝带，为会徽增添了节日喜庆的视觉感受，也象征着北京-张家口冬奥会将在中国春节期间举行。会徽以蓝色为主色调，寓意梦想与未来，以及冰雪的明亮纯洁。红、黄两色源自中国国旗，代表运动的激情、青春与活力。

北京-张家口冬奥会会徽“冬梦”在“BEIJING2022”字体的形态上汲取了中国书法与剪纸的特点，增强了字体的文化内涵和表现力，也体现了与会徽图形的整体感和统一性。

(二)2022年北京-张家口冬季奥运会吉祥物

2019年9月17日晚，2022年北京-张家口冬奥会吉祥物在北京市石景山区首钢园区国家冬季运动训练中心冰球馆揭开神秘面纱！北京冬奥会吉祥物名为“冰墩墩”，形象来源于国宝大熊猫。熊猫是世界公认的中国国宝，形象友好可爱、憨态可掬，深受各国人民尤其是青少年的喜爱。“冰墩墩”以熊猫为原型进行设计创作。将熊猫形象与富有超能量的冰晶外壳相结合，体现了冬季冰雪运动和现代科技特点。头部外壳造型取自冰雪运动头盔装饰彩色光环，其灵感源自北京冬奥会的国家速滑馆——“冰丝带”，流动的明亮色彩线条象征着冰雪运动的赛道和5G高科技；左手掌心的心形图案，代表着主办国对全世界朋友的热情欢迎。整体形象酷似航天员，寓意创造非凡、探索未来，体现了追求卓越、引领时代，以及面向未来的无限可能。

(三)2022年北京-张家口冬季奥运会比赛项目

2022年北京-张家口冬季奥运会共设置7个大项、15个分项、109个小项。

1. 2022年北京-张家口冬季奥运会冰上项目

冬奥会冰上项目由北京主办，包括短道速滑、速度滑冰、花样滑冰、冰球、冰壶。

2. 2022 年北京-张家口冬季奥运会雪上项目

冬奥会雪上项目由张家口主办，延庆协办，包括自由式滑雪、冬季两项、越野滑雪、跳台滑雪、北欧两项（越野滑雪、跳台滑雪）、无舵雪橇、有舵雪橇、钢架雪车（俯式冰橇）、单板滑雪、高山滑雪。

3. 2022 年北京-张家口冬季奥运会新增小项

2018 年 7 月 18 日，国际奥委会宣布，2022 年北京-张家口冬奥会新增 7 个比赛小项，总共将产生 109 枚金牌。同时女性运动员的参赛比例进一步提高，参赛运动员的男女比例更趋于平衡。在瑞士洛桑举行的国际奥委会执委会会议，通过了有关北京-张家口冬奥会项目设置的方案。新增的 7 个小项为女子单人雪车、短道速滑混合团体接力、跳台滑雪混合团体、自由式滑雪大跳台（男子、女子）、自由式滑雪空中技巧混合团体和单板滑雪障碍追逐混合团体。

第二篇　技能篇

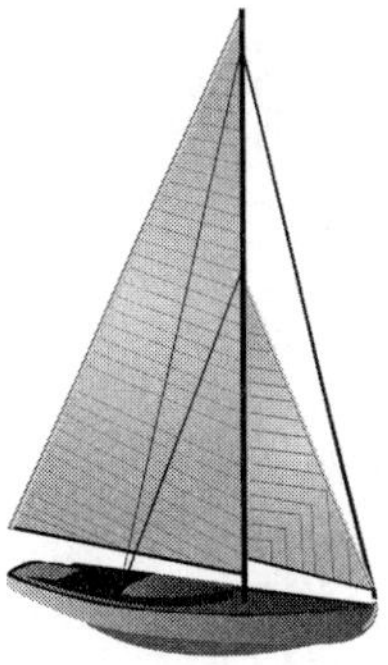

第四章　健美操运动

第一节　健美操运动简介

一、健美操运动的起源与发展

健美操一词源于英文“Aerobic”，译为“有氧运动”“有氧健美操”，它起源于生活及人们对人体健美的追求，是体操、舞蹈、音乐逐步发展和结合的产物。早在两千多年前，孔子就主张“尽善尽美”。他讲究身体姿态端正，上体要正直。墨子也讲“善美”。荀子则进一步发展了健美观，主张把身体的健美和精神的高尚相融相通。

20 世纪 80 年代以来，健美操以其强大的生命力风靡世界。美国是对现代健美操的发展具有较大影响的国家，代表人物——电影明星简·方达。她根据自己健身的体会和经验编写了《简·方达健美术》，于 1981 年出版，引起了轰动。她从“节食”“药物”等减肥的失败中吸取了教训，走上了以体育锻炼，特别是用健美操来保持身体健美的道路。她以自己的现身说法，对健美操在世界范围内的推广做出了贡献。健美操热很快传到了我国。当时北京、上海、广州等地纷纷创办了健美操训练班，培养出了一批骨干。接着各种新闻媒介介绍了国外的各种类型的健美操，逐步地推动了健美操运动在我国的广泛开展。

1984 年原北京体育学院成立了健美操研究室，接着上海体育学院成立了健美操教研室，率先开设了健美操课程。一些大专院校也根据国家教委对高校体育教学的要求，逐步开设了健美普修或选修课。1991 年 10 月当时的国家教委组织了首届全国大学生健美操比赛，翻开了大学生健美操历史上光辉的一页。1992 年 2 月在北京成立了中国大学生体育协会健美操、艺术体操协会。1992 年 9 月中国健美操协会在北京正式成立，标志着我国健美操运动进入到一个崭新的发展阶段。

我国的健美操运动发展很快。1996 年，制定了我国统一的健美操竞赛规则——《健美操竞赛裁判法》，在次年的全国健美操比赛中首次使用。随着健美操运动水平的不断提高和日益普及，我国健美操运动逐渐走向世界。1999 年，我国正式采用国际体操联合会健美操委员会(FIG)竞赛规则，这是我国健美操运动与国际接轨的标志。目前，健美操已成为一项深受学生欢迎的教学内容和锻炼方式。

二、健美操运动的特点和锻炼价值

(一)健美操运动的特点

健美操与其他体育锻炼方式相比较，动作内容丰富，形式多样，是健、力、美的集中体现。健美操除了有一定的艺术性和不断创新等一般特点外，还具有以下三个主要特点。

1. 健身美体的实效性

健美操是根据人体解剖学、运动生理学、体育美学等多学科理论,为使人体健康健美地发展而编排的。因此,它的运动内容丰富,与基本体操相比,成套的健美操一般都包括各个部位的运动,更加突出髋部运动,还能有效地减少臀部和腹部脂肪的堆积,提高动作的协调性和灵活性,从而达到促进身体均称、协调、健美发展的目的。

2. 鲜明的节奏感和韵律感

健美操必须在音乐伴奏下进行练习,音乐是健美操的灵魂。与艺术体操相比,健美操更强调动作的力度。因此,它的音乐节奏趋于鲜明强劲,风格更趋热烈奔放。健美操音乐多取材于迪斯科、爵士、摇滚等现代音乐和具有上述特点的民族乐曲,使健美操体现出一种鲜明的现代韵律感。此外,节奏鲜明清晰易于练习者随乐起舞。这种有节奏、韵律的身体练习,能激发练习者的情绪,使之不觉疲劳,产生一种轻松愉快的感觉,既得到了美的享受,又提高了协调性、节奏感、韵律感和表现力。

总之,健美操是以健身为基础,把形体美、姿态美、动作美、精神美有机地结合起来,既注重形体的、姿态的、外在美的训练,又注重美的欣赏力、美的情操等内在美的培养,较为明显地反映了健身、健美和健心的实效性。

3. 广泛的适应性

健美操是时代的产物,它给人们带来热情奔放的情感体验,符合现代人追求健美、自娱自乐的需要,深受广大群众的喜爱。同时由于健美操(尤其是健身性健美操)的运动负荷和难度可以选择,不同年龄、性别、形体、素质、个体、气质的练习者都可酌情择项参加锻炼,有目的、有针对性地进行练习,以达到增强体质和健美、健心的目的。尤其一般性健美操的动作简单易学,更能适应广大群众和青少年的需要,更具有广泛的、普及性的特点。

(二)健美操运动的锻炼价值

1. 对身体健康发展起促进作用

(1)增强运动系统的功能。经常进行健美操锻炼可以提高关节的灵活性,使肌肉的力量增强、体积增大、弹性提高,使韧带、肌腱等结缔组织富有弹性。对青少年来说,由于做健美操对肌肉、骨骼、关节、韧带均有良好的刺激,持之以恒可促进骺软骨的生长,有助于青少年身高增高,骨质更为致密、结实。

(2)促进心血管系统机能的提高。长期参加健美操锻炼可以使心肌纤维增粗、心肌收缩有力,有助于向脑细胞供氧、供能,提高大脑的思维能力。同时,通过循环系统向全身细胞提供更多的养料,可改善新陈代谢,减少脂肪沉积,延缓血管硬化,有益于健康。

(3)提高呼吸系统机能水平。人体在健美操运动时,肺通气量成倍增长,肺泡的张开率提高,从而增大了肺部的容积和呼吸量。经常参加健美操锻炼会使呼吸肌变得有力,安静时呼吸加深、次数减少,运动时吸氧量大,使机体具有较强的有氧代谢能力。

(4)改善消化系统的能力。由于健美操的髋部活动较多,不但腰腹肌和骨盆肌得到了锻炼,而且加强了肠胃蠕动,增强了消化机能,有助于营养的吸收和利用。

2. 焕发精神面貌,陶冶高雅情操

健美操是在音乐伴奏下进行的身体练习,音乐给健美操带来了生机,健美的动作充满青春活力。人们在欢乐的气氛中进行锻炼,心情愉快,不易疲劳,还可排除精神紧张,使人的心灵和情操得到陶冶和净化,身心得到全面协调和发展的健美操,使人的精神面貌、气质修养都会有所改善和提高。特别是集体配合训练还有助于增进友谊，增强群体意识。

3. 锻炼身体素质，提高艺术素养

健美操是一项要求力度和幅度的身体练习，经常参加该运动可使肌肉的力量得到增强，肌腱、韧带、肌肉的弹性得以提高，从而锻炼了人体的力量和柔韧性。健身性健美操持续时间较长(特别是有氧系列健身操长达 1 h)，竞技健美操强度较大，因此要求练习者具有克服疲劳的意志力和较好的耐力素质。而健美操练习是在强劲的音乐伴奏下进行的，往往令人忘却疲劳，在不知不觉中提高了身体的耐力水平。与此同时，健美操是由类型、方向、路线、幅度、力度、速度不同的多种动作组成，学习健美操可以提高人的动作记忆和再现能力，提高神经系统的灵活性、均衡性，从而发展了人的协调能力。

4. 塑造健美形体，培养端庄体态

健美操是动态的健美锻炼，动作频率较快，跳跃动作较多，讲究力度，运动负荷较大，消耗身体能量较大，利于消除体内多余脂肪，在减少多余脂肪的同时发展某些部位的肌肉，使人的形体按健美的标准得以塑造。此外，通过经常性正确的形体动作训练，能矫正不正确的身体姿势，培养正确端庄的体态，使锻炼者的形体和举止风度都会发生良好的变化。

视频 4-1：健美操热身运动

第二节　健美操运动基本技术

一、基本手型

健美操运动中的手型有很多种，它们是从芭蕾舞、现代舞、迪斯科、武术等运动中吸收和发展的。手型是手臂动作的延伸和表现，运用得好，会使健美操动作更加丰富多彩、生动活泼，更具有感染力。常见手型如图 4-1 所示。

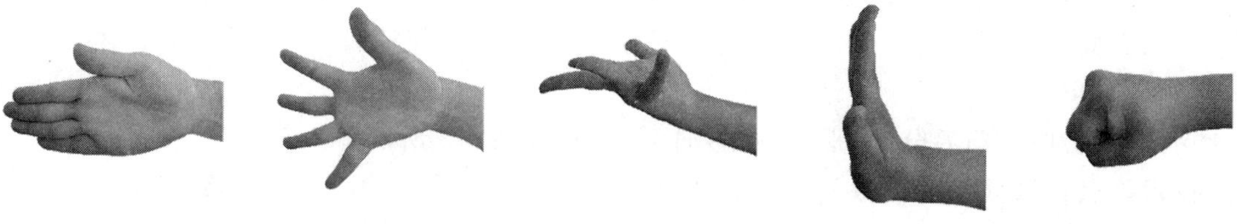

(a) 并掌　(b) 开掌　(c) 花掌　(d) 立掌　(e) 拳

图 4-1　健美操常见手型

1. 并掌

五指伸直，相互并拢。大拇指微屈，指关节贴于食指旁。

2. 开掌

五指用力伸直，充分张开。

3. 花掌

在开掌基础上，从小指开始依次内旋，形成一个扇面。

4. 立掌

五指伸直，手掌用力上翘。

5. 拳

握拳，拇指在外，指关节弯曲，紧贴于食指和中指第二指关节处。

二、基本步法

基本步法是健美操动作中的最小单位，是进行健美操练习的一个重要组成部分，通过基本步法的练习，能培养练习者的协调性和节奏感。健美操基本步法根据人体运动时对地面的冲击力大小，可分为无冲击力步法、低冲击力步法和高冲击力步法三大类。

1. 无冲击力步法

(1)半蹲

动作方法：两腿有控制地屈和伸。可分为分腿半蹲和并腿半蹲，如图 4-2 所示。

(a)分腿半蹲　　(b)并腿半蹲

图 4-2　半蹲

技术要点：分腿半蹲时，两腿左右分开，与肩同宽或稍宽于肩，脚尖稍向外，膝关节角度不小于 90°，方向与脚尖方向一致，臀部向后 45°方向下蹲，上体保持直立。

(2)弓箭步

动作方法：两脚前后分开，平行站立，向下半蹲，如图 4-3 所示。

技术要点：下蹲时，后腿膝关节向下，大腿垂直于地面，重心始终在两脚之间。

2. 低冲击力步法

(1)踏步

动作方法：两腿原地依次抬起，依次落地，如图 4-4 所示。

技术要点：下落时，踝、膝、髋关节依次有弹性地缓冲。

(2)走步

动作方法：迈步向前走时，脚跟先落地，然后过渡到全脚掌，如图 4-5 所示，向后走时则相反。

技术要点：落地时，踝、膝关节有弹性地缓冲。

(3)一字步

动作方法：一脚向前迈一步，另一脚并于前脚，然后再依次还原，如图 4-6 所示。

图 4-3　弓箭步

图 4-4　踏步

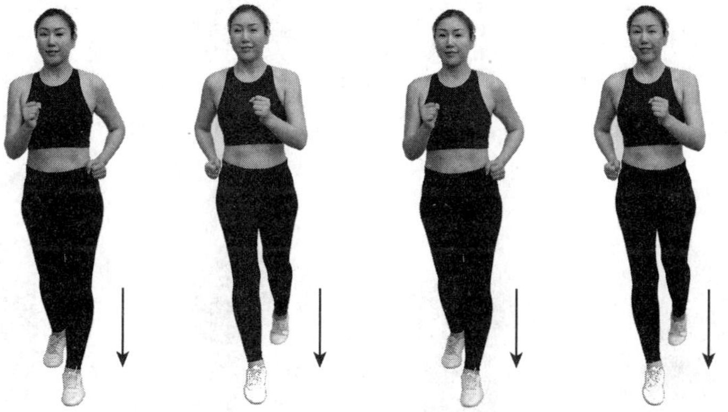

图 4-5　走步

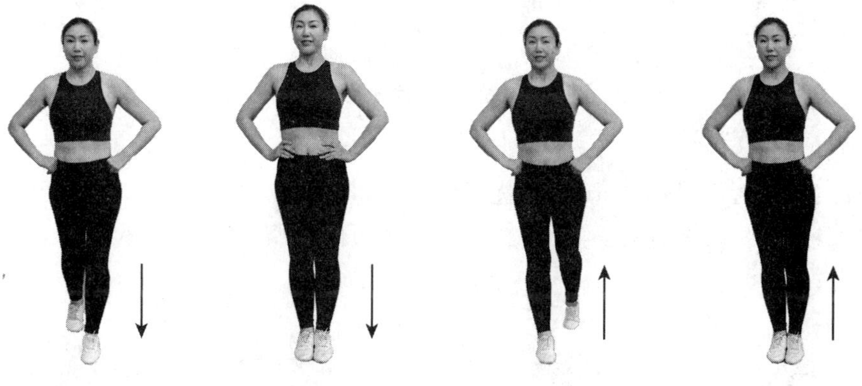

图 4-6　一字步

技术要点：向前迈步时，先用脚跟着地，然后过渡到全脚掌，前后均要有并腿过程，膝关节要有弹性地缓冲。

(4)"V"字步

动作方法：一脚向侧前方迈一步，另一脚随之向异侧前方迈一步，两脚开立，屈膝，然后再依次退回原位，如图 4-7 所示。

技术要点：两腿膝、踝关节始终保持弹动状态，分开后成分腿半蹲，身体重心在两腿之间。

图 4-7 “V”字步

(5)漫步

动作方法:一脚向前迈出,屈膝,重心随之前移,另一脚稍抬起,然后原地落下。或向后撤一步,重心后移,另一脚稍抬起,然后原地落下,如图 4-8 所示。

技术要点:两脚始终保持交替落地,身体重心随动作前后移动,但始终在两脚之间。

图 4-8 漫步

(6)并步

动作方法:一脚迈出,另一脚随之并拢屈膝点地,再向反方向迈步,如图 4-9 所示。

技术要点:两膝始终保持弹动,动作幅度和力度可随风格而定。

图 4-9 并步

(7)交叉步

动作方法：一脚向侧迈一步，另一脚在其后交叉，随之再向侧迈一步，另一脚并拢，屈膝点地，如图 4-10 所示。

技术要点：第一步脚跟先落地，身体重心快速随着脚步而移动，保持膝、踝关节的弹动。

图 4-10　交叉步

(8)脚尖点地

动作方法：一腿稍屈膝站立，另一腿伸出，脚尖点地，然后还原到并腿姿势，如图 4-11 所示。

技术要点：支撑腿始终保持屈膝站立，并且随动作有弹性地屈和伸。

图 4-11　脚尖点地

(9)迈步点地

动作方法：一脚向侧迈一步，两脚经屈膝移动重心，另一脚在前、后或侧方用脚尖或脚跟点地，如图 4-12 所示。

技术要点：两膝同时有弹性地屈和伸，重心移动轨迹呈弧形，上体不要扭转。

(10)迈步吸腿

动作方法：一脚迈出一步，另一腿屈膝抬起，屈膝腿回落，另一腿并腿后还原，如图 4-13 所示。

技术要点：经过屈膝半蹲，抬膝时支撑腿稍屈膝。

图 4-12　迈步点地

图 4-13　迈步吸腿

(11)迈步后屈腿

动作方法:一腿迈出一步,另一腿后屈,然后向相反方向迈步,换腿后屈,如图 4-14 所示。

技术要点:经过屈膝半蹲,支撑腿稍屈膝,后屈腿的脚跟靠近臀部。

图 4-14　迈步后屈腿

(12)踢腿

动作方法:一腿稍屈膝站立,另一腿抬起,然后还原,如图 4-15 所示。

技术要点:抬起腿要有控制,保持上体正直。

图 4-15　踢腿

3. 高冲击力步法

(1)弹踢腿跳

动作方法：一腿站立(跳起)，另一腿先向后屈，再向前下方弹踢，然后还原，再换另一腿弹踢，如图 4-16 所示。

技术要点：腿弹出时要有控制，保持上体正直。

图 4-16　弹踢腿跳

(2)跑步

动作方法：两腿经过腾空，依次落地缓冲，两臂屈肘摆臂，如图 4-17 所示。

技术要点：落地屈膝缓冲，脚跟尽量落地。

图 4-17　跑步

(3)开合跳

动作方法:由并腿跳起,分腿落地,再由分腿跳起,并腿落地,如图 4-18 所示。

技术要点:分腿屈膝蹲时,两脚自然外开,膝关节沿脚尖方向屈,夹角不小于 90°,脚跟落地。

图 4-18　开合跳

(4)并脚跳

动作方法:两腿并拢跳起,如图 4-19 所示。

技术要点:落地缓冲有控制。

视频 4-2:健美操基本步伐

图 4-19　并脚跳

第三节　健美操设计

一、健美操动作设计

健美操的动作设计指根据不同种类健美操的目的、特定要求以及相应的规则和规程,创编健美操成套动作。设计健美操的初始阶段,需要仔细挑选一系列基础动作。这些动作通常包括站立、跳跃、转身、蹲起、踢腿、拉伸等。选择动作时要考虑其全面性和多样性,能够锻炼到身体的各个部位,如上肢、下肢、核心肌群等。

(1)在设计健美操动作时,要注重流畅性,确保每个动作之间的过渡自然、连贯。流畅的动作不仅可以提高观赏性,还可以帮助练习者更好地进入状态,减少因突然变换动作而产生的伤害风险。

(2)考虑到不同练习者的体能和健身目标,健美操动作设计应具有一定的难度梯度。从简单的入门动作到复杂的高级动作,逐渐增加难度,以满足不同水平练习者的需求。同时,难度梯度的设置也要合理,避免过于突兀或过于简单的变化。

(3)在设计健美操动作时,安全始终是首要考虑的因素。要避免设计可能导致身体受伤的动作,如过度扭转、快速下落等。同时,也要考虑到舒适性,确保动作不会让练习者感到过于疲劳或不适。

(4)健美操的设计应具有创意和个性化特点,以吸引更多练习者的兴趣。可以通过添加独特的元素、变化动作的组合方式、融合不同的舞蹈风格等方式来实现。创意和个性化的设计可以让健美操更具魅力,也更能满足不同练习者的个性化需求。

(5)在设计健美操时,需要综合考虑各个元素之间的关系,如动作与音乐的协调、难度与节奏的协调、创意与实用性的协调等。确保它们能够相互补充、相互促进,共同构成一套和谐完整的健美操动作。

(6)健美操动作设计注重全面发展参与者的身体素质和心理健康,力求在确保安全的前提下达到最佳的锻炼效果。同时,通过调整难度、融合创新元素等方式提高健美操的趣味性和吸引力,使更多人能够享受到运动的快乐。

二、健美操音乐设计

通常情况下,健美操由动作和音乐两部分组成,它们有着自己独特的规律,同时又相互依存、彼此交融。这里所谈及的健美操音乐,仅针对传统有氧健身操及竞技健美操。对于健美操音乐的设计,音乐风格的选择至关重要。通常,应选择节奏明快、动感十足的流行音乐,如电子舞曲、流行摇滚或嘻哈音乐。这些风格的音乐能够迅速激发参与者的热情,使他们更快投入到健美操的运动中。

(1)健身操音乐 健身操音乐是在遵循健身操运动规律的基础上产生的。健身操的音乐结构基本保证乐句、乐段的完整,很少出现过渡与连接,通常会把几段不同的音乐结合串联在一起,使其在段落、速度等方面基本保持一致。

(2)竞技健美操音乐 为了体现运动员的竞技能力并增加艺术的效果,激荡感染裁判和观众的心灵,竞技健美操音乐在结构上较为复杂,通常起伏较大。

三、健美操舞美设计

健美操舞美设计是交叉性的综合艺术,它几乎包罗万象,又融为一体。健美操舞美设计通过舞台、布景、音效、灯光、服装、道具、化妆设计等艺术传达手段体现出来。

在健美操舞美设计中,舞台布局规划是基础。应采取中央开放式舞台设计,确保观众可以从任何角度观赏到表演者的动作。舞台后方设置背景墙,用以增强视觉效果,并展示与健美操主题相关的图案或标语。舞台两侧则规划为表演者候场区和道具储备区,确保表演流程顺畅无阻。

视频 4-3:健美操拉伸放松

健美操舞美设计需要从多个方面进行综合考虑和规划。通过精心设计的舞台布局、灯光效果、色彩搭配、道具与装饰选择、背景音乐融合、视觉效果创意、舞台动线设计以及表演者服装设计等方面，为观众呈现一场精彩绝伦的健美操表演。

第四节　健身性健美操竞赛规则

一、规则概述

1. 比赛内容

规定动作比赛(全国健美操大众锻炼标准)、自选动作比赛。

2. 参赛人数

规定动作每队 5 人，性别不限，或按比赛规程执行；自选动作可分为个人、双人和集体项目等，性别按规程执行。

3. 成套动作时间

规定动作的成套动作时间按《全国健美操大众锻炼标准》规定时间执行；自选动作的成套动作时间为 2 min～2 min15 s，计时从动作开始到动作结束。

4. 音乐伴奏

主办单位提供《全国健美操大众锻炼标准》规定动作音乐并统一播放；自选动作音乐由参赛队自备，音乐必须录在磁带 A 面或光盘的开头，必须准备 2 份，其中 1 份报到后交大会放音组；自选动作音乐允许有 2×8 拍的前奏，音乐速度不限。

二、成套动作的评分

1. 规定动作评分(10 分制)

规定动作的评分情况如表 4-1 所示。

表 4-1　规定动作评分表

评分因素	内容	扣分/分		
		一般	较差	不可接受
表演和团队精神(4 分)	表现力与热情	0.1～0.2	0.3～0.4	0.5 或更多
	队形	0.1～0.2	0.3～0.4	0.5 或更多
	一致性(每次)	0.1	0.2	0.3
动作完成(6 分)	动作的正确性	0.1～0.2	0.3～0.4	0.5 或更多
	动作不熟练、漏做动作	0.1～0.2	0.3～0.4	0.5 或更多
	身体的协调性	0.1～0.2	0.3～0.4	0.5 或更多
	动作连接	0.1～0.2	0.3～0.4	0.5 或更多
	改变动作或附加动作	0.1～0.2	0.3～0.4	0.5 或更多
	动作充分表现音乐的情绪	0.1～0.2	0.3～0.4	0.5 或更多
	动作和音乐节奏配合准确	0.1～0.2	0.3～0.4	0.5 或更多

2. 自选动作评分(10 分制)

自选动作的评分情况如表 4-2 所示。

表 4-2　自选动作评分表

评分因素	内容	扣分/分		
		一般	较差	不可接受
动作设计（集体 3 分/个人 4 分）	主题健康、充满活力	0.1～0.2	0.3～0.4	0.5 或更多
	风格突出、富有创意	0.1～0.2	0.3～0.4	0.5 或更多
	动作类型丰富，动作的转换自然流畅	0.1～0.2	0.3～0.4	0.5 或更多
	服饰选择美观协调	0.1～0.2	0.3～0.4	0.5 或更多
	音乐的选择与动作风格相一致并配合协调，录音质量高、清晰	0.1～0.2	0.3～0.4	0.5 或更多
	充分利用场地和空间	0.1～0.2	0.3～0.4	0.5 或更多
	安全性	0.1～0.2	0.3～0.4	0.5 或更多
	每出现一个不安全动作	0.2		
动作完成（集体 4 分/个人 4 分）	动作完成轻松、准确、流畅	0.1～0.2	0.3～0.4	0.5 或更多
	动作完成能体现所选择主题的风格和特点	0.1～0.2	0.3～0.4	0.5 或更多
	动作与音乐协调一致	0.1～0.2	0.3～0.4	0.5 或更多
	基本姿态和技术正确，动作优美	0.1～0.2	0.3～0.4	0.5 或更多
集体表演和团队精神（3 分）	表现力与热情	0.1～0.2	0.3～0.4	0.5 或更多
	队形	0.1～0.2	0.3～0.4	0.5 或更多
	一致性(每次)	0.1	0.2	0.3
个人表演(2 分)	表现力与热情	扣至 0.3	0.4～0.5	0.6 或更多

三、违例动作

违例动作包括：各种竞技体操和技巧运动的翻转与抛接动作；过度背弓；无支撑体前屈；仰卧翻臀；头绕环和过度头后仰；膝转；足尖起；仰卧直腿起坐、仰卧直腿举腿、仰卧两头起；臀部低于膝关节的深蹲；高难度托举动作。不鼓励做竞技健美操中的难度动作，否则不仅不予加分，对错误动作还会减分。

四、特殊情况

运动员在遇到以下特殊情况时，应立即停止做动作并向裁判长反映，在问题解决后重做，在成套动作结束后提出的要求将不被接受：播放错音乐；由于音响设备而出现的音乐问题；由于设备问题而出现的干扰，如灯光、舞台、会场；其他任何异物进入比赛场地；运动员责任外的特殊情况而引起的弃权。

第五章　篮球运动

第一节　篮球运动简介

一、篮球运动的起源与发展

篮球运动是 1891 年由美国马萨诸塞州斯普林菲尔德市基督教青年会训练学校体育教师詹姆士·奈史密斯博士发明的。当时，由于在寒冷的冬季，人们缺乏室内进行体育活动的球类竞赛项目，奈史密斯便从工人和儿童用球向“桃子筐”投准的游戏中得到启发，设计将两只桃篮分别钉在健身房内两端看台的栏杆上，桃篮口水平向上，距地面 3.05 m，以足球为比赛工具向篮内投掷，入篮得 1 分，按得分多少决定胜负。因为这项游戏最初使用的是桃篮和球，遂取名为篮球。1893 年铁质球篮取代了桃篮并挂上了线网。1895 年篮筐开始固定在篮板上并逐渐深入场内，到 1913 年，由于每次投篮命中后都需要将球从篮筐内捞出太麻烦，于是人们将篮网底部剪开，形成了近似现代的篮板和球篮。最初的篮球比赛规则很简单，对于场地大小、参加人数多少、比赛时间长短都没有统一的规定。1892 年奈史密斯制定了第一部 13 条的原始规则，目的是使篮球游戏在公平对等的条件下进行，同时不允许粗野动作的发生。1915 年美国制定了全国统一的篮球竞赛规则，并翻译成多种文字，向全世界发行。1932 年 6 月 18 日在瑞士日内瓦成立了“国际业余篮球联合会”（简称“国际篮联”），当时只有八个会员国。1936 年第 11 届奥运会上男子篮球被列为正式比赛项目。1946 年，美国职业篮球联赛（National Basketball Association）成立，简称美职篮（NBA）。

篮球运动在 1896 年前后传入中国。1975 年、1976 年，我国男、女篮球队分别获得亚洲篮球锦标赛的冠军。1983 年，我国女篮在第 9 届世界女子锦标赛中获得第 3 名，跻身于世界强队的行列。1984 年女篮获第 12 届世界锦标赛第 2 名，男篮获第 10 名。1996 年男篮获第 26 届奥运会第 8 名。我国的篮球运动以中国篮球职业联赛（CBA）的水平最高，涌现出了姚明、易建联、王治郅、巴特尔等一批优秀的篮球运动员。中国大学生篮球联赛（CUBA）让更多学生热爱并参与到篮球运动中，感受篮球运动带来的积极向上的能量，重塑年轻人运动快乐。

二、篮球运动的特点和锻炼价值

（一）篮球运动的特点

对抗性：篮球运动持续时间可长可短，但需要参与者快速奔跑、突然与连续起跳、敏捷反应与力量抗衡。

集体性：篮球运动不仅要求运动员具有技术和战术能力，以及在比赛中表现出的智慧、胆略、意志、活力与创造力，运动员也必须具备勇敢顽强的斗志和团结协作的精神。

观赏性：篮球比赛中，可以欣赏到娴熟的运球、巧妙的传球、准确的投篮、机智的抢断、精彩的扣篮和出奇的封盖，再加上攻守交错、对抗变换，从而使比赛双方斗智斗勇，球场形势变化富有戏剧性，能使参与者和观看者得到心理的满足和愉悦。

趣味性：篮球运动简单易行，趣味性很强，可以因人、因地、因时、因需而异。通过变换各种活动方式，篮球运动更加方便与吸引人们的参与，以达到活跃身心、健身强体的目的，进而提高社会的文明氛围，充实人们的业余文化娱乐生活。

健身性：人们通过参与篮球运动，既可以强身健体，也可以使个性、自信心、审美情趣、意志力、进取心、自我约束等能力都有很好的发展，也有利于培养团结合作、尊重对手、公平竞争的道德品质。

（二）篮球运动的锻炼价值

1. 对身体健康发展起促进作用

篮球运动持续时间可长可短，但需要参与者快速奔跑、突然与连续起跳、敏捷反应与力量抗衡。经常参加篮球运动，可使身体各部分肌肉坚实、发展匀称、体格健壮。篮球运动可以促进力量、速度、耐力、弹跳、灵敏等运动素质的发展。篮球运动也是一项高强度的对抗性运动。要求机体的代谢能力旺盛，体内能源物质的转换快速。因而能使心脏、血管、呼吸、消化等器官的功能增强，促进机体内各系统的工作能力提高。

2. 对心理健康发展起促进作用

篮球运动不仅是技术与身体的对抗，也是意志与智慧的较量。篮球比赛也是一场心理交锋，运动员的智慧、胆略、意志、活力与创造力，决定着比赛的成败和运动水平。篮球运动是一项把变换、结合、转移、持续融为一体的集体攻守对抗项目。要求运动员反应快速、判断正确、随机应变、有勇有谋、机智善断，从而能够促进大脑功能与智力的发展。在篮球运动中，通过多种感官知觉的参与可以发展学生的运动记忆，经过长期的学习可形成运动技能的动力定型和高度的自动化。这有利于学生在快速、复杂的情况下做出迅速、正确的判断。而且通过篮球比赛，学生的个性、自信心、情绪控制、意志力、进取心、自我束缚能力都有很好的发展。

3. 对社会适应能力起培养作用

大学是一个浓缩的社会，在其中拥有与真实社会相似的人际关系、学习和工作压力。篮球运动对培养大学生集体主义精神有积极作用。学生之间团结合作、相互协同、默契配合，一切为集体，一切为大局，才能保证比赛的胜利。学生通过和同伴的相互合作，共同完成篮球的技、战术学习过程，共同体验胜利的喜悦和失败的痛苦，有助于拉近学生与学生之间的关系，建立良好的群体关系。良好的人际关系有助于学生建立良好的学习、生活和工作环境，减少学习和工作上的压力。篮球运动又是一项集体运动项目，篮球比赛是队与队之间的集体对抗，要求每个队员在比赛中必须统一思想、齐心协力、密切配合，才能发挥集体的优势。参加篮球运动能激励广大学生力争上游、奋勇拼搏的竞争精神，也有助于培养学生的责任感、义务感和集体荣誉感。

第二节　篮球运动基本技术

篮球技术是篮球比赛中为了一定目的的专门动作方法的总称，包括进攻技术与防守技术两部分。进攻技术有传接球、运球、持球突破、投篮等；防守技术有防守对手、抢断球、封盖技术等。在进攻和防守中，还有移动、抢篮板球技术。

一、准备活动(篮球操)

为提高练习者学习篮球运动的兴趣，为学习篮球技术奠定基础，可以在节奏较强的音乐伴奏下做趣味篮球操的练习。如图 5-1 至图 5-8 所示。

(a) 持球于胸前　(b) 持球后抛　(c) 背后接球　(d) 向前抛球　(e) 胸前接球

图 5-1　头上前后抛接球运动

(a) 右手持球　(b) 向左抛球　(c) 左手接球　(d) 向右抛球

图 5-2　头上左右抛接球运动

（a）右手持球　（b）持球手后旋转　（c）绕至腰部　（d）向前旋转至右上方

图 5-3　上肢运动

（a）双手持球　（b）向右侧屈　（c）双手持球　（d）向左侧屈

图 5-4　体侧运动

（a）双手持球两脚开立　（b）向左侧后转体　（c）向右侧后转体　（d）双手持球两脚开立

图 5-5　体转运动

（a）双手持球站立　（b）上体左侧前屈　（c）上体右侧前屈　（d）持球上举

图 5-6　腰部运动

（a）双手持球　（b）举球左脚前迈　（c）两臂下摆踢右腿　（d）持球上举　（e）双手持球

图 5-7　踢腿运动

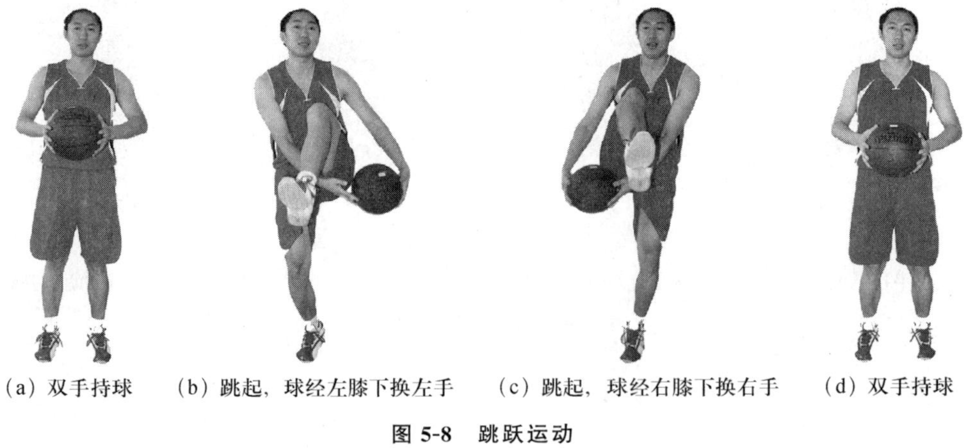

（a）双手持球　（b）跳起，球经左膝下换左手　（c）跳起，球经右膝下换右手　（d）双手持球

图 5-8　跳跃运动

二、熟悉球性练习

球性练习是准备活动的一种形式，在篮球运动前进行球性练习，有助于技术动作的掌握和提高。如图 5-9 至图 5-14 所示。

（a）头后持球　（b）持球向左绕环　（c）持球向右绕环

图 5-9　球绕头部练习

（a）向腰右绕环　（b）向腰左绕环

图 5-10　球绕腰部练习

（a）膝前持球　（b）从右经后绕环　（c）从左经后绕环

图 5-11　球绕双腿练习

（a）右手持球绕至右腿外侧　（b）胯下换手　（c）球绕至左腿外侧　（d）胯下换手

图 5-12　胯下双手交替绕球练习

三、移动技术

移动是篮球多项技术的基础，其关键是控制身体重心的平衡和变化。现将几种常用的移动方法简述如下：

(a) 双手持球于胯下　　(b) 放开球　　(c) 双手胯下交替接球

图 5-13　胯下双手交替接球练习

(a) 双脚开立持球于胸前　　(b) 胯下向后击球传球　　(c) 双手背后接球　　(d) 胯下向前击球传球

图 5-14　胯下双手击地传球练习

1. 起动、急停

(1)起动　是球员改变静止状态的一种方法。在进攻中突然快速的起动，是摆脱防守的有效手段。防守时迅速地起动是保持抢占有利位置，防住对手的首要环节。

动作要领：起动前两脚开立，腿呈一定的弯曲，上体稍前倾。起动时以后脚或异侧脚的前脚掌短促有力蹬地，同时上体迅速前倾或侧转，向跑动方向移动重心。在最短的距离内把速度发挥出来。

(2)急停　队员在移动中突然制动脚部动作叫急停。可分为跨步急停与跳步急停两种。

跨步急停(两步急停)动作要领：先向前跨出一大步，脚跟着地过渡到全脚掌抵住地面，迅速屈膝上体后仰，第二步着地时，身体侧转，脚尖内旋，用前脚掌内侧蹬撑地面保持身体平衡，重心落在两脚之间。

跳步急停(一步急停)动作要领：在跑动中，用单脚或双脚起跳，上体后仰，两脚同时平行落地，用前脚掌内侧有力撑地，两膝弯曲，降低重心保持身体平衡。

2. 侧身跑

这是比赛时队员在移动过程中，为了更好地观察场上情况，多用在快攻和防守快攻时的一种跑动方法。

动作要领：向前快跑的同时，头部和上体自然地向有球方向扭转，以便观察场上情况。

3. 变向跑

变向跑是球员在跑动中利用方向的变化完成攻守任务的一种方法。

动作要领：(以从左向右变向跑为例)顺步变向跑时，左脚落地制动，屈膝降低身体重心，用前脚掌内侧蹬地，同时扭腰转胯，右脚迅速向右跨步加速。交叉步变向跑时，左脚落地制动，腰胯向右转动，同时，左脚前脚掌内侧蹬地向右跨步，继续加速跑动前进。

4. 滑步

滑步是防守动作的一项重要移动方法。它易于保持身体平衡，可向任何方向移动。可分为侧滑步(横滑步)、前滑步、后滑步。

动作要领：(以侧滑步为例)滑步前，两脚左右开立，两膝微曲，上体稍前倾，手背向两侧张开。向左滑步时，右脚前脚掌内侧蹬地，左脚向左跨出一步，落地的同时，右脚迅速随同滑行，然后依次重复上述动作，眼要注视对手；向右滑步时，动作相反。

四、接、传球技术

接球技术是篮球比赛中，同队队员相互移动产生的配合，或个人移动创造出战机时，及时地获得球和供给球的一种方法。接、传球技术最直接反映队员的观察与判断，是进攻队员在场上相互联系和组织进攻的纽带，是实现战术配合的具体手段。

1. 接球

接球是篮球运动中的主要技术之一，是获得球的动作，是抢篮板球和断球的基础。

(1)双手接球　有双手接胸部高度的球、双手接头部高度的球、双手接腰部高度的球、双手接反弹球、双手接地滚球。以下介绍最常用的双手接胸部高度的球的方法：

动作要领：接球前，手臂可自然前伸，手指自然分开，两拇指呈“八”字形，手指向前上方伸出，两手呈半圆形。手指触球同时，随球后引，屈肘缓冲来球的力量，两手握球，保持身体平衡，做好传球、投篮或突破的准备。

(2)单手接球　是一项基本的篮球接球技术，主要依靠手臂和手掌的力量，以及适当的技巧来控球，在比赛中被广泛应用。单手接球虽然控制范围大，能接不同方向的来球，但不如双手接球牢、稳。

动作要领(以右手接球为例)：两眼注视来球，右臂微曲，手掌呈勺形，手指自然分开，迎着来球的方向伸出，当手指触球时，手臂顺势向后下引球，左手立即帮助将球握于胸腹之间。

2. 传球

传球有双手胸前传球、双手低手传球、双手低手向后传球、双手头上传球、单手肩上传球、单手胸前传球、单手低手传球、单手低手向后传球、单手肩上向后传球、单手背后传球、单手体侧传球、勾手传球等。以下主要介绍几种最常用的传球方法：

(1)双手胸前传球　双手胸前传球是最基本、最常用的传球方法。这种方法快速有力，可在不同的距离中使用，而且便于和投篮突破等动作相结合。

动作要领：双手持球于胸前，两手五指自然分开，两拇指呈“八”字形(两拇指间的距离随手的大小可变远近)，持球的侧后方手指指根以上部位触球，手心空出，两肘自然下垂，上体稍前倾，两腿自然弯曲地前后站立。传球时，前臂急促地向传球方向伸出，拇指用力下压，食、中指内翻，抖腕拨球将球传出(图 5-15)。

(2)反弹传球　是在篮球传球技术中，传球人把球掷向地面，通过击地反弹越过防守者使同伴接到球的一种技术。篮球反弹球技术是篮球运动中使用较为广泛的传接球技术。

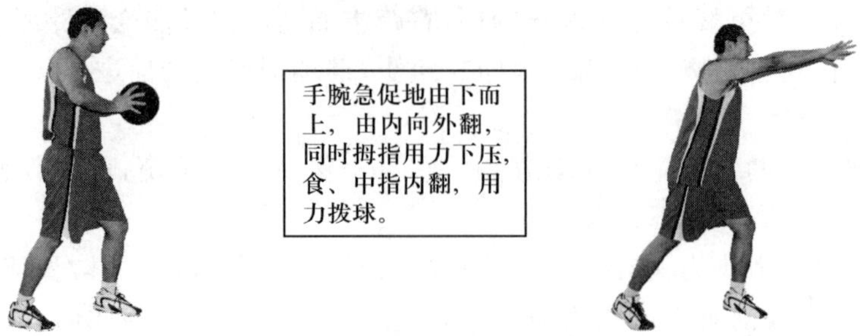

（a）双手持球于胸前　（b）双臂发力前伸手腕外翻

图 5-15　双手胸前传球

动作要领：双脚开立持球于胸前，手腕、手指用力拨球。反弹传球的击地点，要根据防守人的位置而定，一般击地点应选择在防守人的脚侧，这样使防守人不易阻截球，以便保证传球的安全。在进行反弹传球的时候，球的反弹高度最好是在接球人的腰部（图 5-16）。

（a）双脚开立持球于胸前　（b）手腕、手指用力拨球

图 5-16　反弹传球

（3）双手头上传球　一般运用于阵地进攻中，由于传球出手点高，适用于身材较高的队员，并能与篮下投篮相结合，这种方式多用于抢篮板球后第一传和外线队员转移传球，以及传球给内线队员，是篮球进攻技术中必不可少的技术。

动作要领：双手持球举于头上，两肘稍屈，持球手法与双手胸前传球相同，传球时小臂前挥，手腕前扣外翻的同时，拇指、食指、中指用力拨球。传球距离较远时，加脚蹬地，腰腹用力，全身协调发力，将球传出（图 5-17）。

（a）持球于头上　（b）前臂由头后迅速前摆　（c）手腕、手指用力抛拨球

图 5-17　双手头上传球

(4)单手肩上传球　这是一种常用的中、远距离传球方法。特别在抢到后场篮板球、发动长传快攻时运用较多。

动作要领：持球方法与双手胸前传球相同，两脚平行开立，右手传球时，左脚向传球方向跨出，同时双手将球引到右肩侧上方，右手大臂充分后引，左肩对传球方向，重心落在右脚上。传球时，右脚蹬地，同时转体并迅速向前挥臂，手腕前扣，最后通过食、中、无名指的弹拨下拨球将球传出(图 5-18)。

(a) 右手持球在右肩上　(b) 蹬地转体摆臂拨指出球

图 5-18　单手肩上传球

(5)单手体侧传球　是单手近距离传球中隐蔽性较强的一种传球方法。

动作要领：持球者传球手的异侧脚向侧前方迈出，上体也同时向异侧移动做假动作，同时将球向后侧方引出，经体侧向前做弧线摆动，手腕前屈，用食指和中指，使球从体侧穿过(图 5-19)。

(a) 持球于身体右后方　(b) 向前摆臂屈腕拨指传球

图 5-19　单手体侧传球

五、运球技术

运球是队员在比赛中携带球移动的唯一方法，是控制和支配球、组织战术配合及突破防守的重要手段。盲目地过多运球，则会贻误战机，影响集体作用的发挥，导致被动。

运球技术包括高运球、低运球、运球急停急起、体前变向换手运球、体前变向运球、背后运球、运球转身、胯下运球等。

1. 高运球

这种运球,身体重心较高,速度快,便于观察场上情况。

动作要领:运球时,两腿微屈,目平视,以肘关节为轴,前臂自然伸屈,用手腕、手指柔和而有力地按拍球的后上方。球的落点控制在运球手臂同侧脚的外侧前方,使球反弹的高度在腰腹之间,手脚协调配合,使球有节奏地向前运行(图 5-20)。

2. 低运球

当受到对手紧逼防守时,常采用这种运球方法。

动作要领:两腿弯曲,重心下降,上体前倾,用上体和腿保护球的同时用手短促地拍按球,使球从地面向上反弹的高度在膝部以下(图 5-21)。

图 5-20 高运球

图 5-21 低运球

3. 运球急停急起

动作要领:在快速运球中突然急停时,采用两步急停,使身体重心降低,手按拍球的前上部,使球停止向前运行。运球急起时,两脚用力后蹬,上体急剧前倾,迅速起动,同时,按拍球的后上部,人、球同步快速前进(图 5-22)。

(a) 行进间运球　(b) 急停要拉球降速　(c) 急起要推球及时

图 5-22 急停急起运球

视频 5-1:行进间运球技术

4. 体前变向换手运球

动作要领:运球队员从对手右侧突破时,先向对手左侧做变向运球假动作,然后突然改变方向向右侧运球。变向时,右手拍按球的右后上部,把球从自己的右侧拍按到左侧前方,同时,右脚向左前方跨出,上体左转,用肩保护球,然后换手运球加速前进(图 5-23)。这是快速超越对手的一种攻击性很强的进攻技术。

运球变向时，
虚晃要逼真，
换手要快速，
拍球要低下，
过人要护球。

（a）屈膝降重心双眼目视前方　　（b）换手要快速拍球要低下

图 5-23　体前变向换手运球

5. 背后运球

动作要领：以右手运球，向左侧变向为例。变向时，右脚在前，右手将球拉到右侧身后，迅速转腕拍按球的右后方，将球从身后拍按至身体的左侧前方，然后左手运球，左脚向前，加速前进。要注意的是，右手将球拉至右侧身后时要以肩关节为轴，并迅速转腕拍按球的右后方（图 5-24）。

右手将球拉至右侧身后时要以肩关节为轴，并迅速转腕拍按球的右后方。

（a）运球遇阻向后拉拍护球　（b）球向左背侧突然推拍　（c）接过反弹球向前推进

图 5-24　背后运球

六、投篮技术

视频 5-2：投篮技术

投篮是进攻队员为将球投入篮筐而采用的各种专门动作的总称，也是篮球比赛中的主要进攻技术，是唯一的一种得分手段。

1. 单手肩上投篮

单手肩上投篮是篮球比赛中应用比较广泛的一种投篮动作。有出手点高、球出手快、便于结合其他技术动作等优点。

动作要领：（以右手投篮为例）左手扶球的左侧，右臂屈肘持球于头右侧上方，大臂与肩关节平行，大小臂约成 90°，肘关节不要外展，两脚前后或左右开立，两膝微屈，重心落在两脚之间。投篮时，下肢蹬地发力，右臂向前上方举球，将要伸直时，手腕前屈，食、中指用力拨球，通过指端将球投出，身体随之向前上方伸展（图 5-25）。

2. 双手胸前投篮

这是较早的投篮方法，虽然出手点低，但易于保持投篮前持球的稳定性，便于和传球突破相结合。远距离适于运用这种投篮方法。与男生相比，女生由于上肢力量较弱，比较适合学习这种投篮方法。

（a）屈膝屈肘持球　（b）后屈腕持球于肩上　（c）手臂上伸，指端拨球

图 5-25　单手肩上投篮

动作要领：投篮的准备姿势与双手胸前传球的准备姿势基本一致。投篮前将球置于胸前，目视球篮，两肘关节自然下垂，两脚前后或左右开立，两膝微曲，重心落在两脚之间。投篮时，两脚蹬地，两臂向前上方伸出，两手腕同时外翻，拇指稍用力压球，使球通过拇指、食指、中指指端投出（图 5-26）。

（a）两膝微屈，双手持球　（b）两脚蹬地，两臂上伸　（c）手腕外翻，指端拨球

图 5-26　原地双手胸前投篮

3. 行进间投篮

行进间投篮是进攻或突破防守切入篮下时，最常用的投篮方式。俗称跑篮、“三大步”上篮。以下介绍较常用的两种行进间投篮技术。

（1）行进间单手肩上投篮

动作要领：在运球行进或跑动行进中（以右手投篮为例），接球的同时右脚向前跨一大步，落地后，左脚向前跨一小步，蹬地跳起，右腿提膝高抬，双手迅速举球于右肩上方。右手托球掌心向上，左手扶球，当身体腾空到最高点时，将球投出（图 5-27）。

（2）行进间单手低手投篮

动作要领：在运球行进或跑动行进中（以右手投篮为例），接球的同时右脚向前跨一大步，

（a）跨大步接球　（b）接球后迅速跨小步　（c）腾空稍后仰，手腕前屈投篮

图 5-27　行进间单手肩上投篮

落地后，左脚向前跨一小步，蹬地跳起，右腿提膝高抬，右手掌心向上托球，并充分向球篮方向伸展，抖腕，食、中指用力拨球，通过指端将球投出（图 5-28）。

（a）跨大步接球　（b）接球后迅速跨小步　（c）起跳，手臂伸展、手指拨球

图 5-28　行进间单手低手投篮

4. 跳起投篮

简称跳投，它具有突然性强、出手点高和不易防守的优点，可在原地、行进中急停或结合转身一起使用。以下介绍原地跳起投篮（以右手投篮为例）。

动作要领：准备动作与单手投篮基本一样。起跳时，起跳和举球动作同时完成。垂直起跳时，用腰腹力量保持身体平衡。当身体跳起至最高点时或接近最高点时，迅速伸臂，用手腕和手指的合力将球投出（图 5-29）。

5. 运球（或接球）急停跳起投篮

动作要领：在快速运球中，运用跳步或跨步急停，突然向上起跳，同时，两手持球上举，当身体接近最高点时，前臂向前上方伸直，手腕前屈，食、中指用力拨球，通过指端将球投出（图 5-30）。

七、持球突破技术

持球突破技术是篮球运动中个人摆脱防守、获得进攻机会的重要手段之一，在比赛中突破

（a）屈膝，屈肘持球　（b）用力起跳，摆臂向上　（c）伸臂，手腕前屈，手指拨球

图 5-29　原地跳起单手肩上投篮

（a）跨步或跳步急停　（b）两膝内扣，用力蹬地　（c）向上起跳，持球上举　（d）伸臂，手腕前屈，手指拨球

图 5-30　急停跳起投篮

通常是非常有效的得分手段。

1. 交叉步突破

技术发力环节是这项技术的关键。队员接球后，以“三威胁”姿势作为开始，抬起一脚做试探步，确定中枢脚。以左脚为例，左手突破防守队员的右侧。首先一定要保持低重心，左脚为轴，右脚蹬地要向防守队员右脚外侧跨，同时髋关节转动，压缩突破的空间，然后放球加速，将球向前推动。动作熟练后，试探步和交叉步可配合使用（图 5-31）。

2. 顺步突破

队员接球后，以“三威胁”姿势作为开始，抬起一脚做试探步，确定中枢脚。以左脚为例，在试探当中发现对方的重心并没有根据试探步而改变，那么就要运用顺步突破了。左脚为中枢脚，右脚做小步试探，如果没有重心转移，那么右脚跨出大步，同时放球，球要保持在身体的一侧，左脚迅速跟上，将防守人的防守线路卡住，加速上篮（图 5-32）。

第一步快，蹬跨有力，步幅适中，重心前移，转体探肩，拍放护球，一气呵成。

（a）持球左脚向左前方跨步　（b）左脚迅速蹬回落在右前方　（c）右手运球推进紧贴防守突破

图 5-31　交叉步突破

起动突然，同侧步要快而小，中枢脚内侧蹬地，转体探肩护球，未提中枢（脚）球出手，迅速超越过防守。

视频 5-3：突破技术

（a）双手持球重心降低　（b）右脚上步探肩护球（c）放球要快紧贴对手

图 5-32　顺步突破

八、个人防守技术

个人防守技术是防守队员根据球与对手的情况，合理运用脚步移动和手臂动作，积极抢占有利位置，阻挠和破坏对手进攻，以争夺控制球权的一种个人防守动作。

1．防守无球队员

防守者应与球、被防守者内侧保持三角形站位。防守者到靠近球的区域，面对人侧对球；到远离球的区域，面对球侧对人。

防守姿势：防守者两脚开立，两腿弯曲，身体重心下降，上体稍前倾，积极移动脚步，手臂配合，阻挠对手接球和摆脱。

2．防守有球队员

防守者应站在对手与球篮之间。根据持球队员的位置，落位时要截击对手，往边线逼防，阻止变向和超越。

防守动作与防守无球队员大体相同，只是注意与对手要保持适当有利距离。离球篮远时防突破和传球，离球篮近时，除防突破、传球外，还要防投篮，要两臂上举挥摆干扰。

3．抢球技术

抢球是从进攻队员手中夺取球的方法。抢球时，防守者看准持球者的持球空隙部位，迅速用双手抓住球向后突然拉转，将球抢过来；也可以双手抓住球的同时，双手向前下方转动，将球从持球者手中抢出。

4．打球技术

打持球：防守者利用突然上步，用单手由上向下或由下向上以快速准确的动作将对方球打掉。

打运球：在进攻者运球时，当球刚从地面弹起时，防守者突然上步，用靠近球的手将球迅速打掉。

(九)抢篮板球技术

篮板球是获得控制球权的重要来源之一。进攻篮板球的优势，不仅可以增加进攻次数和篮下直接得分的机会，而且还可以增强本队投篮的信心，同时减少对方发动快攻的机会。防守篮板的优势，不仅能为发动快攻创造有利条件，而且还能给进攻队员投篮造成心理压力。因此，一个球队抢篮板球的能力，对争取比赛主动和比赛胜利都起着重要作用。下面讲述抢篮板球的技术及动作方法。

1. 抢占有利位置

抢占有利位置是抢篮板球技术的关键。无论是抢进攻篮板球还是抢防守篮板球，都应抢占对手与球篮之间的有利位置，力争把对手挡在身后。抢占位置时，应根据对手和投篮队员所处的位置，正确判断篮板球的反弹方向、距离，运用快速的脚步动作，抢占有利的位置。

视频 5-4：篮板球技术

2. 转身挡人抢位

多用于抢防守篮板球，在防守者靠近对手时运用。当对手投篮后，根据对手移动的方向决定转身的方法，转身后把双手挡在身后并贴、靠对手，挡住其移动路线。如果对手距离较远时，则可先上一步，贴近对手再做转身，把对手挡在身后。

第三节　篮球运动基本战术

篮球战术是比赛当中队员间配合协调的组织形式。其目的是更好地发挥本队所有队员的技术水平，并且制约对方队员，掌控比赛的主动权，争取比赛的胜利。

基础配合是两三名队员之间有目的、有组织、攻守合作的行动方法。它是组成全队战术的基础，也是培养队员篮球意识的重要手段。

一、进攻战术基础配合

进攻战术基础配合是指两三名进攻队员，为了创造攻击机会，合理运用技术而组成的合作方法。

1. 传切配合

传切配合指通过无球跑动获得进攻机会，向球方向切入时应注意向球方向做出一到两步的假动作，诱使防守队员失去位置。

配合方法：如图 5-33 所示。⑤传球给④后，立即摆脱对手△5向篮下切入，接④的回传投篮。

要点：切入队员要掌握好切入时机；传球队员注意用假动作吸引牵制对手。

2. 突分配合

突分配合指本队队员向篮下突破后将球传给空位的同伴，控球队员运用躯体和脚步动作与娴熟运球技术相结合，摆脱盯防自己的防守人，并实施有效攻击的一项实用性、攻击性、杀伤性很强的进攻技术。

配合方法：如图 5-34 所示。⑤从防守者的左侧突破，④协防，封堵⑤向篮下突破的路线，此时④及时跑到有利的进攻位置，接⑤的球投篮。

要点：突破动作快速突然，既要做好投篮的准备，也要随时准备分球。

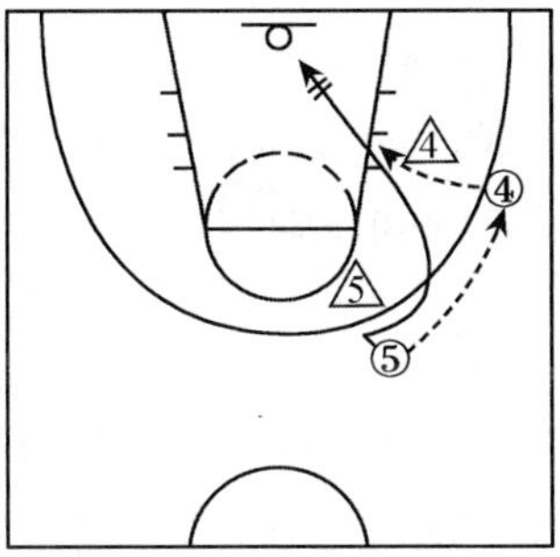

图 5-33 传切配合

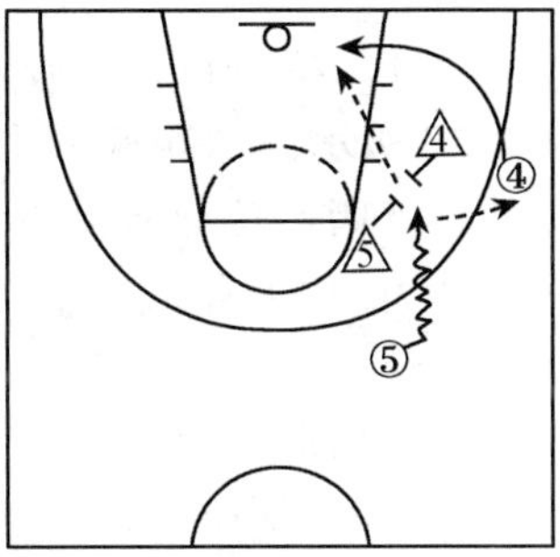

图 5-34 突分配合

3. 掩护配合

掩护配合指通过合理的身体动作阻挡防守队员的移动路线，使同伴摆脱防守获得空位接球的机会。注意在掩护动作中，脚应与肩同宽，被掩护者也需要配合，使防守者处在静止的情况下，才能提高掩护的质量，利用同伴的掩护快速摆脱，获得空位机会。

配合方法：如图 5-35 所示。以持球队员做侧掩护为例。⑤传球给④后跑到④的侧面做掩护，④接球后做投篮或突破的动作，吸引④，当⑤到达掩护位置时，④持球从④的右侧突破投篮。⑤掩护后及时移动到有利的位置去接球或抢篮板球。

要点：掩护队员的行动要隐蔽快速；被掩护队员要注意用假动作吸引对手，当同伴到达掩护位置时，摆脱对手动作要突然、快速。

4. 策应配合

策应配合指进攻队的前场和全场通过场上队员组织接应，并且有效地转移球的战术配合。

配合方法：如图 5-36 所示。④摆脱防守插到罚球线做策应，⑤将球传给④并立即空切篮下，接④的策应传球投篮。

要点：策应者要及时抢位，传球人要及时地将球传到策应者远离防守的一侧。

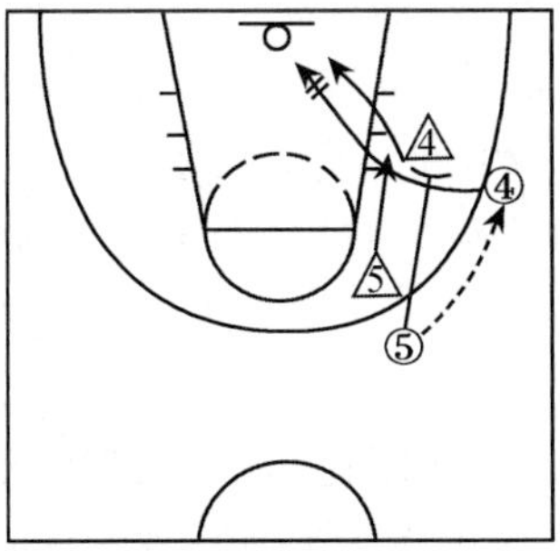

图 5-35 掩护配合

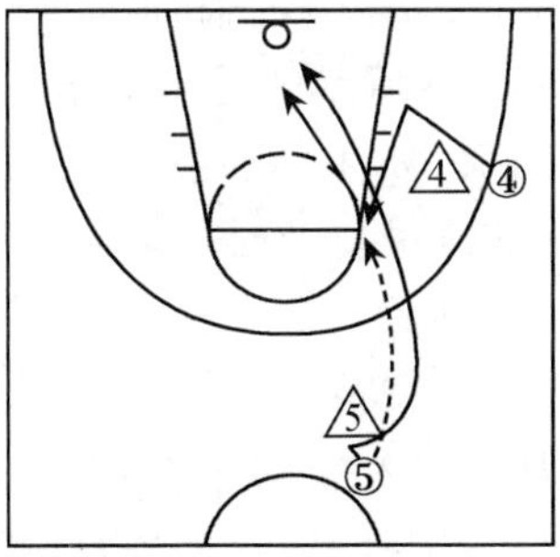

图 5-36 策应配合

二、防守战术基础配合

防守战术基础配合是两三个防守队员利用合理的技术、协调动作破坏进攻的一种方法。

1. 关门配合

关门配合是临近的两个防守队员协同防守突破的配合方法。当进攻队员运球突破时，防守突破的队员向侧后方移动挡住其移动路线，临近突破一侧的防守队员，应及时快速向突破队员的前进方向移动，与防守突破的队员靠拢，像两扇门一样地关起来，堵住突破者前进的路线。

配合方法：如图 5-37 所示。当⑤从正面突破时，△4与△5、△5与△6进行“关门”配合。

要点：在防守队员积极堵截持球队员的突破路线的同时，临近突破一侧的防守队员要及时快速地向同伴靠拢进行“关门”配合。

2. 挤过配合

挤过配合是破坏掩护配合的方法之一。当对方掩护，防守队员在掩护队员接近自己时，要迅速向前跨出一步，靠近对手，从两个进攻队员之间侧身挤过，继续防守自己的对手。防守掩护的队员应及早提醒同伴并后撤一步，以备补防。

配合方法：如图 5-38 所示。④传球给⑤后跑去给⑥做掩护，△4发现后要及时地提醒同伴△6，△6在④临近的瞬间，迅速抢在④之前继续防守⑥。

要点：挤过时，要贴近进攻者，上前侧抢步的动作要及时，要主动说话联络。

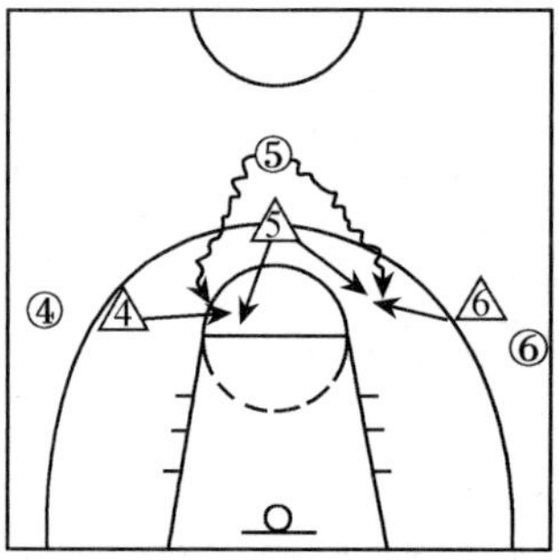
图 5-37　关门配合

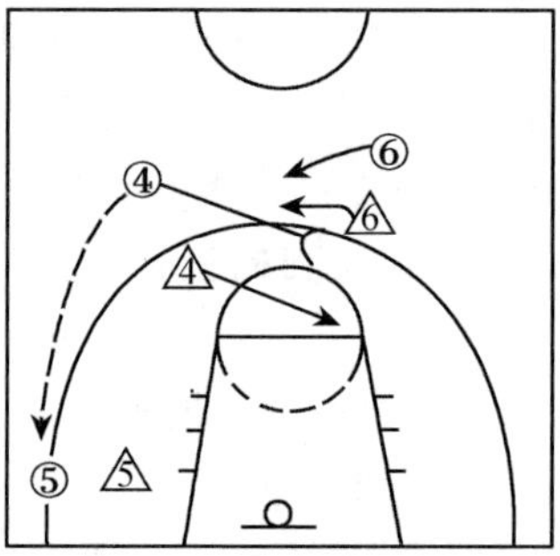
图 5-38　挤过配合

3. 穿过配合

穿过配合是破坏掩护的一种方法。当进攻队员掩护时，防掩护者的队员及时提醒同伴并主动撤后一步，让同伴及时从自己和掩护队员空间穿过，继续防守自己的对手。

配合方法：如图 5-39 所示。⑤传球给⑥后去给④做掩护，△5要提醒同伴，并离⑤远一点。当⑤掩护到位前一刹那，△4主动后撤一步，从⑤和△5中间穿过，继续防守④。

要点：防守掩护的队员要及时提醒同伴并主动让路，穿过队员要迅速穿过，并立即调整防守位置的距离。

4. 交换配合

交换配合是破坏掩护配合的一种方法。进攻队员利用掩护已经摆脱防守时，防掩护的队员及时发现换防的信号，与同伴互换各自的对手。在适当时候再换防原来的对手。

配合方法：如图 5-40 所示。⑤去给④做掩护，△5要主动发出信号，及时封堵④向篮下突破的路线，此时△4应及时调整自己的防守位置，防止⑤向篮下空切。

要点：防守掩护者的队员要主动发出换人信号，双方准备换防。两防守队员要到位，及时换防。

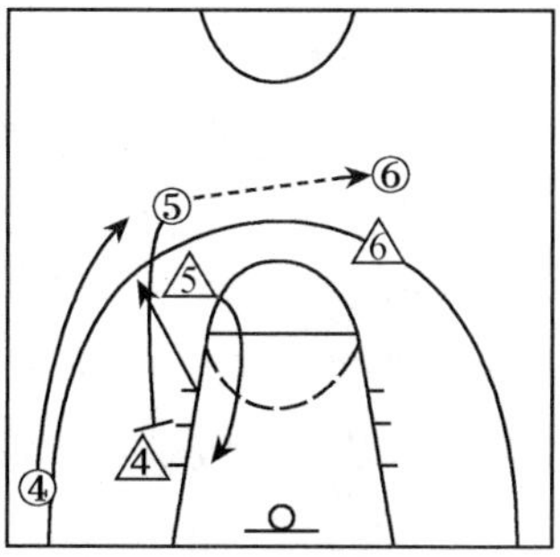

图 5-39　穿过配合

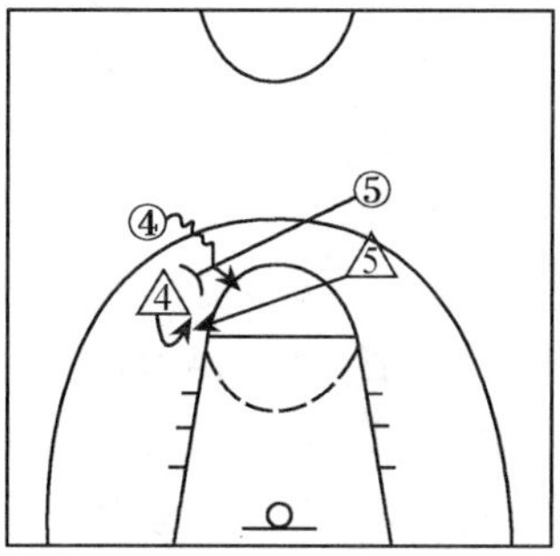

图 5-40　交换配合

第四节　篮球运动竞赛规则与裁判法简介

一、场地和器材

1. 场地

球场是一个长方形的坚实平面，无障碍物。对于国际篮联主要的正式比赛（奥林匹克比赛，世界男、女锦标赛，世界男、女青少年锦标赛和世界男子 22 岁以下年龄组锦标赛，洲际男、女锦标赛等），球场尺寸为：长 28 m，宽 15 m，球场的丈量从界线的内沿量起。对于所有其他比赛，有权批准符合下列尺寸范围内的现有球场：长度减少 4 m，宽度减少 2 m，只要其变动互相成比例。

2. 界线

球场必须有明显的界线，界线外至少 2 m 以内不得有任何障碍物。长边的界线叫边线，短边的界线叫端线。线宽均为 0.05 m。

3. 中圈

中圈要画在球场的中央，半径为 1.80 m，从圆周的外沿丈量。此区域为比赛开始时跳球争夺权的区域。

4. 中线

前场和后场：从边线的中点画一平行于端线的横线叫中线；中线要向两侧边线各延长 0.15 m。对方篮球、篮板的界内部分以及对方篮球后面的端线、边线和距对方篮球最近的中线边缘围成的场区构成了某队的前场。球场的另一部分，包括中线和本方场区，包括篮板的界内部分是该队的后场。

5. 3 分投篮区

3 分投篮区是由场上两条拱形线限制出的地面区域。三分线是以篮筐中心正下方地面的点为圆心，画一条半径为 6.75 m 的半圆弧，此圆弧的圆心距离短线内沿的中点是 1.57 m，且该圆弧与两条平行线相交。进攻方在三分线外投篮命中后得 3 分。根据比赛的赛别不同，三分线的距离也会有所不同。

6. 罚球线和限制区、分位线

罚球线是距离篮筐 4.57 m 且与端线平行的一条线，进攻投篮被犯规后会站在罚球线上进行罚篮，罚中一次篮得一分。

限制区应是两条垂直于罚球线，并处于罚球线与底线之间的线。在进攻时进攻队员不能长时间停留在这个区域。这个区域又称"3 秒区"，在这里面不能长时间停留超过 3 s。

分位线是限制区两侧的短线，是队员罚球时界定抢篮板球队员位置的短线。

7. 篮圈和比赛用球

篮圈应用实心钢材制成，其内沿直径最小 450 mm，最大 459 mm，每个篮圈的顶沿应水平放置，距地面 3.5 m(误差±6 mm)，与篮板的两条竖边等距离。所有男子比赛用球为 7 号球，所有女子比赛用球为 6 号球，青少年使用 5 号球。

二、比赛通则

篮球比赛中有必须被遵守或执行的规则，它规定了篮球比赛的方法、原则、技术标准和行为规范。

1. 比赛时间

根据国际篮联的标准，比赛应由 4 节组成，10 min/节。在上半时的第一节和第二节之间、下半时的第三节和第四节之间以及每个决胜期之前都应有 2 min 的休息时间。上、下半时之间的比赛休息期间应是 15 min。

2. 比赛的胜负

在比赛时间内得分较多的一队为胜队。

3. 比赛开始

比赛要在中圈内跳球开始；当主裁判持球步入中圈执行跳球时，比赛正式开始。如某队在场上准备比赛的队员不满 5 名，则比赛不能开始。所有比赛的下半时，双方队要交换球篮。

4. 活球和死球

跳球中，球离开主裁判员抛球的手时；罚球中，罚球队员可处理球时；掷球入界中，掷球入界的队员可出来球时，球成活球。

在任何投篮或罚球中篮时，活球中，裁判员鸣哨时；比赛计算器信号响起以结束每节比赛时；球队控制球过程中，24 s 计算器信号响时，球成死球。

三、违例

比赛中发生的违例有：球出界、带球走、非法运球、携带球、球回后场、故意脚球、拳击球和掷界外球违例；时间上的违例(3 s、5 s、8 s、24 s 违例)以及罚球时的违例。

1. 带球走

在比赛中当持球队员一脚向任一方向移动时，使中枢脚离开了与地面的接触点、违反持球旋转，或者双脚的移动超出规则的限制向任一方向违例移动时，就是带球走违例，俗称"走步"。如果发生带球走违例即失去球权，将球判给对方在违例最靠近的地点掷球入界。

2. 3 s 违例

某队在前场控制活球并且比赛计时钟正在运行时，该队的队员不得在对方队的限制区内停留超过持续的 3 s。

3. 5 s违例

一名被严密防守的队员必须在5 s内传球、投球或运球。

4. 8 s违例

一名在后场的队员获得控制活球时，或在掷球入界中，球触及后场的任何队员或者被后场的任何队员合法触及，掷球入界队员所在队仍拥有在后场的球权。该队必须在8 s内使球进入该队的前场。

5. 24 s违例

一个队在场上控制活球时，必须在24 s内尝试投篮，在24 s装置的信号发出前，球必须离开投篮队员的手，并且球离开投篮队员的手后，在24 s装置的信号发出前球必须触及篮圈。当一次投篮尝试临近24 s周期结束时，在球离开投篮队员的手后，球在空中时24 s信号响了，并且球进入球篮，应计中篮得分。

6. 运球违例

队员运球后，用双手同时触球一刹那，或使球在手中停顿一刹那，运球就算完毕。一次运球完毕，除非他失去对球的控制然后重新控制球外，不得再次运球，如再运球为运球违例。

7. 拳击球、故意地踢球

队员用拳击球即判违例，队员故意用脚踢球或用脚的任何部位拦截球应判违例。但队员的脚或腿偶然地触及球不算违例。

8. 球回后场

控制球队的队员在前场不得使球回到他的后场(中线属后场)。最后触球的前场控制球队的队员使球回到他的后场，又被该队的队员首先触及了球，为球回后场违例。罚则：由对方队员在违例的就近地点掷界外球。掷界外球的队员只能将球传给前场任一队员。

9. 掷界外球

掷界外球的队员在可处理球时，5 s内未将球掷出；掷球时脚踏过界线；掷球离手前，从裁判员指定的地点沿边线移动超过正常的一步；掷球离手后，在球接触场上队员前，球触及界外；都为掷界外球违例。

四、犯规

犯规是违反规则的行为，含有与对方队员的身体接触或违反体育道德的举止。对犯规队员要进行登记，随后按规则的有关条款进行处罚。

1. 侵人犯规

在活球和死球时涉及与对方队员接触的队员犯规，队员不准通过伸展臂、肩、髋、膝、脚或弯曲身体成不正常姿势以阻挡、拉、推、撞、绊等动作来阻碍对方行进；也不准使用任何粗野动作。侵人犯规的情况有：阻挡、撞人、拉人、非法手段、推人、非法掩护等。规则中定义了以下几种侵人犯规：

(1)阻挡　阻止对方队员行进的身体接触。

(2)撞人　持球或不持球的队员推动或移动到对方队员躯干上的身体接触。

(3)从背后防守　防守队员从对方队员的背后与其发生的身体接触。

(4)用手拦阻　用手拦阻是防守队员在防守状态中用手接触对方队员，或是阻碍其行动或帮助他来防守对手。

(5)拉人　干扰对方队员移动自由而发生的身体接触。能用身体的任何部位造成拉人接触。

(6)非法用手　非法用手发生在队员试图用手抢球接触了对方队员时。如果仅仅接触了对方队员持球的手,则被认为是附带的接触。

(7)推人　用身体的任何部位强行移动或试图移动已经或没有控制球的对方队员时发生的身体接触。

(8)非法掩护　试图非法拖延或阻止非控制球的对手到达希望到达的场上位置。

侵人犯规罚则:在所有情况下都要登记犯规队员 1 次侵人犯规。

2. 双方犯规

两名互为对方队的队员大约同时互相发生接触犯规的情况。

3. 违反体育道德的犯规

根据裁判员的判断,一名队员不是在规则的精神和意图的范围内,合法地试图去直接抢球,发生的接触犯规是违反体育道德的犯规。当队员被登记 2 次违反体育道德的犯规时,他应被取消比赛资格。

4. 技术犯规

任何故意的或一再的不合作,或不遵守本规则精神,被认为是 1 次技术犯规。技术犯规包括队员的技术犯规和教练员的技术犯规。

第六章 足球运动

第一节 足球运动简介

一、足球运动的起源与发展

足球是一项古老的体育运动。世界足球起源于中国古代蹴鞠。"蹴鞠"一词最早被记载在《史记·苏秦列传》里,汉代刘向的《别录》和东汉班固的《汉书·枚乘传》里均有记载。到了唐宋时期,"蹴鞠"运动最为盛行,比赛形式多种多样,成为宫廷之中的高雅活动。

现代足球起源于英国。1863 年,在伦敦成立了第一个足球运动组织——英格兰足球协会,从此标志着现代足球运动的形成。1864 年,英国剑桥大学为了适应本国各学校比赛而综合制定了一个简单的规则,当时称之为"剑桥规则",这也是世界足球史上第一部较为统一的足球规则。1885 年,英格兰首创了职业足球俱乐部,并合法化。此后,职业足球俱乐部在奥地利、西班牙、意大利、匈牙利等国家纷纷成立并合法化。1904 年 5 月 21 日国际足球联合会(简称国际足联,英文缩写 FIFA)在法国巴黎圣奥诺雷街 229 号法国体育运动联盟驻地的后楼正式成立,法国、瑞士、瑞典、比利时、西班牙、荷兰、丹麦 7 个国家代表和代理人在有关文件上签了字。1904 年 5 月 23 日,国际足联召开了第 1 届全体代表大会,推选法国罗伯特·盖林为第 1 任主席。依据考古发现和历史文献记载,证明了中国是世界上"球类游戏"起源最早的地区。2005 年国际足联主席布拉特向世界宣布了"足球起源于中国"这一历史事实。

1928 年,国际足球联合会在荷兰首都阿姆斯特丹举行会议,决定每四年举行一届世界足球锦标赛,并规定每届比赛与奥运会相间进行,1930 年第 1 届世界足球锦标赛,在乌拉圭首都蒙特维地亚举行。因第二次世界大战,世界足球锦标赛中断了 12 年,直到 1950 年才恢复举行第 4 届比赛。到 2006 年共举行了 18 届。另外,除世界足球锦标赛和奥运会足球比赛外,各大洲都举行区域性的国际比赛,如亚洲杯足球赛、亚洲运动会足球赛、亚洲青年足球赛等。可见,足球运动是一项深受各国人民喜爱的运动。

我国的现代足球运动是 19 世纪末和 20 世纪初发展起来的。1908 年,我国成立了第一个足球运动组织——南华足球会。1936 年和 1948 年,中国足球队参加了第 11 届和第 14 届奥运会的足球比赛。新中国成立以后,足球运动也不断地发展。1955 年中国足球协会成立。从 1956 年起,我国足球运动实行甲、乙级联赛制度,同时,还实行运动员、裁判员等级制度。直到 1993 年,我国的足球竞赛体制才开始改革,实行职业联赛,原有足球队进行了职业俱乐部的重组。2002 年,中国男子足球第一次进入了世界杯的决赛,实现了足球冲出亚洲、走向世界的美好愿望。

在所有的球类比赛中,足球比赛人数最多(场上双方 22 人),面积最大(长 90～110 m,宽 45～90 m),比赛时间最长(上、下半场共 90 min),对抗最激烈(双方在规则允许的范围内,进行激烈拼抢和身体对抗),能量消耗大,通常一场足球比赛会使参赛队员体重下降3～4 kg。经常参加足球运动能有效地提高身体素质,增强体质,改善人体各器官系统功能,更能培养和锻炼人们勇敢顽强、机智果断、坚韧不拔、勇于克服困难的优良品质和集体主义与团结协作精神。

二、足球运动的特点和锻炼价值

(一)足球运动的特点

1. 整体性

足球每队由11人组成并上台比赛。这11人应具有较高的默契和配合度,敌方一人攻则全队都要有警惕意识,敌方一人守则全队都要有防范意识,整体参战的意识要强。

2. 协调性

踢足球可谓调动全身,久而久之可以使身体的协调性更好。

3. 对抗性

足球运动是一项竞争激烈的对抗性项目,比赛中双方为达到进球的目的,展开了短兵相接的争斗,双方的拉锯战更是扣人心弦,为进球而发生的摩擦碰撞,可见其对抗的激烈。

4. 娱乐性

因为足球规则较为简单,工具也容易使用,所以这不失为一个适合全民运动娱乐的项目,具有较高的可行性。

(二)足球运动的锻炼价值

1. 提高身体素质

在发育阶段的青少年们接触到足球这一类运动时,更易增强体魄,提高自身免疫力,在发育阶段更容易长高,而且足球需要极强且快速的奔跑能力、能够控制身体的重心、灵活的步伐、有良好的耐力和柔韧素质。

2. 锻炼人的精神意志

高职学生的意志品质和竞争意识会在体育竞技中磨炼得更好,积极向上、勇于拼搏、不怕困难、吃苦耐劳的精神也会在体育运动中得来。由于足球比赛对运动员的思维、观察、判断、反应等能力的要求较高,所以学生会拥有敏捷的思维和判断力。

3. 缓解心理压力

足球作为一项爱好或者特长,当感到压力很大时,这项运动可以帮助缓解心理压力,宣泄情绪,并让人们能够具有更好的心情面对纷繁的事情。

第二节 足球运动基本技术

足球运动技术是运动员在足球比赛中所采用的合理行动和动作方法的总称。包括无球技术和有球技术两部分。无球技术分为启动、快冲、跳跃、急停、转身和假动作。有球技术分为踢球、停球、顶球、运球与运球过人、防守技术、掷界外球、射门和守门员技术。

一、颠球

颠球是指队员用身体的合理部位快速地触及球,将球控制在自己身体范围之内的一种技术动作。其作用是使队员具有良好的传、运、控球的能力，同时也是熟悉球性的练习方法。颠球技术包括脚背正面、内侧、外侧和大腿及头胸等部位的颠球。

(一)脚背正面颠球

动作要领：支撑脚微屈，颠球腿的膝、踝及大小腿适当放松，用脚背正面触及球的中下部(图 6-1)。

图 6-1 脚背正面颠球

(二)脚背内侧颠球

动作要领：支撑腿微屈，颠球腿屈曲盘腿，脚踝内翻，膝、踝适当放松，用脚弓击球的中下部(图 6-2)。

图 6-2 脚背内侧颠球

视频 6-1:颠球技术

(三)大腿颠球

动作要领：支撑腿微屈，颠球腿屈膝，大腿向上摆动，用大腿的中部击球的中下部(图 6-3)。

图 6-3 大腿颠球

二、踢球

踢球是指用脚的不同部位有目的地将球踢向某一特定方向的一种技术，它的表现形式为传球和射门。根据击球部位的不同，它又可分为脚内侧踢球、脚背正面踢球、脚背内侧踢球和脚背外侧踢球。不管哪一种踢球方式都包括：助跑、支撑脚站位、踢球腿的摆动、脚击球、击球后的随前摆动5个环节。

（一）脚内侧踢球

（1）动作要领　正对踢球方向直线助跑，最后一步稍大，支撑脚踏在球的侧方10～15 cm处，足尖正对出球方向，膝关节微屈，击球脚以髋关节为轴，大腿带动小腿由后向前摆动，在前摆过程中髋关节、膝关节外展，足尖翘起，脚掌与地面平行，用脚内侧（足弓部位）击球的后中部。在击球的刹那间身体稍前倾，踝关节紧张，足跟前送，两臂配合协调摆动，将球击向预定目标。

（2）动作特点　该技术触球面积较大，在踢球的过程中更容易控制球，出球较稳定，但受到关节的限制，影响了腿摆动的速度和幅度，所以踢出球的力量较小。因此，此项技术适用于短距离传球和射门（图6-4）。

视频6-2：脚内侧踢球技术

图6-4　脚内侧踢球

（二）脚背正面踢球

（1）动作要领　直线助跑，最后一步稍大，支撑脚积极地以脚跟先着地，踏在球的侧后方10～15 cm处，膝关节微屈，脚尖正对出球方向，摆动腿以膝关节为轴，大腿带动小腿右后向前摆动，在膝关节摆到球上方时，小腿加速前摆，脚面绷直，两臂配合协调，用脚背正面击球后中部，摆动击球后身体随球前移。

（2）动作特点　由于踢球摆动幅度大、速度快，踢球力量大，但出球路线单一，因此此项技术仅适用远距离发球、射门（图6-5）。

图6-5　脚背正面踢球

(三)脚背内侧踢球

(1)动作要领:采用斜线助跑,助跑方向与出球方向约成45°角。支撑脚外侧积极着地,踏在球的侧后方20 cm左右处,膝关节微屈,脚尖指向出球方向,身体重心倾向支撑脚。支撑脚落地的同时,踢球脚以髋关节为轴,大腿带动小腿由后向前摆动,当摆动上方时,小腿加速前摆,脚尖外转,绷直脚面,以脚背内侧部位击球后中部,击球后身体随球前移,两臂随踢球动作自然摆动。

(2)动作特点:由于踢球腿摆动幅度大、摆速快,出球有力,同时助跑方向、支撑腿立足选位灵活性较大,出球的变化幅度也较大,适用于中远距离传球、角球、射门(图6-6)。

图6-6　脚背内侧踢球

视频6-3:脚背内侧踢球技术

(四)脚背外侧踢球

(1)动作要领:技术动作类似于脚背正面踢球,只是在踢球时,脚尖内转,用脚背外侧踢球后中部,踢球后身体随球向前移动,两臂配合踢球动作协调摆动。

(2)动作特点:由于脚踝灵活性大,摆动腿方向变化多,因此隐蔽性强,对方不易判断,因此它是一项较难掌握的踢球技术。适用于踢各种距离的弧线球、过顶球和弹拨球等(图6-7)。

图6-7　脚背外侧踢球

视频6-4:脚背外侧射门练习

三、停球

停球是指运动员有目的地用身体的合理部位踢球,来改变球的运行方向、力量,使球落在自己的可控制范围之内。停球是一种将运动着的球控制住的过程,它可以分为判断选位、接球前的支撑及停球后的跟进。根据停球部位的不同,停球可分为脚内侧停球、脚底停球、脚背正面停球、脚背外侧停球和胸部停球等。

(一)脚内侧停球

(1)动作要领:停地滚球时,身体正对来球方向,支撑脚的脚尖与来球方向一致,膝微屈。

停球腿提起屈膝外转并前迎足尖稍翘起,使足内侧对准来球,当脚与球接触前的一刹那开始后撤,以缓冲来球的力量,把球停留在便于衔接下一个动作的控制范围内。

停反弹球时,支撑脚跨步落在落球点的侧前方,膝关节微屈,上体稍前倾并转向停球方向。停球脚提起,踝关节放松,脚内侧对准球的反弹方向,当球刚弹离地面时,用脚内侧推压球的中上部,将球停留在便于衔接下一个动作的控制范围内。

(2)动作特点:由于脚接触球的面积大,易停稳,因此它是一项比较容易掌握且被球员经常使用的技术(图 6-8)。

图 6-8　脚内侧停球

(二)脚底停球

(1)动作要领:停地滚球时,身体面对来球方向,当球接近体前,支撑脚踏在球的侧后方,脚尖正对来球,膝关节微屈,停球脚抬起,膝弯曲,脚跟离地低于球,脚尖翘起高于球,当球刚刚接触脚掌时,脚掌轻轻下压球的中上部,将球停于脚下。

停反弹球时,支撑脚踏在球落点的侧后方,膝关节微屈,维持身体平衡。停球腿膝关节弯曲,足尖翘起,前脚掌对准球的反弹方向,当球弹离地面的一刹那,用停球脚的前脚掌触球的后上部并下压,将球停留在脚下。

(2)动作特点:动作简单,容易控制来球,适用于停地滚球或反弹球;缺点是变化小,不隐蔽。

(三)脚背正面停球

(1)动作要领:停球前,身体面对来球,支撑腿微屈,维持身体平衡。停球腿屈膝抬起,小腿前伸主动迎球,用脚背正面接触球的底部。当脚背触球前的一刹那,小腿下撤以缓冲来球力量,同时膝关节和踝关节放松,将球停留于体前适当的位置。

(2)动作特点:迎撤动作自如,关节自由度大,停球稳定,变化较少,适合停下落球(图 6-9)。

图 6-9　脚背正面停球

(四)胸部停球

(1)动作要领:挺胸停球时,身体正对来球,两脚前后开立,两膝弯曲,上体后仰,重心落在两腿之间,两臂自然张开,微收下颌,当球运行到胸部接触的刹那间,两脚蹬地,胸部上挺,憋气,使球触胸后向前上方弹起,改变运行方向然后落于体前。收胸停球时,身体正对来球,两脚前后开立,两臂自然张开,重心前移,挺胸迎球,当球运行至胸部接触前的一刹那,重心迅速后移,收胸、收腹以缓冲来球力量,将球停于体前(图 6-10)。

(2)动作特点:触球点高、面积大,适用于停胸部以上的高空球。

图 6-10　胸部停球

四、顶球

头顶球是指在比赛过程中，为争取制空权，双方队员用头击球的动作。它主要包括判断、选位、蹬地、摆动、头触球及触球后身体的控制，按照头顶球部位的不同可分为额头正面顶球和前额头侧面顶球。这两个部分都可以做原地顶球、跑动中顶球、跳起顶球、鱼跃顶球。

图 6-11　原地额头正面顶球

(一)原地额头正面顶球

(1)动作要领：身体正对来球，两脚前后开立，膝关节微屈，上体后仰，两臂自然张开，重心落在后腿上。当球运行到身体垂直部位前的瞬间，两腿蹬地，上体前摆，用前额正面顶球的后中部，触球时，颈部紧张用力，收下颌，顶出球后，身体随球移动，上体前摆。

(2)动作特点：触球部位平坦，动作发力顺畅，容易控出球方向，准确性高，出球平稳有力(图 6-11)。

(二)跳起正向顶球

(1)动作要领：跳起顶球时应注意判断好球的运动路线。助跑后双脚或单脚起跳，身体在空中成反弓，当身体上升到最高点，球运行到身体的垂直位置时，收腹使上体前摆，用前额正面将球顶出。随后两脚落地，屈踝、屈膝缓冲。

(2)动作特点：击球点高，争取空间与时间，同时利用助跑、起跳的冲击力加大摆幅与摆速，增加击球力量。

(三)侧向顶球

(1)动作要领：原地侧向顶球和跳起侧向顶球的准备动作和出球后的动作与正向原地和跳起顶球的动作是一样的，只是身体动作有所不同。侧向顶球时，上体和头部要稍向出球的相反方向侧屈，当球运行到出球方向同侧肩的上方时，上体向出球方向摆动，用前额的正面顶球的后中部，将球顶出，随后身体自然摆动。

(2)动作特点：击球的动作快，变化方向突然，顶出球的路线难以判断，适用于应急时破坏球和门前的头球攻门(图 6-12)。

图 6-12　侧向顶球

视频 6-5：头球练习

五、运球与运球过人

运球与运球过人是指运动员有目的地用脚的各个部位连续推拨球，使球处于自己控制范围内的触球动作。它是运动员个人控制球能力和个人进攻能力的体现，也是集体战术实力的基础之一。特别是运球过人技术增添了比赛的魅力，丰富了战术的内容，发挥个人的技能。在比赛中，我们要鼓励运动员勇于逼近对手运球过人的行动。

（一）脚背内侧运球

(1)动作要领：运球时，跑动的步幅要小，身体自然放松，膝关节微屈，重心降低，触球脚脚跟提起，脚尖稍向外展，膝关节稍向外转，触球时，触球脚前伸用脚背内侧推拨球，随后前脚掌着地自然跑动。

(2)动作特点：运球动作幅度大，控球稳，速度慢但左右换方向都很容易，主要用于掩护性运球或运球变向，它是比赛中使用最多的运球方法(图 6-13)。

图 6-13　脚背内侧运球

（二）脚背外侧运球

(1)动作要领：运球时，跑动的步幅要小，身体自然放松，上体前倾，两臂屈肘自然摆动，运球脚提起，膝关节微屈，脚跟提起，脚尖稍内转，触球脚前伸用脚背外侧推拨球，随后前脚掌着地自然跑动。

(2)动作特点：易于变化运球方向和发挥奔跑速度，还具有掩护作用。运用时灵活性、可变性强(图 6-14)。

图 6-14　脚背外侧运球

(三)脚背正面运球

(1)动作要领:运球时,支撑脚保持在球的侧后方,运球脚抬起时,脚跟提起,足尖稍内转,迈步前落地,用脚背外侧推拨球,向前跑动时身体自然放松,上体稍前倾,两臂自然摆动。

(2)动作特点:直线推拨,速度快,纵深距离较长,但路线单一,多用于突破对方或没有防守队员顶人的情况下运用(图 6-15)。

视频 6-6:足球球感练习

图 6-15　脚背正面运球

六、防守技术

足球防守技术是指防守队员为了破坏对方控制的球或者传球时进行争夺或破坏所做的动作方法,主要包括断球和抢球。它们都包括判断选位、上步抢断、衔接动作。

(一)断球

断球是足球比赛中常用的技术,有踢断、顶断、铲断等技术。动作的关键在于判断要准、起动要快、连接要紧。

(二)抢球

抢球是足球比赛中经常使用的动作技术,即将对方脚下控制的球抢过来或破坏掉,技术运用较为复杂,主要是有球技术和无球技术的合理结合。它包括正面跨步抢球、侧面合理冲撞抢球、侧后铲球。

1. 正面跨步抢球

动作要领:抢球前迅速靠近对方,做好抢球的准备,两脚前后开立,两膝微屈,重心降低,上体稍前倾,面向对手,在对手运球脚触球后即将着地或者刚着地时,支撑脚立即用力后蹬,抢球脚疾步跨出,膝关节弯曲,踝关节保持紧张,脚内侧正对球,触球后用力提拉,使球从对方脚背滚过,同时身体重心迅速跟上,把球控制好,若离球稍远抢不到球时,可用脚尖捅抢。

2. 正面倒地铲球

动作要领:两脚前后开立,两膝弯曲,身体重心下降放在两脚间,面向对手,在对方运球脚触球后即将着地或刚着地时,一脚立即用力后蹬,另一脚沿地面向前滑铲,同时上体侧转后仰倒地,蹬地面成弧形扫踢球将球留下或破坏掉,铲球后屈肘用手扶地或接着侧滚。

3. 侧面抢球

动作要领:与运球者平行跑动,待对方远离自己身体一侧的脚落地时,利用合理冲撞动作使其失去平衡而离开球,乘机将球控制起来,在冲撞时要降低身体重心,靠近对方一侧的手臂要紧贴身体。

4. 侧后铲球

动作要领:同侧脚铲球时,在运球者侧后跑动,当对方拨出球的一刹那,后脚用力蹬成跨步,上体后仰,前脚以脚外侧沿地面向外侧滑出,用脚背或脚尖将球踢出或捅出,接着小腿外侧、大腿外侧和臂部依次着地。

5. 截球

动作要领:截球是指比赛中两名队员传球时,对方队员使用踢球、顶球、铲球或停球等技术动作把球断下来或破坏掉。它根据临场需要选择使用某种动作,对于对方的传球射门等截球时,需要用踢球、顶球或铲球等动作来完成,而对于使球处于自己控制之下的截球,则需要用停球动作来完成。

七、掷界外球

掷界外球是指比赛中,当球的整体从地面或空中越过边线,比赛成死球的情况下,按规则需要用手掷球来恢复比赛的方法。同时它又是一次很好地组织进攻的机会,尤其在对方罚球区附近掷界外球,其威胁更大。若不能很好地掌握这项技术,在掷球时因错误动作而造成违例,便失去一次绝好的进攻机会。因此,运动员必须熟练掌握掷界外球技术。

1. 原地掷界外球

动作要领:面对出球方向,两脚前后或左右开立,两膝微屈,上体后仰成背弓,重心移到后脚上(左右开立时,重心在两脚间),两手自然张开,拇指相对,持球侧后部,屈肘将球举至头后,掷球时后脚(或两脚)用力蹬地,迅速转体、收腹、挥臂,当球摆至头上时用力甩腕,将球掷入场内。在掷球过程中,后脚可沿地面滑动,但两脚均不得离地(图 6-16)。

图 6-16　原地掷界外球

2. 助跑掷界外球

动作要领:助跑要自然协调,速度快慢由掷球远近而定,助跑时两手持球于胸前,在迈出最后一步时,上体后仰成背弓,同时将球举至头后,掷球时用力蹬地,迅速摆体,收腹、挥臂,当球摆至头上方时,用力屈膝,用甩腕和手指的力量将球抛出。

八、射门

射门是指进攻到对方门前时,运用不同脚法(或头顶法)将球踢(或顶)向对方的大门。射门是得分的主要手段，而破门则是比赛的最后目的。但是，射门常常是在与对手激烈的竞争中进行的，需要摆脱对方的阻截、冲撞甚至一些不符合规则的粗野动作，这就要求进攻者技术全面，动作快速，真假结合，起脚突然，准确有力和良好的射门意识，这样才能抓住战机、破门得分。

射门时运用的各种脚法或头顶球的动作已述，掌握好射门技术关键是起脚时机，脚法正确，准确有力。

九、守门员技术

守门员在足球比赛中非常重要，是全队的最后一道防线，主要负责阻止对方将球踢进，同时还要协助指挥全队的进攻和防守。其技术主要包括位置选择与准备姿势、接地滚球、接两侧射门、接高球、发球和踢发球等。

（一）位置选择与准备姿势

1. 位置选择

选在对方射门与两球门柱之间形成的分角线处，但对于远射，要防备吊门远射。

2. 准备姿势

准备姿势是完成下一个动作的基础。两脚左右开立，约与肩同宽，两膝自然弯曲，身体稍前倾，两脚跟稍提起，重心在两脚前脚掌上，两臂自然屈肘，掌心向下，两眼注视来球。

（二）接地滚球

分为直腿式和单腿跪撑式。

（三）接两侧射门

迎球侧跨步，身体重心降低，在对手起脚射门刹那间，快速倒地侧扑球，将球按住或挡住。

（四）接高球

判断好球的落点。快速移动，两手迎球，拇指靠近，当触球时，手腕和手指适当用力将球接住，并快速转腕将球抱于胸前。没把握或对方猛烈冲门时，可采取单拳或双拳击球。

（五）发球和踢发球

发球有单手肩上发球和单手低手发球。踢发球有踢自抛下落空中球和踢自抛落地反弹球，方法类似脚背正面踢球。

第三节　足球运动基本战术

足球运动战术分为进攻战术和防守战术两大类，在这两大类战术中又可分为个人战术、局部战术、全队战术和定位球战术等。

一、足球运动进攻战术

1. 个人进攻战术

（1）摆脱与跑位：每当队员得球，都要发动进攻，同队队员要迅速摆脱对手，或制造宽度造成空当，给有球同伴创造多余传球路线，以更好地进攻。摆脱对手紧逼，可采用突然起动、急停，突然变向，变速和假动作等。跑位就是有目的地跑向有利位置或空当。

(2)传球:是配合的基础,是完成战术配合创造射门机会的主要手段。选择目标,把握时机,控制力量与方向是传好球的重要环节。

(3)运球过人:是进攻战术中一种重要的个人战术。运球过人是调动、扰乱对方防线,造成以多打少,觅得传球空当,突破密集防守,获得射门机会的有效手段。

(4)射门:是一切战术配合的最终目的。射门要准确、突然、有力,其中准确是关键。

2. 局部进攻战术

局部进攻战术主要是采用“二过一”的方法突然突破对方的防守。“二过一”又可以有斜传直插、直传斜插、踢墙、反切、交叉五种方式。并且在“二过一”的基础上还可以做到三打一、二打二、三打二、四打二等局部进攻。这些方法就是要通过两三个以上的队员的传切配合以达到局部突破对方防守的目的。

3. 全队进攻战术

全队进攻战术是由个人战术及局部战术所组成,整体性战术的具体打法千变万化,大致可将其归纳为两类,即边路进攻和中路进攻。一次完整的进攻都由发动、发展和结束三个阶段组成。

(1)边路进攻:是指在对方半场侧面地区发展的进攻。主要包括边锋或边前卫在边路利用个人技术突破传中或突破里切的进攻方式;边锋与中锋或前卫用“二过一”突破传中或里切传给插上接应者的进攻方式;也可以采用边路斜线传中的方式进攻。

(2)中路进攻:是在对方半场中间地带发展的进攻,中路进攻的主要方式有回传反切配合进攻;传切插上配合进攻。

4. 定位球进攻战术

有时一场比赛的胜负往往取决于定位球战术使用是否得当。定位球可分为角球、球门球、点球、直接任意球、间接任意球、中圈开球、掷界外球等。

(1)直接射门:罚直接任意球时,如距球门较近,防守组织“人墙”有漏洞或守门员位置不当,可采用直接射门。

(2)配合射门:踢球队员把球传过人墙,同队队员快速插上射门。

二、足球运动防守战术

1. 个人防守战术

个人在防守中首先要选好防守的位置,选位的原则首先是,将自己置于对手和本方球门中心的连线上;其次,就是人盯人。如果对方为有球或有威胁时,应采用紧逼盯人的方法;如果对方无球或无威胁时,应采用松动盯人的方法。

2. 局部防守战术

在比赛中,局部地区相临近的几个防守队员相互协作的防守配合,通过防守队员彼此之间的相互补位,交换防守,可以有效地遏制或破坏对方的进攻,从被动局面转化为有利局面。

3. 全队防守技术

(1)盯人防守:是指除拖后中卫外,场上其他人每人盯死一个对手,不给其时间、区域、得球的自由防守方法。

(2)区域防守:是指每个防守队员负责自己固定的防守区域,在此区域内盯住对手。

(3)混合防守：是指盯人防守与区域防守相结合的防守方法。全队防守重点是集体配合得是否及时、准确、协调和安全等。

三、足球比赛阵形

比赛场上队员位置的排列形式和职责分工称为比赛阵形。队员的排列层次分为后卫线，前卫线和前锋线。守门员的职责固定，不计在内。

随着足球运动技术、战术的发展以及规则的调整，比赛阵形也在不断演变，目前主要采用“4-3-3”“4-2-3-1”“4-4-2”及“5-3-2”阵形。

第四节　足球运动竞赛规则简介

一、比赛场地

足球比赛场地必须是长方形场地，在场地中设有宽度不超过 12 cm 的各种标准线，正式国际比赛场地长 105 m，宽 68 m。球门两柱内沿相距 7.32 m，横木下沿距地面 2.44 m。球门柱宽不超过 12 cm。

球场由中线将场地分为两个半场，以中心为圆心 9.15 m 为半径在中场划出中圈；每个半场有一个球门区、罚球区、罚球弧、点球点；点球点距端线 11 m；场地四角有四个角球区（图 6-17）。

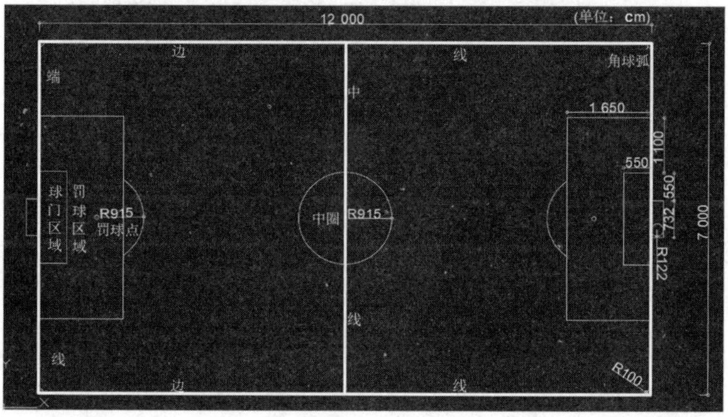

图 6-17　足球比赛场地

二、比赛用球

球体要圆，球的周长为 68～71 cm，重量为 396～453 g，充气后压力为 0.6～1.1 Pa。比赛用球至少应准备两个，如果在比赛中球爆破或漏气，比赛应暂停，待换新球后，在暂停时球所在地点用坠球方法恢复比赛。

三、队员人数和装备

每队上场队员不得超过 11 人，其中必须有一人为守门员。在比赛开始或比赛进行中如果某队队员不足 7 人时，比赛不能进行。以按规定数目，进行替换队员，但被替换下场的队员，不得再次参加该场比赛；被判罚令其出场的队员，不能由替补替换。

每队队员服装必须颜色一致，守门员服装颜色应与其他队员有明显不同。正式比赛必须戴护腿板，穿足球鞋。

四、比赛时间

正式比赛时间为 90 min。分为上、下半时，各 45 min，中间休息 10 min。如果竞赛规程规定要决出胜负的比赛，90 min 踢成平局，要加时 30 min，在加时赛前休息 10 min，并重新选择场地，加时赛时间仍分上、下半时，各 15 min，中间换场不休息，若依然打平，要以罚点球决出胜负。

五、计分方法

球的整体从两门柱中间，横木下面由空中或地上越过球门线外沿的垂直面，为胜一球(图 6-18)。

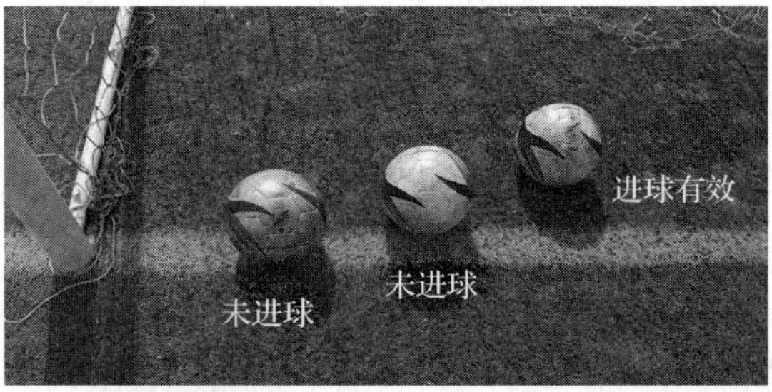

图 6-18　比赛进球得分

六、死球

(1)当球的整体从地面或空中全部越出边线或端线，为球出界，即为死球。

(2)比赛进行中裁判员鸣哨，即为死球。

七、任意球

(1)任意球分为直接和间接两种。直接任意球俗称“一脚球”，直接射门得分有效。在比赛中队员凡违反有关规定时，在队员犯规地点执行。如在本方的发球区内违反，则被罚点球。间接任意球俗称“两脚球”，直接射门得分无效。在比赛中主罚间接任意球时，球踢出后只要触及其他任何队员再入球门就算胜一球。

(2)处罚任意球时，被罚队队员必须退出距罚球地点 9.15 m 范围以外。

八、罚点球

(1)执行罚点球时，在球被踢出前，守门员的两脚必须站在球门线上，不得移动。否则，球未踢进，则重罚。

(2)罚点球时，双方队员都应站在禁区和罚球弧外，裁判员鸣哨后，主罚队员方可射门。

九、掷界外球

(1)球越出边线时,由出界前最后触及球队员的对方在球出界处掷界外球。掷界外球时,可以将球掷向场内的任何方向。

(2)掷界外球的方法是,用双手持球于头的后方,面向场内,从头后经头顶用一个完整的动作将球掷入场内,掷球时,不可间断为两个动作,两手力量要平均。不是任球自由下落,要有把球掷出的动作。

(3)掷球时,任何一脚不得全部离地,但允许在地上滑动。

十、球门球

(1)队员将球踢出对方端线,由对方踢球门球。

(2)踢球门球时,必须直接把球踢出罚球区,才算进入比赛。

(3)踢球门球直接射入对方球门不算得分。

十一、角球

当球被防守队员踢出本方端线,由对方踢角球。踢角球时,不得移动旗杆,必须将球放在角区内执行,对方队员应距球 9.15 m 以外,踢角球时可直接射门得分。

十二、越位

越位是指越过球的位置,当进攻队员较球更接近对方端线时,他便处于越位位置(在本方半场内或至少有对方队员两名较其更接近于对方端线除外)。

(1)队员处于越位位置后,当同队队员踢或触及球的一瞬间,裁判员认为队员有下列情况之一时应判罚越位犯规:

①正在干扰比赛和干扰对方;

②正企图从越位位置获得利益。

(2)当队员仅仅是处在越位位置或直接任意球、门球、角球、界外球或裁判员的坠球时不应被判越位。

(3)队员被判罚越位后,应由对方队员在越位地点罚间接任意球继续比赛。

第七章　排球运动

第一节　排球运动简介

一、排球运动的起源与发展

排球(volleyball)运动源于美国，是1895年美国马萨诸塞州(旧称玛省)霍利约克市一位叫威廉·摩根的体育工作人员发明的。当时，网球、篮球很盛行。摩根先生认为篮球运动太激烈，而网球运动量又太小，他想寻求一种运动量适中，又富于趣味性，男女老少都能参加的室内娱乐性项目，就想把当时已广为流行的网球搬到室内，在篮球场上用手来打。这种游戏开始时，他将网球网挂在篮球场上，用篮球隔网像打网球一样打来打去进行游戏。但室内篮球场面积较小，球容易出界，于是他做了某些改进：一是把网球允许球落地后再回击的规则改为不许落地；二是把网球的体积扩大；三是篮球太大、太重，不能按预想的方式进行游戏，便改用篮球胆。而篮球胆又太轻，在空中飘忽不定，玩起来不方便，难以控制，后经过一些改良，试用效果很好，就决定采用这种改良后的球。现在国际标准用球虽历经百年，进行了千百次的改进，但球的规格和第一代的球几乎差不多。

1896年，在美国马萨诸塞州斯普林菲尔德基督教青年会体育指导大会上进行了首次排球表演赛。当时观看比赛的春田市的哈尔斯戴特博士发现这种打法和网球有些相似。因而建议把这一运动命名为“volleyball”，即“空中截球”之意。这个名称得到了摩根及表演者的一致同意。于是，“volleyball”这一名称一直沿用至今。1897年7月，美国体育杂志上公开介绍了排球比赛的打法及简单规则。从此，排球运动在全美逐渐开展起来。最初的排球比赛场上没有人数的规定。赛前双方可临时商定，只要双方人数对等即可。排球比赛由于受到各界人士的欢迎，排球这项运动很快得到美国各教会、学校和社会的广泛重视，并被列为美国的军事体育项目。

排球运动传入亚洲，始于1900年传入印度，1905年传入中国，1908年传入日本，1910年传入菲律宾。排球运动在亚洲的发展先后经历了16人制、12人制和9人制，直至20世纪50年代，才逐步过渡至6人制。为适应排球运动的发展，1947年在法国巴黎正式成立了国际排球联合会，负责领导国际排球运动。第一任主席是法国人保尔·黎伯。1956年，国际排联的会员国猛增至80多个，在同年举行的世界排球锦标赛中，参赛国明显增多。由于各国的技、战术发展较快，各队竞争相当激烈，因而吸引了大量的观众。在此期间，国际排联会同会员国就如何更快地使排球项目正式进入奥运大赛进行了热烈的讨论。

1961年，国际奥林匹克委员会在雅典举行全体会议，正式投票决定东京奥运会的比赛项目。经国际排联、日本排协和苏联排协的积极争取，男子排球终于以34票赞成、9票反对，在实施项目上名列第15位而获得通过。1962年6月，女子排球参加奥运会的提议也获得通过。排球项目进入奥运大赛，前前后后共经历了5年多的时间。这期间，各国排球界人士经历了各种困难和曲折，在国际排联这一大家庭不屈不挠的共同努力下，最终将男、女排球项目参加奥运会正式比赛写入奥运会史册。国际排联现已有140多个会员国，这为更快地发展排球运动开创了光辉灿烂的前景。

中国国内最早的排球比赛是1911年在上海举行的排球表演赛。1913年中国临时组队参加了在菲律宾首都马尼拉举行的第1届远东运会。比赛中虽输给了菲律宾队，但却促进了国内排球运动的开展。1914年召开的第2届全国运动会上把男子排球列为正式比赛项目，在后来举行的各届全运会比赛中，都设有排球比赛。中国女子排球运动开展得较晚，1924年在第3届全运会上，女子排球被列为表演项目，到1930年举行第4届全运会时，女子排球才被列为正式比赛项目。中国男子排球队参加了1913年至1934年举行的第1届至第10届远东运动会，曾5次夺得冠军。中国女子排球队参加了第6届至第10届远东运动会。1933年5月30日在江西瑞金举行的“中华苏维埃共和国第一次运动大会”上就设有排球比赛项目。1939年延安举行首届青年节运动会时，也进行了排球比赛。1941年在延安还举行了“朱德杯排球比赛”的排球专项比赛。在1942年举行的延安“九一”扩大运动会上，排球不仅成为正式比赛项目，而且在运动会后还组织了联赛。这次联赛从秋天一直进行到初冬。

中华人民共和国成立后，排球运动作为重点项目加以推广，发展和提高较快，为适应国际竞赛的需求，1950年6人制排球在中国推广。1950年8月，中国首次派队参加国际竞赛。1953年中国排球协会成立。1954年1月中国成为国际排联正式会员。1979年12月，中国男、女排球队首次双获亚洲排球锦标赛冠军。1981年11月中国女排在日本举行的第3届世界杯赛中，7战7捷首次获世界冠军。我国女排自1981年起，连续在世界杯赛、世界锦标赛和奥运会排球赛获得5次冠军，被誉为“五连冠”。2003年中国女排首次获世界女排大奖赛冠军。2003年的第9届世界杯、2004年的雅典奥运会上，中国女排重获世界冠军。2008年北京奥运会上中国女子排球队获得季军。2012年伦敦奥运会并列第5名。2016年里约奥运会冠军。2019年女排世界杯以十一连胜的傲人战绩成功夺冠。

二、排球运动的特点和锻炼价值

（一）排球运动的特点

1. 群众性

排球场地设备简单，比赛规则容易掌握。既可在球场上比赛和训练，又可在一般空地上活动，运动量可大可小，适合于不同年龄、不同性别、不同体质、不同训练程度的人。

2. 全面性

规则规定，每个队员都要进行位置轮转，既要到前排扣球与拦网，又要轮到后排防守与接应。要求每个队员必须全面地掌握各项技术，能在各个位置上比赛。

3. 技巧性

规则规定，比赛中球不能落地，不得持球、连击。击球时间的短暂，击球空间的多变，决定了排球的高度技巧性。

4. 对抗性

排球比赛中，双方的攻防转换始终是在激烈的对抗中进行。高水平比赛中，对抗的焦点在网上的扣拦。在一场比赛中，夺取一分往往需要经过多个回合的交锋。水平越高的比赛，对抗争夺也越激烈。

5. 两重性

排球是多种技术都可以得分,也能失分的项目,这种情况在决胜局比赛中更加突出,所以说每项技术都具有攻防的两重性,因此,要求技术既要有攻击性,又要有准确性。

6. 集体性

排球比赛是集体比赛项目,除发球外,都是在集体配合中进行的。没有严密的集体配合,再好的个人技术也难以发挥,更无法发挥战术的作用。水平越高的队,集体配合就越严密。

(二)篮球运动的锻炼价值

1. 减肥塑身

排球是全身性的瘦身运动,在跳跃扣球或者快速移动的时候,脂肪会加快分解燃烧,从而有效地减少全身各部位赘肉。有数据显示,打排球一小时可以消耗 320 大卡热量。

2. 锻炼肌肉力量

排球运动能刺激全身肌肉协调发展,击球时弹跳动作,除了能锻炼腿部肌肉外,还能很好地锻炼臀部肌肉。既可以增强肌肉的协调性,又能增强肌肉耐力。

3. 增强心肺功能

打排球的时候,身体血液循环加速,需氧量增加,打打排球可以锻炼心肺功能,提升肺活量。此外,心律不齐的人打排球还能强健心脏功能。

4. 释放压力

手掌拍击球体时,手指和手掌的神经末梢将剧烈的刺激迅速传感到大脑,大脑立即兴奋起来,释放荷尔蒙,将脊椎和手臂、手腕的酸胀感释放出去,连续重击 20 次,一般中度的压力(头皮发紧状)就释放开了。感觉有压力,情绪压抑的时候,也可以打打排球宣泄情绪。

5. 提高大脑的反应能力

打排球需要大脑有较快的反应能力,去协调身体各个部位动作接球。长时间伏案工作的人,偶尔出现"当机",思维迟钝了,可以去室外打一场排球,回来之后会感觉脑子清醒很多。

6. 有助于长高

排球是需要不停跳跃扣球的运动,这样的动作可以刺激骨骼拉伸,对青少年长高很有帮助。

第二节　排球运动基本技术

一、准备姿势与移动

准备姿势与移动是排球运动的基本技术之一。属于无球技术,是完成发球、垫球、传球、扣球和拦网等各项有球技术的前提和基础,并对各项有球技术的运用起串联和纽带的作用。准备姿势与移动相辅相成,准备姿势主要是为了移动,而要快速移动,又必须先做好准备姿势。

(一)准备姿势

准备姿势是指在起动、移动和击球前所采用的合理的身体动作和姿势。它的主要目的是迅速起动和快速移动,以便及时准确地完成各种击球动作。准备姿势根据身体重心的不同,可分为微蹲、半蹲和低蹲 3 种姿势。

1. 半蹲准备姿势

两脚左右开立稍比肩宽，一脚稍前，两脚尖稍内收，脚跟稍提起。膝关节保持一定的弯曲，膝关节的投影在脚尖前面，上体前倾，重心靠前。两臂放松自然弯曲，双手置于腹前。全身肌肉放松，两眼注视来球，两腿始终保持微动（图 7-1）。

图 7-1 半蹲准备姿势

2. 微蹲准备姿势

微蹲准备姿势比半蹲准备姿势重心稍高，动作方法相同，一般用于扣球助跑前或对方正在组织进攻时，需快速起动的场合（图 7-2）。

图 7-2 微蹲准备姿势

3. 低蹲准备姿势

低蹲准备姿势比半蹲准备姿势的身体重心更低，更靠前，两脚左右、前后的距离更宽一些，膝部弯曲程度更大一些；肩部投影过膝，膝部投影过脚尖，手置于胸腹之间。低蹲准备姿势主要用于防守和接拦回球等（图 7-3）。

图 7-3 低蹲准备姿势

(二)移动

从起动到制动的过程叫移动。及时、准确地移动是击球前取得合理位置、寻找最佳击球点的前提。移动基本常见步法包括滑步、跨步、交叉步等。移动由启动、移动步伐和制动 3 个部分组成。

1. 滑步

采用微蹲准备姿势,前脚向来球方向跨出一步,后脚迅速跟上,做好击球准备。

2. 跨步与跨跳步

如向前移动,后方腿用力蹬地,膝部弯曲,上体前倾,身体重心移至前腿。前脚向来球方位跨出一大步(图 7-4)。

图 7-4 跨步移动

3. 交叉步

向左侧移动时,右脚从左脚前面向左交叉迈出一步。左脚再向左侧跨出一大步,同时身体转向接球方,保持击球前的姿势。

4. 制动

制动是移动的结束,也是击球动作的开始。在快速移动后,为了保持稳定的击球姿势,必须经过制动克服身体移动的惯性,以便完成下一个击球动作。常用的制动方法主要有两种,即一步制动法和两步制动法。

(1)一步制动法　当一步制动时,在移动最后跨出一大步,同时降低重心,膝部和脚尖适当内转,全脚掌横向蹬地,以抵住身体重心继续移动的惯性力,并以腰腹力量控制上体,使身体重心的垂直线停落在脚的支撑面以内。

(2)两步制动法　是以最后第二步开始做第一次的制动,紧接着跨出最后一步做第二次的制动。

二、垫球

排球运动是用双手做发球、垫球、传球、扣球和拦网等动作来组织进攻和防守的球类运动项目之一。其中,垫球是排球技术中非常重要的一项技术,它包括接发球、接扣球、接拦回球等垫球技术。一般有正面双手垫球、侧垫球、背垫球、滚翻垫球、前扑垫球、鱼跃垫球、跪姿垫球等。

视频 7-1:排球垫球手型

(一)垫球的手型

1. 抱拳式

两拇指平行向前,两手抱拳互握。小臂外旋紧靠,手腕下压,使前臂形成一个垫击平面。

2. 叠掌式

两手掌根相靠，手指重叠互握。两拇指平行前伸，手腕自然下压。

3. 互靠式

两手腕部紧靠，两手自然放松。

无论什么手型，都应注意手腕下压，两臂外翻形成一个平面。

(二)正面双手垫球

正面双手垫球是使用两手在腹前垫击来球的一种垫球方法，是各种垫球方法的基础，也是最基本的垫球方法之一。腹前击球，垫击面较大，便于控制球，主要适用于各种接发球、接扣球、接拦回球和垫击较低的来球。

1. 准备姿势

正面对正来球方向，稍蹲两脚开立宽于肩，一脚在前，两脚跟提起，前脚掌着地，两膝微内收，重心前倾，双臂自然弯曲放置腰前或腹前部位。

2. 技术动作要领

当球距离腹前一臂远时，两臂夹紧前伸，两手插入球下。击球时，根据来球的速度、弧度和击球目标，调整手臂对来球的角度、力量，利用两前臂手腕上方桡骨内侧形成的平面处击球，击球点保持在胸腹之间，同时要配合蹬地、提肩、顶肘、压腕、抬臂，全身协调动作。击球后身体重心向抬臂方向前移，垫球动作结束后，立即松开两臂，还原准备姿势，做好下一动作的准备。动作要领为两臂夹紧插球下，抬高送臂腕下压。蹬地跟腰前臂垫，轻球重球有变化(图 7-5)。

图 7-5　正面双手垫球

(三)侧垫球

在身体两侧用双臂接球的动作称侧面接球。当来球速度比较快、距离侧面较远、来不及移动对正球时采用。侧垫球可以扩大防守范围，但不易控制垫球方向，因此，在来得及移动的情况下，最好采用正面垫球。

技术动作要领

以右侧为例，当球从右侧飞来，左脚前脚掌内侧蹬地，右脚向右跨出一步，重心随即移至右脚上，保持右膝弯曲，两臂夹紧向右伸出，左肩微向下倾斜，做出向左转腰的动作，使两臂击球面截住来球的飞行路线，接击球的后下部。动作要领为两臂保持在体侧形成截击面，垫球时，要转腰收腹。

视频 7-2:排球垫球技术

三、传球

传球是排球运动中最基本、最重要的一项技术，是利用全身协调力量，并通过手指、手腕的弹力，将球传至一定目标的击球动作。传球是二传手的首选技术，可用来接对方的处理球、吊球和被拦回来的高球等，还可用来接对方弧度较高的发球。传球技术包括正面传球、背传球、侧传球和跳传球等。掌握了这项技术才能控制竞赛节奏，寻求合适的进攻时机。

（一）正面传球

图 7-6　传球准备姿势

正面传球是在额前上方通过利用全身协调力量并通过手指手腕的弹力，将球传至一定目标的击球动作。其特点是面对传球方向，便于观察；击球面积大，便于控制球。

1. 准备姿势

微蹲准备，面对来球时，上体略挺起，仰头看球，两手自然抬起，屈肘并适当分开放松置于面前（图 7-6）。

2. 技术动作要领

（1）当来球接近额前时，开始蹬地、伸膝、伸臂，手指略张，经面前向前上方迎出，全身各部位动作协调一致，击球点在额前上方约 10 cm 或 15 cm 处。

（2）传球时，十指自然张开呈半球形，手腕略微后仰，两拇指相对，呈"一"字形或"八"字形，两手间有 2～4 cm 的距离，以拇指内侧、食指全部和中指的二、三指节触球的后下部，无名指和小指在球两侧辅助控制方向（图 7-7）。

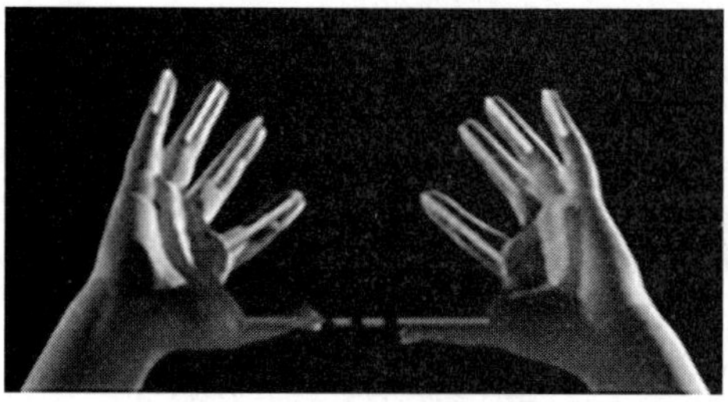

图 7-7　传球手型

（3）传球时，主要靠蹬地伸臂和手指、手腕的力量，以及球的反弹力将球传出。

（二）背传球

背传球指背对传球方向的传球。其特点是背对传球方向，虽不利于观察，难度较大，但隐蔽性强。

1. 准备姿势

采用微蹲姿势准备，上身直立。

2. 技术动作要领

（1）传球前背对传球目标，上体挺直或略微后仰，两手自然抬起，手放在面前，传球手型与正面传球相同。

（2）迎球时，两臂上抬，挺胸，上体后仰。

（3）击球点保持在额头上方偏后，比正面传球略高。

(4)触球时手腕后仰，掌心向上，利用蹬地、展腹、抬臂、伸肘和手指、手腕的弹力，把球向后上方传出。

(三)跳传球

跳传球是指跳起在空中进行的单手或者双手传球，特点是传球点高。

1. 准备姿势

采用微蹲姿势准备。

2. 技术方法

(1)采用微蹲准备姿势，两手置于胸前，目视来球，迅速取位。

(2)根据来球的弧度和高度落点，左脚先向起跳点迈出一步，右脚迅速跟上，两脚积极踏跳的同时，两臂上抬，手腕后仰，置于头上方，呈传球手形。

(3)传球时，可以利用空间差调整传球时间，使传出球与扣球手腾起后的运行轨迹在空间里实现最佳重合。

视频 7-3:排球传球技术

四、扣球

队员跳起在空中，以手臂击球，将本方场区上空高于球网上沿的球击入对方场区的击球方法叫作扣球。扣球是进攻的基本技术和有效方法，是比赛得分的主要手段。扣球技术包括正面扣球、助跑起跳扣球、单脚起跳扣球和扣近体快球等。

(一)正面扣球

正面扣球是面对球网扣球的方法，是各种扣球方法的基础。其特点是面对球网，便于观察，准确率高。由于与球网之间角度开阔，正面扣球可灵活改变扣球路线，充分发挥身体力量。

1. 准备姿势

采用微蹲准备姿势，两臂自然下垂，站在距网 3 m 左右的位置观察来球，做好向各个方向助跑起跳的准备。

2. 技术动作要领

(1)以 4 号位扣球为例，扣球前采用微蹲准备姿势，站在球网边线与 3 m 线交汇处附近，身体面对来球方向，目视来球。

(2)助跑时，右脚向前迈出一小步，接着左脚快速跨出一大步，右脚迅速跟上，踏在左脚之前适宜的位置上。

(3)助跑路线要根据传球的落点，采用斜线助跑，直线助跑或外绕助跑。

(4)在最后一步完成踏地制动的同时，蹬地、摆臂、展腹，身体协调用力完成起跳。

(5)起跳后，挺胸展腹，上体随右臂向后上方抬起，身体呈反弓形。

(6)挥臂，转体，收腹，大臂带动小臂，向前上方呈鞭打动作，全掌包满球，在手臂伸直的最高点的前上方击球的后中部，同时屈腕向前推压使球上旋。

(7)落地时，收腹，屈膝，缓冲下落力量，保持身体重心，为下一个动作做好准备。

(二)助跑起跳扣球

助跑起跳扣球是指助跑向前上方起跳，在空中利用冲跳完成扣球动作的方法，主要用于后排进攻和顺网起跳进行空间差扣球。其特点是扣球力量大，球速快，有空间差。

1. 准备姿势

采用微蹲准备姿势，两臂自然下垂，站在距网 3 m 左右的位置观察来球，做好向各个方向助跑起跳的准备。

2. 技术动作要领

(1)采用两步助跑的方法，起跳前的第二步要小，借助助跑的水平速度和两腿蹬地的力量，使身体向前上方腾起。

(2)在空中抬头，挺胸，展腹，形成背弓。

(3)击球时快速收腹，挥臂，手臂推压击球的后中部。

(4)落地时，收腹屈膝，脚掌依次缓冲(图 7-8)。

图 7-8　助跑起跳扣球

(三)扣近体快球

扣近体快球是指扣球队员在距离二传队员体侧后一臂远处，在传球前或传球时跳起，待二传手将球传出网口，在上升时扣球的方法。其特点是速度快，时间短，突然性强，牵制性大，可以与强攻扣球相配合，形成战术。

技术动作要领

(1)随一传采用一两步的直线助跑，在二传队员体前或体侧 50 cm 处起跳。

(2)在传球前或传球的同时快速跳起，起跳时机要准确。

(3)在球体上升超过球网时快速挥臂，收胸带动挥臂，幅度要小。

(4)落地时收腹，屈膝，前脚掌、全脚掌依次缓冲着地(图 7-9)。

图 7-9　扣近体快球

五、发球

发球是排球基本技术之一，是1号位队员在发球区内自己用一只手将球直接击入对方场区的击球方法，也是排球技术中唯一不受他人制约的技术。发球是比赛的开始，也是进攻的开始，好的发球可以直接得分或破坏对方的战术进攻，发球失误将失分。发球技术包括正面下手发球、侧面下手发球、正面上手发球、勾手大力发球、正面上手发飘球、侧面勾手发飘球和跳发球等。

(一)正面下手发球

正面下手发球是正对球网手臂由后下方向前摆动，在腹前将球击入对方场区的一种发球方法，是最基础的发球方法之一。其特点是操作简单，成功率高，攻击性较差。

1. 准备姿势

正面下手发球时，正面对网，两脚前后站立，两膝微屈，弯腰收腹上体稍前倾，重心在前脚上，左手持球于腹前。

2. 技术动作要领

(1)面对球网，两脚前后开立，左脚在前，上体略前倾，重心偏右脚，左手持球于腹前。

(2)左手将球轻轻抛起，在体前右侧抛球高度约20 cm。在抛球之前，右臂伸直，以肩关节为轴向后摆动。

(3)击球时，右脚蹬地，身体重心随着右手向前摆动、击球而移至前脚，用掌根或虎口击球的后下方，随着击球动作的变化重心前移。

(二)侧面下手发球

侧面下手发球是发球者侧对球网站立，利用转体带动手臂，由体侧后下方向前挥动，在以前肩部以下的高度击球过网的一种发球方法，是最基础的发球方法之一，其操作的特点是简单，成功率高，攻击性较差。

1. 准备姿势

侧面下手发球时左肩对网，两脚左右开立，与肩同宽，两膝微屈，弯腰收腹，上体稍前倾，重心落在两脚间。左手持球于腹前。

2. 技术动作要领

(1)左肩对网，两脚左右开立，与肩同宽，上体略前倾，重心落在两脚之间。

(2)左手持球，置于腹前与右肩同侧处，向上抛球，高度约30 cm。

(3)在抛球的同时，右臂摆至右侧下部，接着利用右脚蹬地向右转体的力量，带动右臂向前上方摆动，在腹前用掌根或虎口击球的后下方，击球后顺势中心前移。

(三)正面上手发飘球

正面上手发飘球，是发球者面对球网站立，采用正面发球的形式时发出的球不旋转，飘晃飞行过网的一种发球方法，其特点是球的飞行轨迹不固定，飘晃过网，易造成对方接发球判断失误，具有较强的攻击性。

1. 准备姿势

从正面上手大力发球，选择发球的线路及落点。线路及落点的选择是保证发球攻击性的关键因素，效果好的飘球是发球者在观察对方站位后，能够按照其意图将高质量的球准确地发到指定区域内。

2. 技术动作要领

(1)采用准备姿势面对球网站立,两脚自然开立,左脚在前,左手持球于体前。

(2)用单手或双手将球平稳地抛于右肩的前上方,高度以 1.5 m 左右为适宜。

(3)击球前,击球臂自后向前做直线运动。

(4)击球时五指并拢,手腕略后仰,用掌根平面击球的中下部,作用力通过球体重心。

(5)击球瞬间手指手腕紧张,手型固定,不加推压动作,手臂挥动要有突停动作(图 7-10)。

图 7-10　正面上手发飘球

(四)跳发球

跳发球是采用助跑起跳的方式,在空中将球直接击入对方场区的动作方法。跳发球能充分利用身体素质,发出击球点高、力量大、速度快、旋转强的球,给对方造成心理恐惧,具有较强的攻击性。

1. 准备姿势

采用助跑起跳的方式,在空中将球击入对方场地的发球方法,由于是空中击球,击球点高,身体可以充分生长,有利于充分发力,因此球的力量大,旋转强,速度快。

视频 7-4:排球发球技术

2. 技术动作要领

(1)队员面向球网,站在离端线 2～4 m 处,利用单手或双手将球抛至右肩前上方 3.5～5 m 的高度,球的落点在端线附近,随着抛球离手向前做助跑起跳动作。

(2)助跑起跳时采用 2～3 步助跑步法,两臂协调摆动,幅度要大。

(3)空中击球时,击球点要保持在挥臂侧前上方,手臂伸直,利用收腹和转体动作,带动手臂挥动,全掌击球的中后下部并伴有推压腕动作,使球上旋飞行。

(4)击球后两膝顺势弯曲缓冲,尽量使两脚同时落地,迅速入场。

六、拦网

拦网指前排队员靠近球网,将手伸向高于球网处阻挡对方来球的方法。是排球基本技术之一,也是防守对方扣球的第一道防线。拦网技术包括单人拦网和集体拦网等。

(一)单人拦网

由一个人拦网的方法叫作单人拦网。单人拦网是集体拦网的基础,通常在拦对方扣快球或无法组织集体拦网时采用。

1. 准备姿势

面对球网,密切注视对方动向,采用微蹲准备姿势,两脚平行开立,约同肩宽,两膝微屈,两手自然弯曲置于胸前,离网的距离大约为自己小臂和手的长度。

2. 技术动作要领

(1)面对球网,两脚平行开立,约与肩同宽,距网 30～40 cm,两膝略屈,两臂在胸前自然屈肘。

(2)根据与来球的距离,可采用并步、交叉步或滑步与球网平行移动,迅速取好位,准备起跳。

(3)原地起跳时,重心降低,两膝弯曲,用力蹬地,使身体垂直起跳。

(4)空中拦截时,两肩上提,两臂伸展并伸向对方上空,两手从额前贴近并平行球网向前上方伸出,尽量接近球,两手张开,绷紧手指,触球时手腕要有压腕动作。

(5)含胸,屈膝,缓冲两脚,由前脚掌过渡到全脚掌依次落地,保持身体平衡,以便连接下一动作(图 7-11)。

图 7-11 单人拦网

(二)集体拦网

由前排两人及以上组成的拦网称为集体拦网。集体拦网必须建立在单人拦网的基础上,是拦截对方强攻扣球的主要方法,其特点是拦网面积大,可增加对方扣球时的心理压力。集体拦网根据参加人数,可分为双人拦网和三人拦网。

1. 双人拦网

(1)如对方两翼进攻时,2、4 号位队员原地对位,3 号位队员可采用滑步或交叉步移动,向 2、4 号位队员靠近,形成双人取位。

(2)双人拦网时通常以 2、4 号位队员为主,拦防直线。以 3 号位队员为辅,拦防斜线。

(3)两人保持同时起跳,起跳后相互之间要保持一定的间隔距离,并控制好身体重心,避免相互干扰或冲撞。

(4)拦网时要尽可能扩大拦防面,队员与拦网手之间的距离以不漏球为好(图 7-12)。

2. 三人拦网

(1)对方 3 号位进攻时,以 3 号位取位为主,2、4 号位向 3 号位移动取位。

(2)对方两翼进攻时,以 2 号或 4 号位取位为主,其余两名队员相继移动靠拢。

(3)三人同时起跳,拦网手相距以不漏球为好(图 7-13)。

图 7-12　双人拦网

图 7-13　三人拦网

第三节　排球运动基本战术

排球战术是队员在比赛中根据排球规则、排球运动规律，以及双方的具体情况和临场的发展变化，采取的有目的、有预见性的行动和技术配合。

(一)阵容配备

阵容配备是合理的适用本队队员的一种组织手段，其目的在于把全队的力量组织起来，最大限度地发挥每一个队员的特长和作用。

阵容配备主要有“4—2”和“5—1”配备两种。

1．“4—2”配备(图 7-14)

安排 4 个进攻队员和 2 个二传队员，4 个进攻队员中又分为 2 个主攻、2 个副攻，他们都站在对角位置上。这样前后排都能保持 1 个二传队员和 2 个进攻队员，便于组织多种进攻战术，这种配备在一般水平的球队采用较多。

2．“5—1”配备(图 7-15)

安排 5 个进攻队员和 1 个二传队员，其目的是为了加强拦网和进攻力量，如全队队员扣球、传球和防反技术较全面时，这种配备采用较多。

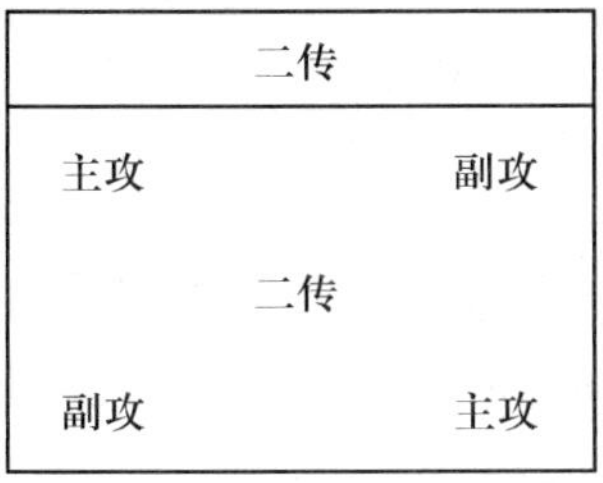

图 7-14 “4—2”配备

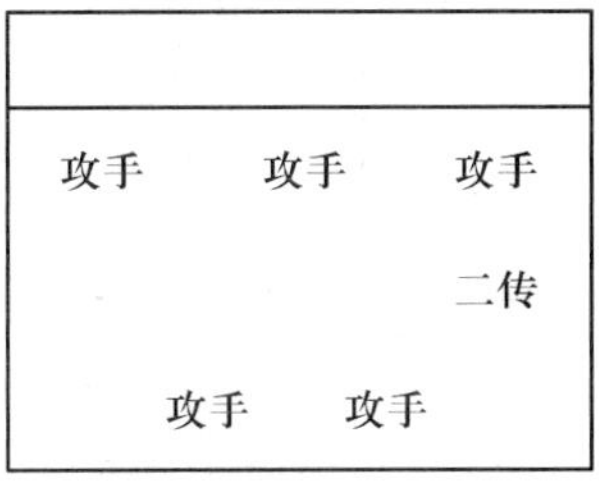

图 7-15 “5—1”配备

(二)进攻战术

1. “中一二”进攻战术(图 7-16)

接发球时,把球传给前排 3 号位队员,由他传给 2、4 号位队员扣球,这种进攻配合就是“中一二”进攻战术。

2. “边一二”进攻战术(图 7-17)

接发球时,把球传给前排 2 号位队员,由他传给 3、4 号位队员扣球,这种进攻配合就是“边一二”进攻战术。

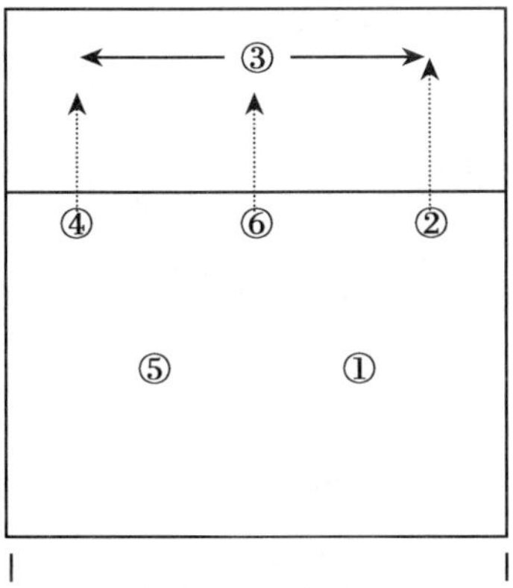

图 7-16 “中一二”进攻战术

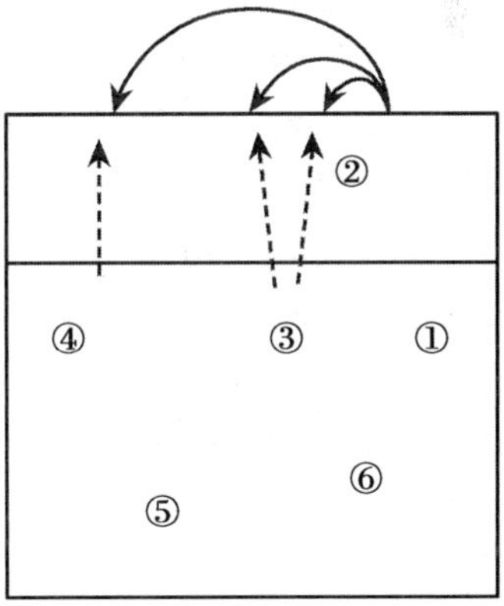

图 7-17 “边一二”进攻战术

(三)防守战术

1. “边跟进”防守战术

拦网与后排防守的配合是防守成功的关键。比赛中常采用单人、双人和三人拦网,其中双人拦网是经常采用的。在双人拦网的情况下,此种防守方法是:前排三名队员要形成面对进攻点的弧形防守区域,并明确各自的防守区域和范围。前排两名队员组成拦网,后排 1 号位或 5 号位的队员跟进到进攻线附近保护。在对方攻势较强、吊球较少情况下采用该阵形。

2. “心跟进”防守战术

“心跟进”防守是比赛中常采用的一种防守形式,是由 6 号位队员跟进保护、防吊球的防守形式,适用于对方进攻力量不太强,善于打、吊结合时采用。此种防守方法是:前排不参加拦网的队员要及时后撤到限制线以后,准备防守,后排 1、5 号位队员应随着对方进攻点的不同,正确取位。

此种形式的特点是：网前有专人负责保护拦网，便于防吊球和接应拦网的反弹球，中心场地比较充实，有利于接应和组织反击。其不足是后排防守力量相对有所减弱，后场两侧空隙较大。一般在对方吊球较多的情况下采用该阵形。

第四节　排球场地与规则简介

一、场地

排球场地是开展排球运动的必备条件，也是初学者应该了解的内容之一，下面主要介绍排球场地的规格、设施及要求。

（一）规格

（1）比赛场地呈长方形，长 18 m，宽 9 m。

（2）场地四周的长边称为边线，短边称为端线，在网下连接两条边线中点的线称为中线，中线将场地分为长 9m、宽 9m 的两个面积相等的场区。

（3）场地上距离中线 3 m 处各有一条与边线相交的进攻线，进攻线为无限延长线，进攻线前为前场区，进攻线后为后场区。

（4）在两条边线的延长线上，各有一条距离端线 20 cm，垂直于端线的 15 cm 短线，两条短线之间的区域为发球区，发球区的深度延至无障碍区的终端。

（5）场地内所有的画线均宽 5 cm，颜色为与地面和其他画线不同的浅色。

（6）两条进攻线的延长线与记录台一侧边线外的范围为换人区（图 7-18）。

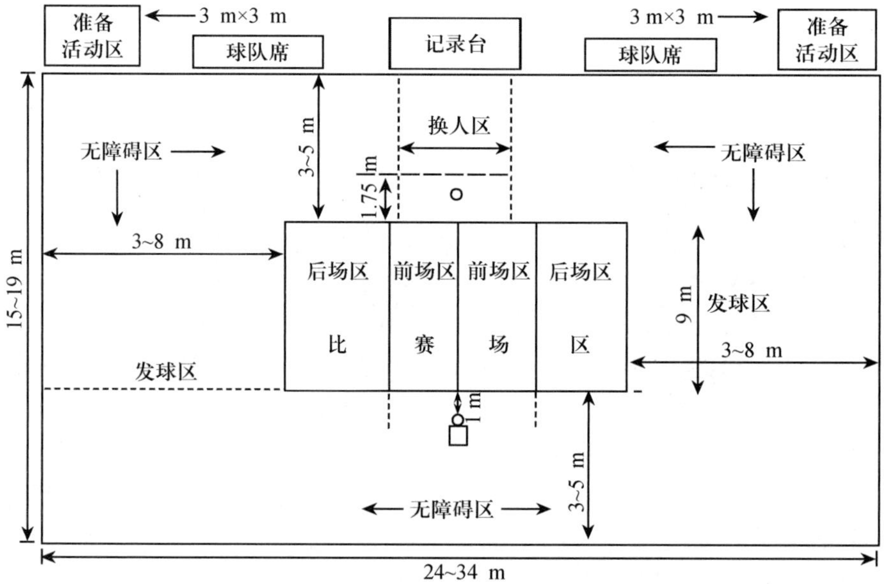

图 7-18　比赛场地（比赛场地上的区和区域）

(二)设施

1. 网柱

(1)网柱是两根高 2.55 m 的光滑圆柱。

(2)网柱一般有拉链式和插入式两种,正式比赛要求采用插入式网柱。

(3)两根网柱应固定在距边线 0.5～1 m 的中线的延长线上。

2. 球网

(1)正式比赛中,成年组男子的球网高度为 2.43 m,女子的球网高度为 2.24 m。

(2)少年组男子的球网高度为 2.24～2.35 m,女子的球网高度为 2～2.15 m。

(3)球网为黑色,长 9.5 m,宽 1 m,网眼直径 10 cm。

(4)标志带安置在球网两端,垂直于边线,宽 5 cm,长 1 m,颜色为白色。

(5)标志带外,沿球网的不同侧设有两根标志杆,直径 1 cm,长 1.8 m。

(6)标志杆高出球网 80 cm,高出部分每 10 cm 应涂有对比明显的颜色,最好是红白相间。

3. 要求

(1)场地四周至少要有 3 m 宽的长方形对称无障碍区。

(2)从地面量起至少有 7 m 的无障碍空间。

(3)场地的地面必须平坦。

(4)室外场地每米可以有 5 mm 的坡度,以便排水。

(5)不能用任何坚硬的物体作为场地界限。

二、器材

排球运动的必备器材就是排球。一般国际大型比赛常见用球有 Mikasa(米卡萨)和 Molten(摩腾),好的器材是排球运动开展的重要保障。

(一)规格

排球呈标准的圆球体,颜色是多色彩球。球的圆周为 65～67 cm,重为 0.26～0.28 kg,气压为 0.30～0.325 kg/m^2。

(二)材质

排球的外壳由柔软的皮革或人造革制成,内装橡胶或类似材料制成的球胆。

三、排球比赛规则

(一)比赛方法

(1)在每场比赛开始时,双方上场队员各 6 名,按规定区域站位,站在靠近网前从右到左依次为 2、3、4 号位前排队员;站在后排从右到左为 1、6、5 号位。比赛开始前,教练将上场队员号码表交记录台登记,由第二裁判检查站位次序。当第一裁判鸣笛开始后,不得更改。

(2)比赛开始先由发球队的 1 号位队员在发球区发球,如果发球直接落在对方场地上或接球方失误,则发球方得 1 分继续发球。如发球失误就失去球权并失 1 分,由对方 2 号位队员发球,并依次按顺时针方向轮转发球。

(3)在比赛过程中,球不准落地,每队最多允许 3 次击球(拦网除外),将球击到对方场地,同时每个队员不准连续触球 2 次(拦网除外)。

(4)正规比赛每场为五局三胜制,全场采用每球得分制,前四局某队先得 25 分为胜一局,如遇双方均得 24 分时，须有一方多得 2 分才算胜一局。若双方在各胜两局时，则第五局为决胜局，必须重新选择场地或发球权。在第五局中，任何一方先得 8 分时，两队应交换场地，在交换场地后，双方队员不得任意交换位置，并仍由原发球一方继续发球。

（二）暂停

只有在死球时，经教练员或场上队长请求后，裁判员才准予暂停。每局比赛每队可以有 1 次自由暂停，另外为每局比赛的比分到 8 分和 16 分时，有 2 次暂停。决胜局每队各有 2 次自由暂停的机会。教练员可以在不影响正常比赛的情况下进行指导。

（三）换人

（1）只有在死球时，经教练员或场上队长请求后，裁判员才准予换人，在裁判员的准予下，当一名队员离开场地后，替补的一名队员才能进场接替其位置。

（2）每局比赛，每队最多可换 6 人次。这 6 人次可同时替换，也可分开替换。

（3）每局开始上场队员只能退出比赛 1 次，在同一局中，他若再次上场比赛，只能回到原来轮次的位置上。

（4）替补队员每局只能上场比赛 1 次，他可以替换任何一位队员；但在同一局中，他只能由被他换下的队员来替换。

（5）自由防守人不受正常换人的限制，但不能影响比赛的顺利进行。

（四）过中线犯规

比赛进行中，队员身体的任何部分都不允许越过中线接触对方场区，但队员的一只或两只脚在接触对方场区的同时，脚的一部分还接触中线或置于中线上空，不判为犯规。

（五）进攻性击球

队员直接向对方击球，即为进攻性击球。后排队员进攻性击球时，队员的起跳脚不得踏及或超过限制线（三米线），也不能踏击或超过限制线的延长线，进攻性击球后，允许落在前场区内。

（六）持球

队员没有将球清晰地击出或接触球时有较长的停留。

（七）连击

一名队员不得连续触球两次（拦网除外）。

（八）对位置错误的判断（限在发球时）

队员在场上的位置，应根据脚的着地部位来确定：每 1 名前排队员一只脚的某部分，必须比同列后排队员的双脚距离中线更近；每一名左、右边的队员（前排或后排）一只脚的某部分须比同排队员的双脚距离同侧边线更近。

（九）拦网犯规

一名或更多的前排队员（拦网队员），在靠近球网处阻拦对方来球时，球可以触及身体任何部位，只要不妨碍对方击球，可以将手或手臂伸过球网。但下列情况则判为犯规：

（1）在标志杆外的对方空间进行拦网并触球。

（2）对方击球前或击球时，在对方场区空间内妨碍对方。

（3）后排队员参加拦网并起到拦网作用。

第八章　气排球运动

第一节　气排球运动简介

一、气排球运动的起源与发展

气排球是中国人发明的，它在保留排球运动所有特性的同时，打起来更为简单、容易，气排球对于排球运动的普及和推广功不可没，在发明和设计环节充分融入了中国人的智慧。

气排球运动项目诞生于1984年，由内蒙古集宁铁路分局首创。当时，为了便于老年人开展体育活动，铁路分局组织离退休职工在排球场上打特制的气球，随后又参照6人制排球比赛规则制定了简单的比赛规则，并将这项活动取名为“气排球”运动。

气排球用软塑料制成，比赛用球重约120 g，圆周长74～76 cm，比赛场地为12 m×6 m，男子网高2.10 m，女子网高1.90 m，混合网高2.00 m。参赛队员每队为5人，其打法和计分方法与6人制排球比赛基本相似。

集宁铁路分局这一次成功的尝试，不但满足了离退休职工对集体项目娱乐与健身的需求，而且开创了世界排球家族新成员——气排球的先河。

1984—1990年，是气排球运动初步形成的阶段，在这个时期除了呼和浩特等地开展气排球运动外，我国其他地区较少接触。

进入20世纪90年代，气排球运动步入了改革探索阶段。1991年，在北京举行了全国铁路老年体育工作会议，集宁分局的同志赴北京做气排球表演，引起与会者的极大兴趣，会议决定在全国老年人中推广气排球运动；火车头体协依据排球规则，编写了第一本《气排球比赛规则》，随后在上海特制了比赛用球。

1992年3月，在石家庄举办了第一期全国气排球学习班，同年11月，在武汉举行了首届全国老年人气排球比赛。1993年3月，火车头老年人气排球协会在北京正式成立，同年7月，第二届老年人气排球比赛分别在齐齐哈尔和锦州举行。从此，气排球运动在全国铁路系统中迅速推广。1993年，国际奥委会主席萨马兰奇在看了气排球表演后给予了高度赞扬并表示：气排球运动很好，它既适合老年人，也适合中年人和青少年，国际奥委会不能光搞竞技体育，也要搞全民体育和体育教育。由此可见，气排球运动有望发展成为一项世界性的大众休闲健身运动。

1998年以后，气排球运动进入了蓬勃发展的阶段，我国许多地区都开展了这项运动。尤其广西、福建、河南、甘肃等地的气排球运动开展得如火如荼。

2004年10月23—26日，由中国老年人体协和浙江省丽水市人民政府联合举办了“利群杯”全国首届老年气排球比赛，来自全国23个省、自治区、直辖市、计划单列市、全国性行业共44支代表队参加，这使得气排球的影响力进一步提升，确立了气排球在全民健身中的地位。

2008年,中国老年人体协正式将气排球改名为老年气排球;同年11月,第五届全国比赛正式用"老年排球"命名。2010年春节,时任国务院总理温家宝在广西壮族自治区视察期间,在2月12日晚饭后步行到东兰县中学看望教职工,并和他们一起打了气排球。2011年6月4日,中国工程院院士、"杂交水稻之父"袁隆平担任了新一届湖南省气排球运动协会名誉主席。2011年10月27日,中国老年人体协气排球专项委员会授牌仪式暨第一次会议在广西南宁举行。

目前,气排球运动的管理形式,由中国老年人体协独立管理逐步转向中国老年人体协、国家体育总局社会体育指导中心和国家体育总局排球管理中心三位一体的管理形式。

全国性气排球比赛的办赛形式,由中国老年人体协独家组织转向由各基层气排球专业委员会、协会等联合办赛的形式,给各级基层气排球队(特别是没有机会参加全国高水平比赛的球队)搭建了一个相互学习、交流的平台。参与活动的意识也由"要我活动"逐步演变为"我要活动"。气排球运动的活动内容由比赛为主的形式,逐步向比赛与文化(书法、摄影、诗歌)、论坛(研究、评论、报告)、旅游(参观、游览、访问)等休闲体育相结合,提高参与者人文素养的方向转化。气排球不但适合中老年人活动,也可推广到青少年群体中。

气排球走进学校、走进社区、走进公园、走进群众中,可以使人们在气排球运动中发现自我的价值,增强自信心,加强人与人之间的沟通和交流,促进身心全面健康发展。气排球运动也为全民健身的发展提供了新思路,具有广阔的市场发展前景。

二、气排球运动的特点与锻炼价值

(一)气排球运动的特点

1. 群众性

气排球球体柔和、弹性好,球网低,比赛场地较小,运动量适中,参与者不会产生手指挫伤、手臂疼痛、体力不支等顾忌。各年龄层次的人群均适合参与,可以说气排球运动老少皆宜。气排球运动可以加强不同年龄段人群的沟通和交流,是继软式排球后又一项具有亲和性的室内排球项目。

亚洲排球联合会副主席、国家体育总局排球运动管理中心竞赛部主任蔡毅曾说:气排球没有直接的身体接触,对运动员的保护要强于其他球类项目,又讲究集体配合、团队精神,因而其对各个年龄层次的人群都很有吸引力。

2. 观赏性、娱乐性

传统排球比赛对技战术的要求较高,不经过长时间的练习就不能组织起有效的比赛。比赛中经常会出现"谁发球,谁得分""一人发球众人看"的局面,比赛既不激烈,又不具观赏性。

气排球运动则不然,对技战术的要求低,即使从未参加过气排球活动的人,也能很容易地加入气排球的比赛中。由于气排球弹性较好、质量轻、稳定性强,打球不易受伤,会使比赛回合增多且趋于激烈,其观赏性和娱乐性均得到提升,参赛者可以从比赛中感受到运动的乐趣。气排球色彩鲜亮、美观,运动负荷强度适中,比赛氛围轻松,技术动作五花八门,而且不容易失误,娱乐性强。

3. 全面性

气排球运动规则规定,每个队员都要进行位置轮转,既要到前排扣球与拦网,又要轮到后排防守与接应。要求每个队员必须全面地掌握各项技术,能在各个位置上比赛。

4. 两重性

气排球是多种技术都可以得分，也能失分的项目，这种情况在决胜局比赛中更加突出。气排球每项技术都具有攻防的两重性，因此，要求技术既要有攻击性，又要有准确性。

5. 集体性

气排球比赛是集体比赛项目，除发球外，都是在集体配合中进行的。没有严密的集体配合，再好的个人技术也难以发挥，更无法发挥战术的作用。水平越高的队，集体配合就越严密。

(二)气排球运动的锻炼价值

1. 提高体育文化修养

气排球日常训练、分组比赛、技战术规则以及所附带的休闲观赏性，对练习者具有健体、娱乐、启智和提高体育文化修养的功能。从事气排球运动时，其时间和强度可根据不同人群的不同需要进行调控，这不仅使练习者的体能增强，而且心肺各器官的功能也得到改善。

另外，气排球是集体性项目，据统计，70%以上的老年人喜欢以团体练习为主，气排球就是迎合了这一需要，既增强了老年人相互间的默契配合，又排解了孤独感。老年人在从事气排球活动时还应掌握气排球比赛的技战术规则和相关知识，这样在活动时，不但能够强身健体，还能够欣赏和感受高级别的比赛，这对启发老年人的智慧，提高体育文化修养起到积极的作用。

2. 锻炼良好心理素质

经常参加气排球运动，能够学会许多控制自己情绪和调节自身心理的手段和方法，如连续失误时不急躁，尽快使自己冷静下来而且不灰心；比分落后时不气馁，沉着应对、奋起直追；关键比分时不手软，充满自信；当裁判员判罚对自己不利时，不瞪眼、不跺脚、不指责。这些都对提高参与者的心理承受力、环境适应力、处事能力等有好处。

3. 提高观察、分析和应变能力

气排球比赛中，准确判断是重要的制胜因素之一。判断的基础是“眼观六路”“耳听八方”，通过观察对方及同伴的动作以及击球的方向、场上的布局，预判将要发生的情况而迅速做出应变反应。经常参加气排球活动的人，能提高观察、分析能力和临场应变能力。

4. 培养和谐的团队协作精神

气排球比赛是一项靠全队努力、集体配合取胜的球类竞赛项目，个人的优势、特点均要在同伴的配合下才能发挥。气排球比赛中，要求运动员随时准备保护同伴击出的不到位的球，同时还要为下一次击球的同伴创造进攻条件。比赛中的每一次击球，都包含着为他人着想的理念和团队协作精神。因此，经常参加气排球活动，不仅能带给参与者生理和心理的改变，而且对个性培养也很有帮助，对个人的协作精神和团队意识的形成有很大提升。

第二节　气排球运动基本技术

一、准备姿势与移动

准备姿势与移动是气排球运动的基本技术之一。属于无球技术，是完成发球、垫球、传球、扣球和拦网等各项有球技术的前提和基础，并对各项有球技术的运用起串联和纽带的作用。准备姿势与移动相辅相成，准备姿势主要是为了移动，而要快速移动，又必须先做好准备姿势。

(一)准备姿势

准备姿势是指在起动、移动和击球前所采用的合理的身体动作和姿势。它的主要目的是迅速起动和快速移动,以便及时准确地完成各种击球动作。

两脚左右开立稍比肩宽,一脚稍前,两脚尖稍内收,脚跟稍提起。膝关节保持一定的弯曲,膝关节的投影在脚尖前面。上体前倾,重心靠前。两臂放松、自然弯曲,双手置于腹前。全身肌肉放松,两眼注视来球,两腿始终保持微动(图 8-1)。

图 8-1　准备姿势

(二)移动

从起动到制动的过程叫移动。及时、准确地移动是击球前取得合理位置、寻找最佳击球点的前提。移动基本常见步法包括滑步、跨步、交叉步等。移动由启动、移动步伐和制动三个部分组成。

1. 滑步

两脚平行站立略比肩宽。向左滑步时,左脚先向左侧迈出一步,右脚同时迅速跟上做滑步。主要用于短距离移动中,即来球距体侧稍远。

2. 跨步

两脚前后站立,跨步时,一腿用力蹬地,另一腿向来球方向跨出一大步,后腿随重心前移自然跟上,两手做好迎球动作。当来球低、速度快、距离身体 1 m 左右时运用较多。跨步移动可以单独使用,也可与滑步、交叉步、跑步的最后一步结合运用。

3. 交叉步

两脚左右站立。向右侧交叉步移动时上体稍向右转,左脚从右脚前向右交叉迈出一步,然后右脚再向右侧方向跨出一大步,同时重心移至右脚,身体转向来球方向,保持击球前的姿势。主要用于体侧 2～3 m 的来球。

4. 制动

制动是移动的结束,也是击球动作的开始。在快速移动后,为了保持稳定的击球姿势,必须经过制动克服身体移动的惯性,以便于完成下一个击球动作。常用的制动方法主要有两种,即一步制动法和两步制动法。

(1)一步制动法　当一步制动时,在移动最后跨出一大步,同时降低重心,膝部和脚尖适当内转,全脚掌横向蹬地,以抵住身体重心继续移动的惯性力,并以腰腹力量控制上体,使身体重心的垂直线停落在脚的支撑面以内。

(2)两步制动法　是以最后第二步开始做第一次的制动,紧接着跨出最后一步做第二次的制动。

二、垫球

气排球运动在各项垫球技术中,正面双手垫球和侧面双手垫球是最基础,也是最常用的垫球技术。

(一)垫球的手型

1. 抱拳式

两拇指平行向前,两手抱拳互握。小臂外旋紧靠手腕下压,使前臂形成一个垫击平面(图8-2a)。

2. 叠掌式

两手掌根相靠,手指重叠互握。两拇指平行前伸,手腕自然下压(图 8-2b)。

3. 互靠式

两手腕部紧靠,两手自然放松。

无论什么手型,都应注意手腕下压,两臂外翻形成一个平面(图 8-2c)。

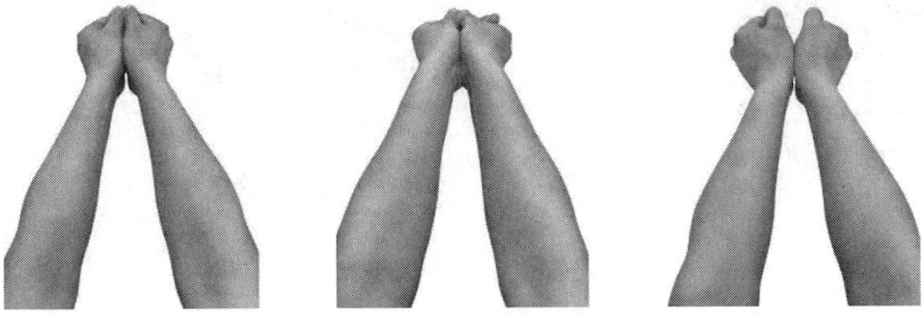

a. 抱拳式　b. 叠掌式　c. 互靠式

图 8-2 垫球手型

(二)正面双手垫球

正面双手垫球是使用两手在腹前垫击来球的一种垫球方法,是各种垫球方法的基础,也是最基本的垫球方法之一。腹前击球,垫击面较大,便于控制球,主要适用于各种接发球、接扣球、接拦回球和垫击较低的来球。

1. 准备姿势

正面对正来球方向,稍蹲两脚开立宽于肩,一脚在前,两脚跟提起,前脚掌着地,两膝微内收,重心前倾,双臂自然弯曲放置腰前或腹前部位。

2. 技术动作要领

当球距离腹前一臂远时,两臂夹紧前伸,两手插入球下。击球时,根据来球的速度、弧度和击球目标,调整手臂对来球的角度、力量,利用两前臂手腕上方桡骨内侧形成的平面处击球,击球点保持在胸腹之间,同时要配合蹬地、提肩、顶肘、压腕、抬臂,全身协调动作。击球后身体重心向抬臂方向前移,垫球动作结束后,立即松开两臂,还原准备姿势做好下一动作的准备。动作要领为两臂夹紧插球下,抬高送臂腕下压。蹬地跟腰前臂垫,轻球重球有变化(图 8-3)。

图 8-3 正面双手垫球

(三)侧面双手垫球

在身体两侧用双臂接球的动作称侧面垫球。当来球速度比较快、距离侧面较远、来不及移动对正球时采用。侧垫球可以扩大防守范围,但不易控制垫球方向,因此,在来得及移动的情况下,最好采用正面垫球。

技术动作要领

以右侧为例，当球从右侧飞来，左脚前脚掌内侧蹬地，右脚向右跨出一步，重心随即移至右脚上，保持右膝弯曲，两臂夹紧向右伸出，左肩微向下倾斜，做出向左转腰的动作，使两臂击球面截住来球的飞行路线，接击球的后下部。动作要领为两臂保持在体侧形成截击面，垫球时，要转腰收腹(图 8-4)。

视频 8-1：气排球垫球技术

图 8-4　侧面双手垫球

(四)捧球

捧球在其他形式的排球运动中都属于持球犯规，但在气排球中允许运动员以双手张开的形式短暂的控制来球，捧球是气排球项目中常用的技术。

技术动作要领

双脚开立呈半蹲或微蹲姿势，两肘弯曲，上臂与前臂夹角呈 90°，位于腰部，双手掌心向上，十指张开朝前，双手形成一个弧底形，击球部位为全手掌触球。击球瞬间，两掌心插到球后部捧住来球，靠前臂、手腕、手指力量将球击出。双手捧球时候，上臂夹紧身体，靠手指手腕与前臂上头的瞬间发力动作将球击出，动作的幅度较小，击球点一般在身体腹部前方。气排球捧球技术，特别适用于接对方速度较快的追身球(图 8-5)。

图 8-5　捧球技术动作

(五)单手托球

单手托球是气排球特有的技术，气排球规则允许队员五指张开来击球，并且气排球质量轻，给单手托球提供了条件。

技术动作要领

两脚开立，呈高重心姿势，基本手势，单臂，置于腰腹前，五指自然张开形成一个平面，掌心朝上，上臂与前臂呈 90°夹角。击球瞬间上臂与前臂的夹角大于 90°，前臂主动引球至手掌心上。击球位置可以在腹部以下，靠手指、手腕力量拖住并击打来球。单手托球在气排球垫球中，是主要用于近距离快速送球的技术动作，常用于攻防短距离间的接送球。由于击球面积比较小，因此稳定性和精确度较差。

(六)插托球

插托球在室内 6 人排球里几乎很少有人运用，但在气排球比赛中，插托球是最为常用的技术手段之一。

技术动作要领

面对来球，两脚开立与肩同宽，呈半蹲或微蹲姿势站立，基本手型，两肘弯曲，两手掌跟相对，一手掌心朝上，另一手扶持并夹住来球，夹角一般大于 90°，双手位于胸前。迎球时，一手插入球底托住来球，另一手迅速扶住来球外侧，并挡住来球。击球瞬间两手呈弧形，前臂上抬，靠手腕、手指触球形成的弹力，将球击出，击球点一般在胸部、腹部位置，也可以延伸到两肩外侧，插托球的击球部位主要是靠双手的手掌与手指同时用力，仅仅靠手指的力量，是很难托起快速大力的来球。在插托球技术中两手合掌时，托在下方的手，更多的是用来承接来球的力量，而置于上方的手更多用于控制出球的方向。因此，置于上方的手会更有灵活的调整空间（图 8-6）。

图 8-6 插托球

视频 8-2：气排球特有技术

三、传球

传球是气排球运动中最基本、最重要的一项技术，是利用全身协调力量，并通过手指、手腕的弹力，将球传至一定目标的击球动作。传球是二传手的首选技术，可用来接对方的处理球、吊球和被拦回来的高球等，还可用来接对方弧度较高的发球。传球技术包括正面传球、跳传球、背传球等。掌握了这项技术才能控制竞赛节奏，寻求合适的进攻时机。

（一）正面传球

正面传球是在额前上方利用全身协调力量并通过手指、手腕的弹力，将球传至一定目标的击球动作。其特点是面对传球方向，便于观察；击球面积大，便于控制球。

图 8-7 传球

1. 准备姿势

看清来球，迅速移动到球的落点，用前额对正来球，两脚左右开立，与肩同宽，两膝微屈，上体稍前倾，两臂弯曲置于胸前，两肘自然下垂，两手呈传球手型，眼睛注视来球方向，在传球过程中抬头不能过高，尽量使用两眼余光来观察球的位置（图 8-7）。

2. 技术动作要领

（1）当来球接近额前时，开始蹬地、伸膝、伸臂，手指略张，经面前向前上方迎出，全身各部位动作协调一致，击球点在额前上方 10～15 cm 处。

（2）当手触球时，手腕稍后仰，两手自然张开，手指微曲呈半球状，两拇指相对成一字形，两食指组成八字形。气排球比一般排球要大，手掌间距离可适当放宽，但是如果指尖的距离过大，也可能会发生漏球。因此，要根据个人的特点来微调两手间距。

(3)传球时，主要靠蹬地、伸臂和手指、手腕的力量，以及球的反弹力将球传出。

(二)跳传球

跳传球是指跳起在空中进行的单手或者双手传球，特点是传球点高。

1. 准备姿势

稍蹲，两脚开立宽于肩，一脚在前，两脚跟提起，前脚掌着地，两膝微内收，重心前倾，双臂自然弯曲放置腰前或腹前部位。

2. 技术动作要领

(1)采用微蹲准备姿势，两手置于胸前，目视来球，迅速取位。

(2)根据来球的弧度和高度落点，左脚先向起跳点迈出一步，右脚迅速跟上，两脚积极踏跳的同时，两臂上抬，手腕后仰，置于头上方，呈传球手型。

(3)传球时，主要靠伸臂和手指、手腕的力量，以及球的反弹力将球传出。

(三)背传球

背传球指背对传球方向的传球。其特点是背对传球方向，虽不利于观察，难度较大，但隐蔽性强。

1. 准备姿势

稍蹲，两脚开立宽于肩，一脚在前，两脚跟提起，前脚掌着地，两膝微内收，重心前倾，双臂自然弯曲放置腰前或腹前部位。

2. 技术动作要领

(1)迎球时，两臂上抬，挺胸，展腹，向上伸肘。

(2)击球点保持在额头上方，比正面传球略高。

(3)触球时手腕稍后仰，掌心向上，五指自然分开，呈小半球状。利用伸臂动作和手指、手腕力量，将球传出。

背传球是气排球技术中准确性最高、控制性最佳、隐蔽性最强的技术，同时也是掌控比赛节奏的关键技术环节。

视频 8-3:气排球传球技术

四、扣球

扣球是气排球主要的进攻手段，也是最有效的得分手段。队员跳起在空中，以手臂击球，将本方场区上空高于球网上沿的球击入对方场区的击球方法叫作扣球。在学习起跳扣球前，先要学习气排球的挥臂鞭打动作，逐步掌握原地扣球技术。

(一)正面扣球技术

1. 准备姿势

采用微蹲准备姿势，两臂自然下垂，站在距网 3 m 左右的位置观察来球，做好向各个方向助跑起跳的准备。

2. 技术动作要领

(1)挺胸展腹，上体稍向右转，右臂向后上方抬起，挥臂时迅速转体，收腹，依次带动肩、肘、腕各部位关节形成鞭打动作。

（2）击球时五指微张呈勺形并保持紧张，用全手掌满掌包球，以掌心为击球中心，击球的后中部同时主动用力屈腕，屈指向前推压，使扣出的球加速上旋。

（3）击球点：在手臂伸直最高点的前上方。击球动力链的三点秩序：肩关节、肘关节、手腕。

（二）助跑起跳扣球

助跑起跳扣球是指助跑向前上方起跳，在空中利用冲跳完成扣球动作的方法。其特点是扣球力量大，球速快，有空间差。

1. 准备姿势

采用微蹲准备姿势，两臂自然下垂，站在距网 3 m 左右的位置观察来球，做好向各个方向助跑起跳的准备。

2. 技术动作要领

（1）采用两步助跑的方法，起跳前的第二步要小，借助助跑的水平速度和两腿蹬地的力量，使身体向前上方腾起。

（2）在空中抬头，挺胸，展腹，形成背弓。

（3）击球时快速收腹，挥臂，手臂推压击球的后中部。

（4）落地时，收腹屈膝，脚掌依次缓冲（图 8-8）。

视频 8-4：气排球扣球技术

图 8-8　助跑起跳扣球

五、发球

发球是气排球基本技术之一，是 1 号位队员在发球区内自己用一只手将球直接击入对方场区的击球方法，也是气排球技术中唯一不受他人制约的技术。发球是比赛的开始，也是进攻的开始，好的发球可以直接得分或破坏对方的战术进攻，发球失误将失分。发球技术包括正面下手发球、侧面下手发球、正面上手大力发球、勾手大力发球、正面上手发飘球、侧面勾手发飘球和跳发球等。气排球的发球技术，按其性能可以分为飘球和旋转球两种。

（一）正面下手发球

正面下手发球是初学者常用的一种发球技术，其稳定性高，但同时攻击力小。

1. 准备姿势

面对球网两脚前后开立，左脚在前，两膝弯曲，上体前倾，左手持球于腹前。

2. 技术动作要领（以右手为例）

（1）抛球时，抛在体前右侧，比手一球高度，同时右臂伸直以肩为轴向后摆，初学者可以在抛球前就后引右臂。

(2)击球时，右脚蹬地，身体重心前移在腹前，以握拳、掌根或虎口击球的后下部。击球后重心前移。

(二)正面上手飘球

正面上手发飘球是发球者面对球网站立，采用正面发球的形式时发出的球不旋转，飘晃飞行过网的一种发球方法。其特点是球的飞行轨迹不固定，飘晃过网，易造成对方接发球判断失误，具有较强的攻击性。

1. 准备姿势

正面上手飘球线路及落点的选择，是保证发球攻击性的关键因素，效果好的飘球是发球者在观察对方站位后，能够按照其意图将高质量的球准确地发到指定区域内。

2. 技术动作要领

(1)采用准备姿势面对球网站立，两脚自然开立，左脚在前，左手持球于体前。

(2)用单手或双手将球平稳地抛于右肩的前上方，高度以 1.5 m 左右为宜。

(3)击球前，击球手臂自后向前做直线运动。

(4)击球时五指并拢，手腕略后仰，用掌根平面击球的中下部，作用力通过球体重心。

(5)击球瞬间手指、手腕紧张，手型固定，不加推压动作，手臂挥动要有突停动作(图 8-9)。

图 8-9　正面上手飘球

(三)正面上手大力发球

1. 准备姿势

面对球网站立，两脚自然开立，左脚在前，左手持球于体前。

2. 技术动作要领

(1)抛球，左手将球平稳地垂直抛于右肩上方，距离身体前 30 cm，高度约为 1 m，上体稍向右侧旋转，右臂抬起曲肘后引与肩平，抬头挺胸展腹，手掌自然张开。

(2)击球，通过蹬地使上体向左旋转，同时收腹带动手臂向前上方快速挥动。

(3)击球点在右肩上方伸直手臂的最高点，用全手掌击球的后中下部。

(4)击球动作，手指和手掌要张开与球吻合，手腕要迅速做推压动作，使击出的球呈上旋方式运动。

(四)跳发球

跳发球是所有发球方式中进攻性最强的一种,因此,必须在发球限制线后进行起跳击球。助跑第一步时抛球,利用手指拨球使得球有初旋转,起跳后空中击球要求与大力上手发球相似。由于击球点较高,所以击球的弧度要下压。

1. 准备姿势

面对球网站立,两脚自然开立,双手持球于体前。

2. 技术动作要领

(1)队员站在跳发球限制线后2～4 m处。利用单手或双手将球抛至右肩上方3.5～5 m的高度。

(2)助跑起跳时采用2～3步助跑步法,两臂协调摆动,幅度要大。

(3)空中击球时,击球点要保持在挥臂侧前上方,手臂伸直,利用收腹和转体动作,带动手臂,全掌击球的中后下部并伴有推压腕动作,使球上旋飞行。

视频8-5:气排球发球技术

六、拦网

拦网是抑制对手大力扣球最为有效的技术,组织严密的拦网,可以施于进攻方巨大的心理压力,迫使对方进行吊球或者变线,避开拦网手。在半场只有6m的场地内要避开拦网手或者是超手进攻都是相当困难的。因此,一支队伍拦网的好坏直接影响了对方进攻的成功率。

(一)单人拦网

1. 准备姿势

队员面对球网,两脚左右开立,约与肩同宽,距网20～30 cm,两膝微屈,两臂屈肘置于胸前。

2. 技术动作要领

(1)常用的移动步法有一步、并步、交叉步等,无论采用哪种移动步法,都要做好制动动作,以保证向上起跳,避免触网和冲撞同队队员。移动时根据对方扣球队员位置,可向左(或右)移动拦网。

(2)起跳时两腿屈膝,重心降低,随即用力蹬地,两臂以肩发力在体侧前上方划小弧用力上摆,带动身体垂直向上起跳。

(3)空中拦截时,两肩上提,两臂之间的距离要小于球体,手指张开成勺形,两个食指应保持平行。两手尽量接近球,绷紧手指,触球时手腕要有压腕动作。

(4)拦网后,要做含胸动作,以保持身体平衡。双脚落地,随即转身面向后场,准备接应来球或做下一个准备动作。

(二)集体拦网

由前排两人以上组成的拦网称为集体拦网,集体拦网必须建立在单人拦网的基础上,是拦对方强攻扣球的主要方法,其特点是拦网面积大,可增加对方扣球时的心理压力。集体拦网根据参加人数,可分为双人拦网和三人拦网。

1. 双人拦网

(1)如对方两翼进攻时,2、4号位队员原地对位,3号位队员可采用滑步或交叉步移动,向2、4号位队员靠近,形成双人取位。

(2)双人拦网时通常以2、4号位队员为主,拦防直线。以3号位队员为辅,拦防斜线。

(3)两人保持同时起跳,起跳后相互之间要保持一定的间隔距离,并控制好身体重心,避免相互干扰或冲撞。

(4)拦网时要尽可能扩大拦防面,队员与拦网手之间的距离以不漏球为好(图8-10)。

图8-10 双人拦网技术动作

2. 三人拦网

(1)对方3号位进攻时,以3号位取位为主,2、4号位向3号位移动取位。

(2)对方两翼进攻时,以2号或4号位取位为主,其余两名队员相继移动靠拢。

(3)三人同时起跳,拦网手相距以不漏球为好(图8-11)。

图8-11 三人拦网技术动作

第三节 气排球运动基本战术

一、阵容配备

在气排球的进攻体系中,队伍的专位配备和进攻打法是最为基础的框架。气排球的专位配备和室内排球一样,也有队伍的配置战术。正规气排球比赛场上有5名队员,根据二传手的人数,可以分为两种,"4—1"配备和"3—2"配备(图8-12)。

1."4—1"配备

"4—1"配备是指场上5名队员中有1名二传,其余4名为进攻队员。"4—1"配备的优点由一名队员传球，对所有攻手都比较熟悉，传球也相对比较稳定。“4—1”配备在气排球中运用较少，主要是因为二传在后排时攻防转换的节奏过快，二传难以兼顾传球和防守的任务，在后排时如果采用 4 人接发球时，还要进行插上传球，容易被对手针对，因此，“4—1”配备的缺点较为明显。但是“4—1”配备由于二传较为固定，二传手与攻守之间配合会相对默契，另外二传不用承担一传的任务，专位化特征明显（图 8-13）。

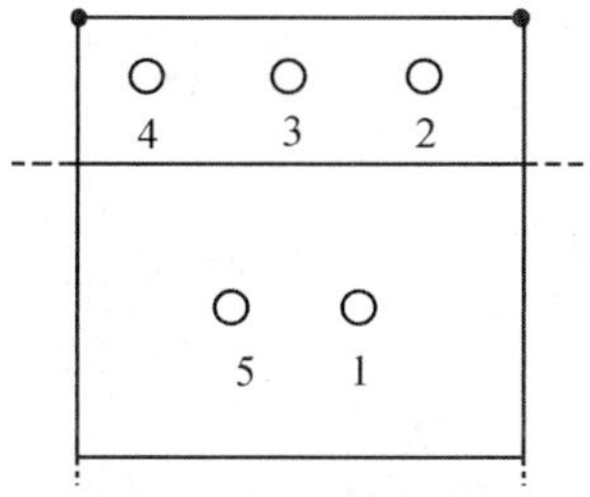

图 8-12　5 人场上位置图

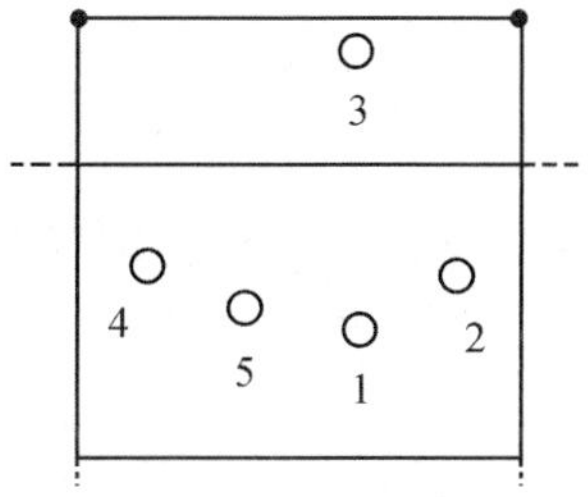

图 8-13　“4—1”配备站位图

2.“3—2”配备

“3—2”配备是当今气排球比赛的主流打法。“3—2”配备是指场上有两名队员交替作为二传，这两名队员一般会错开一个位置，由前排的选手作为主力二传，轮次中其余的队员都作为攻守的角色。其特点是前排始终有一名队员担任二传的角色，二传有充分的时间进行传球的准备。另外，在攻防转换时较为简单，可以迅速在进攻和防守两端进行自由的切换。“3—2”配备没有固定的二传，当二传轮转到后排，也要承担一传以及进攻的任务，因此，对队员技术的全面性有更高的要求（图 8-14）。

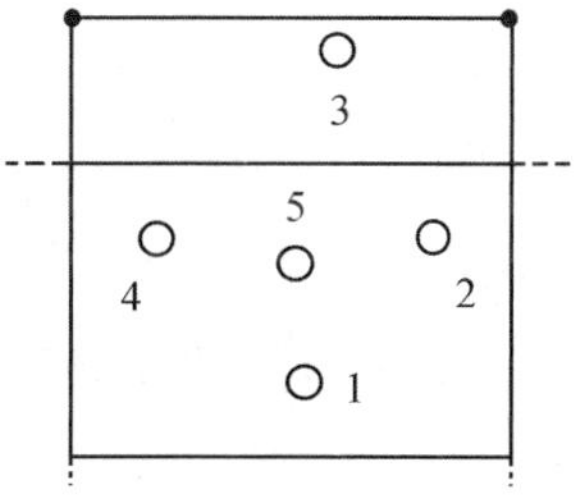

图 8-14　“3—2”配备站位图

二、进攻战术

气排球进攻战术的主要目的在于干扰对手的防范体系，避免对方形成三人集体拦网，增加进攻的成功率。另外，气排球的二传手极少运用二次球进攻战术，但是攻手在线后起跳的二次进攻就较为常见。

1.“中一二”进攻战术

在气排球比赛中，最为常见的组织方式为中一二进攻战术。中一二进攻战术是指二传在 3 号位组织进攻，2、4 号位队员拉开进攻，充分利用网的宽度，而在 3 号位中间可以组织快球以及立体进攻等战术。气排球的“3—2”配备与中一二进攻战术是最为常见的进攻体系。“3—2”配备在一次攻和攻防转换中具有更强的适应性。而中一二进攻更有利于二传的调度，利用网宽来分散进攻点，给对方的拦防体系增加难度。

2.“边一二”进攻战术

边一二进攻战术在气排球中很少见到，边一二进攻战术是指前排 1 名二传在 2 号位或是 4 号位进行传球。其余 2 名前排进攻队员分别在 3 号位和 4 号位或是 2 号位和 3 号位进行进攻。边一二进攻战术由于 2 名攻手距离较近，可以组织较多的进攻战术，例如交叉进攻、梯次进攻等，但是由于进攻较为集中，容易受到对方集体拦网的针对。所以，在比赛中很少能看到球队使用边一二进攻战术。

第四节　气排球场地与规则简介

一、器材与设备

(一)比赛场地

比赛场地包括比赛场区和无障碍区。

1. 面积

比赛场区为长 12 m、宽 6 m 的长方形。其四周至少有 2～3 m 宽的无障碍区,从地面向上至少有 7 m 高的无障碍空间。

2. 场地地面

场地地面必须平坦、水平、划一。不得有任何可能造成伤害队员的隐患,也不得在粗糙或易滑的地面上进行比赛。

3. 场地上的线

(1)界线　所有的界线宽 5 cm,其颜色须区别于场地颜色。两条边线和端线划定了比赛场区。边线和端线都包括在比赛场区面积之内。

(2)中线　中线连接两条边线的中点。中线的中心线将比赛场区分为长 6 m,宽 6 m 的两个相等的场区。

(3)进攻线　每个场区各画一条距离中线中心线 2 m 的进攻线。进攻线(包括进攻线的宽度)前为前场区,进攻线后为后场区。进攻线外两侧各间距 20 cm、长 15 cm 的三段虚线为进攻线的延长线。两条进攻线的延长线之间、记录台一侧边线外的范围为换人区。

(4)发球区短线　端线后两条边线的延长线上各画一条长 15 cm,垂直并距离端线 20 cm 的短线,两条短线(包括短线宽度)之间的区域为发球区,发球区深度延至无障碍区的终端。

(5)跳发球限制线　在距端线后 1 m 处画一条平行于且与端线长度相等的平行线为跳发球限制线;跳发球必须在该线后完成起跳动作。

(6)教练员限制线　从进攻线的延长线至端线延长线,距边线 1.05 m 并平行于边线由一组长 15 cm、间隔 20 cm 的虚线,组成教练员限制线;比赛中教练员活动区域为限制线外、球队席前的区域,球队其他成员坐在球队席上。

4. 裁判台、记录台、球队席

裁判台设在球网的一端。记录台设在裁判台对面的边线无障碍区外,记录台两侧设球队席(图 8-15)。

(二)球、球网和网柱

1. 球网

球网架设在垂直地面中线上空。球网为黑色,长 7 m,宽 0.8 m,网孔为 8 cm 见方。网的上沿缝有 5 cm 宽的双层白色帆布,中间用柔软的钢丝绳穿过,网的下沿用绳索穿起,上下沿拉紧并固定在网柱上。球网的两端各系一条宽 5 cm,长 0.8 m 的标志带,垂直于边线。在两条标志带外沿、球网的不同侧面,分别设置长 1.80 m,直径 1 cm 的标志杆,高出球网 1 m。标志杆每 10 cm 涂有红白相间的颜色。

球网高度用量尺从场地中间丈量。男子球网高度 2.1 m、女子球网高度 1.9 m。球网两

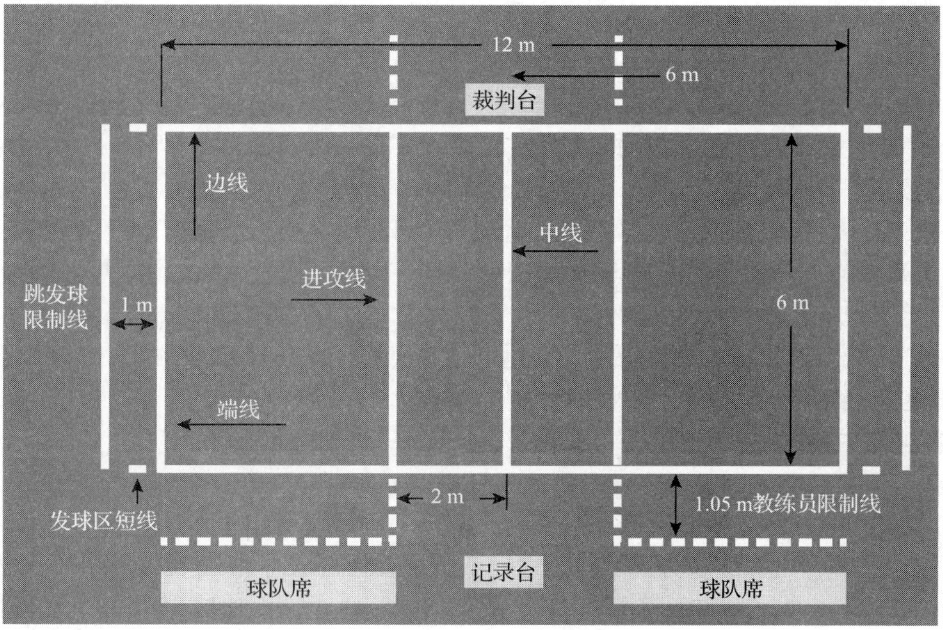

图 8-15　气排球比赛场地图

端离地面必须相等，不得超过规定高度 2 cm。

2. 网柱

网柱用圆形光滑的金属材料制成。网柱分别架设在两条边线外 0.5～1 m 的中线延长线上。

3. 球

球为圆形，球的面料由柔软的高密度合成革材质制成。颜色为彩色。圆周长为 72～78 cm，重量为 120～140 g，气压为 0.15～0.18 kg/cm^3。一次比赛所用的球必须是同一特性、同一品牌的球。

二、排球比赛规则

(一)比赛方法

(1)在每场比赛开始时，双方上场队员各 5 名，按规定区域站位，面向网前从右到左依次为 2、3、4 号位前排队员；站在后排从右到左为 1、5 号位。比赛开始前，教练将上场队员号码表交记录台登记，由第二裁判检查站位次序。当第一裁判鸣笛开始后，不得更改。

(2)比赛开始先由发球队的 1 号位队员在发球区发球，如果发球直接落在对方场地上或接球方失误，则发球方得 1 分，本方换人发球。如发球失误就失去球权并失 1 分，由对方 2 号位队员发球，并依次按顺时针方向轮转发球。

(3)在比赛过程中，球不准落地，每队最多允许 3 次击球(拦网除外)，将球击到对方场地，同时每个队员不准连续触球 2 次(拦网除外)。

(4)正规比赛每场为五局三胜制，全场采用每球得分制，前四局某队先得 21 分为胜一局，如遇双方均得 20 分时，须有一方多得 2 分才算胜一局。若双方在各胜两局时，则第五局为决胜局，必须重新选择场地或发球权。在第五局中，任何一方先得 8 分时，两队应交换场地，在交换场地后，双方队员不得任意交换位置，并仍由原发球一方继续发球。

（二）暂停

只有在死球时，经教练员或场上队长请求后，裁判员才准予暂停。每局比赛每队可以有 2 次自由暂停。教练员可以在不影响正常比赛的情况下进行指导。

（三）换人

(1)每局比赛，每队最多可换 5 人次。这 5 人次可同时替换，也可分开替换。

(2)每局开始上场队员只能退出比赛 1 次，在同一局中，他若再次上场比赛，只能回到原来轮次的位置上。

(3)替补队员每局只能上场比赛 1 次，他可以替换任何一位队员；但在同一局中，他只能由被他换下的队员来替换。

（四）触网犯规

比赛进行中，队员身体的任何部分都不允许触碰球网。

（五）进攻性击球

队员直接向对方击球，即为进攻性击球。队员进攻性击球时，队员的起跳脚不得踏及或超过限制线(2 m 线)，也不能踏及或超过限制线的延长线，进攻性击球后，允许落在前场区内。

（六）持球

队员没有将球清晰地击出或接触球时有较长的停留。

（七）连击

一名队员不得连续触球两次(拦网除外)。

（八）对位置错误的判断（限在发球时）

队员在场上的位置，应根据脚的着地部位来确定：每一名前排队员一只脚的某部分，必须比同列后排队员的双脚距离中线更近；每一名左、右边的队员(前排或后排)一只脚的某部分须比同排队员的双脚距离同侧边线更近。

（九）拦网

1. 拦网的定义

拦网是队员靠近球网，在高于球网处阻挡对方来球的行动，与触球点是否高于球网无关；只有前排队员可以完成拦网。

2. 进入对方空间拦网

允许拦网队员的手过网拦网，但不得干扰对方击球。过网拦网的触球必须在对方进攻性击球之后；在对方进攻性击球同时或之前拦网触球均为犯规。

3. 集体拦网

两名或三名队员彼此靠近进行拦网为集体拦网。其中一人触球则完成拦网。

4. 拦网与球队的击球

拦网的触球不算作球队的一次击球。完成拦网后可由任意一名队员进行第一次击球，包括拦网时已经触球的队员。

第九章　乒乓球运动

第一节　乒乓球运动简介

一、乒乓球运动的起源与发展

乒乓球运动于19世纪末起源于英国。最初只是一种活动性游戏，球是用轻而富有弹性的材料制成，拍子用雪茄烟盒盖之类的木质板，像打网球一样在桌上打，故称之为“桌上网球”。

1926年，国际乒乓球联合会正式成立，并决定举行第1届世界乒乓球锦标赛。多年来，乒乓球运动的发展大约经历了三个阶段。初期，运动员使用的球拍虽形状各异，但都是木制的，击出的球速度慢、力量小，谈不上什么旋转；打法也单调，只是把球推来推去。1903年，英国人古德发明了胶皮球拍，有力地促进了乒乓球技术的发展。从1926年到1951年，世界各国选手大都使用表面有圆柱形颗粒的胶皮拍。击球时增加了弹性和摩擦力，可以使球产生一定的旋转，因而出现了削下旋球的防守型打法。1959年，容国团获得了第25届世界乒乓球锦标赛男子单打冠军后，中国运动员开始登上了国际乒坛，逐渐形成了以“快、准、狠、变”为技术风格的直拍近台快攻打法。在1961年第26届世界锦标赛中，中国队第一次夺得了男子团体世界冠军，之后连续获得第27、28届男子团体冠军。

20世纪70年代以来，由于国际交往和学习研究的加强，各种打法互取长短，使乒乓球技术得到了更快的发展和提高。比如，中国近台快攻、直拍快攻结合弧圈球、横拍快攻结合弧圈球等打法和技术，均有所发展和创新，在国际比赛中取得了优良的成绩。乒乓球已发展成为各国人民喜爱的运动项目之一。

乒乓球运动从1988年第24届汉城奥运会开始成为奥运会比赛项目，提高了乒乓球在国际体坛的地位。乒乓球是我们中国的国球，中国在乒乓球历史上占有很高的地位，20世纪60年代以来，中国乒乓球选手取得了世界乒乓球比赛的大部分冠军，甚至多次包揽整个赛事的所有冠军。

二、乒乓球运动的特点和锻炼价值

(一)乒乓球运动的特点

(1)乒乓球运动最大的特点就是器材设备十分简单，随时随地都可以练习，非常方便，室内外均可进行活动，运动量可大可小，不受年龄、性别和身体条件的限制，很容易被大众所接受。

(2)乒乓球速度快、变化多，想要打好乒乓球就要掌握乒乓球技术，学会灵活运用，要求练习者在瞬间对来球有较强的反应能力和应变能力。它能提高人体神经系统的灵敏性和协调性。

(3)很多人都认为乒乓球运动是单人运动，其实不然，乒乓球也是团队运动，乒乓球项目设有单打、双打、团体项目。团体项目通过团队协作来实现，所以乒乓球运动可以培养独立思考、单独作战、集体配合能力。

(二)乒乓球运动的锻炼价值

1. 增强身体素质

长期参加乒乓球运动可以增强身体素质。随着乒乓球运动水平的提高，活动范围的增大，运动量也就相应增加，这就相应地提高了灵敏度、速度、力量、耐力等身体素质，从而达到肌肉发达、身体健壮、关节更加稳固的效果，促进形成终身体育意识。

2. 调节和改善神经系统灵活性

由于乒乓球球体小、飞行速度快、变化多，在短暂的时间内，要求运动员对高速运动的来球方向、落点、旋转、力量等因素进行全面观察并进行判断，及时采取对策，调整击球位置与拍面角度，进行合理还击。经常从事乒乓球运动，可以大大提高神经系统的反应速度。

3. 改善心血管系统和呼吸系统功能

经常参加乒乓球运动，可以使心血管系统的结构和功能得到改善，心肌变得发达有力，心容量加大，每搏输出量增多，心搏舒缓和血压降低，提高心脏工作效率，有利于身体的新陈代谢，提高整个身体机能水平。

4. 提高心理素质

乒乓球运动是竞技项目，对抗激烈，比分更改速度快，运动员情绪状态非常复杂。经常经受这些变幻莫测、胜负难料的激烈竞争的锻炼，同时在比赛中要对对方战术意图进行揣摩，因此，使练习者的心理素质得到了很好的锻炼。

5. 促进交流，增进友谊

通过参加乒乓球运动，可以相互交流经验，切磋球技，达到相互学习、共同提高的目的。培养机智、勇敢顽强、吃苦耐劳、团结协作、遵守纪律等思想品质，增加人们交流交往的机会，提高人与人之间的沟通能力。

三、乒乓球击球的基本原理

乒乓球运动的弧线、速度、旋转、力量和落点均表现在每一次的击球中，它是衡量乒乓球技术水平高低的重要因素。

乒乓球击球环节和击球力量运用

击球环节包括：判断来球、击球位置、击球时间、击球部位、球拍角度和还原(图 9-1、图 9-2)。

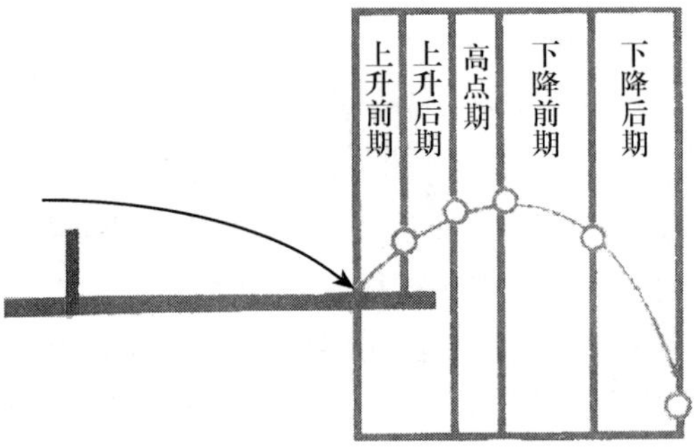

图 9-1　击球时间的不同时期

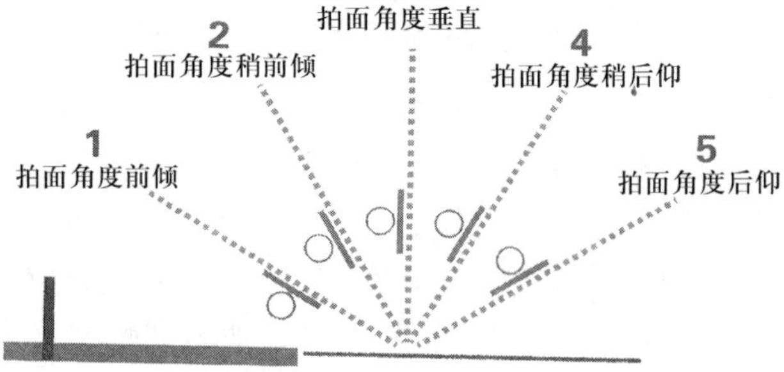

图 9-2　球拍击球时的不同角度

击球力量一般根据打法、击球距离、来球情况和战术需要来确定。可以提高击球质量，保证击球准确性。

第二节　乒乓球运动基本技术

一、基本站位与准备姿势

(一)基本站位

运动员的基本站位均不是固定不变的，不同类型打法的选手，其基本站位也各不相同。不同类型打法的运动员基本站位(以右手持拍为例)：左推右攻打法在近台，球台左 1/3 处。直拍近台两面攻打法在近台，球台端线中间略偏左处。弧圈球打法应离台 70～100 cm，直拍弧圈球打法在离球台端线偏左 1/3 处；横拍弧圈球打法则在稍中间位置。对手是左手握拍，站位应稍向中间移位。对手是弧圈球打法，应稍退后。双方均是削球打法时，基本站位应靠前。本方是近台快攻打法，对方是削球打法时，基本站位应稍向后退一些。

(二)准备姿势

两脚开立(略比肩宽)，左脚比右脚稍向前，重心置于两脚之间；两膝微屈，上体含胸略前倾，重心压在前脚掌；下颌稍向内收，两眼注视来球；以右手持拍为例，持拍手自然弯曲，置于身体右侧前方，手腕适当放松，非持球手自然弯曲，置于腹部前方位置。

合理的姿势可以始终做好击球准备，完成进攻和防守任务，持直、横拍基本姿势如图 9-3 所示。

(a) 直拍　　(b) 横拍

图 9-3　准备姿势

二、握拍法

握拍对掌握技术有很大影响，握拍法分直拍和横拍两大类。

(一)直拍握法

直拍握法正手攻球快速有力，攻斜线、直线球时拍形变化不大，对方不易判断，便于从速度、球路和力量上取得主动；手腕动作灵活，发球可做较多变化，但是，反手攻球时因受身体阻碍，技术较难掌握，不易起重板，攻削交替时，手法变化大，影响击球速度和准确性，防守时照顾面积较小。

直拍的基本握法：拇指、食指自然弯曲，以拇指第一关节和食指第二关节压住球拍的两肩，两指间距约一指宽距。中指、无名指、小指自然弯曲斜形重叠，以中指第一关节偏左侧部托于球拍背面上 1/3 处；或中指、无名指微屈，同时压住拍面（图 9-4）。

（二）横拍握法

横握拍法，照顾面比直拍大，攻球和削球时握拍的手法变化不大；反手攻球时便于发力，削球时用力方便，易于发挥手臂的力量和掌握旋转变化；攻斜、直线球时调节拍形的幅度大、动作明显，易被对方识破；台内正手攻球技术较难掌握。

横拍的基本握法：虎口压住球拍右上肩，拇指和食指自然弯曲分别握在拍身前、后两面。中指、无名指、小指弯曲握住拍柄（图 9-5）。

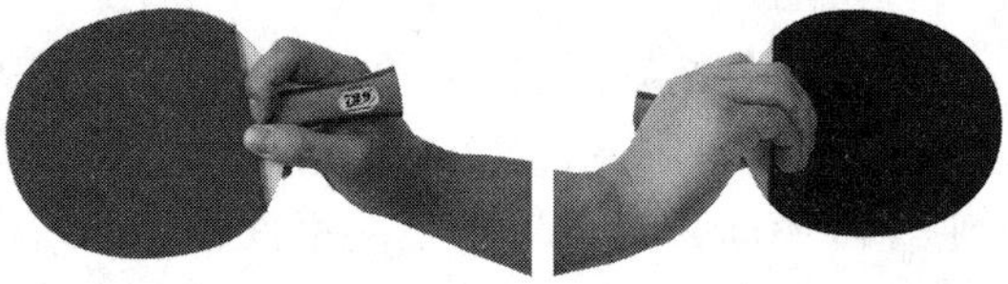

（a）正面手型　（b）后面手型

握法类似于握笔，力度以握住球拍为宜。

图 9-4　直拍握法

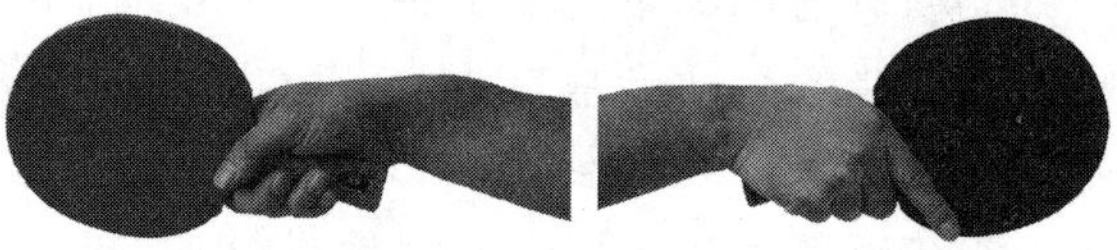

（a）正面手型　（b）后面手型

握法类似于握手，力度以握住球拍为宜。

图 9-5　横拍握法

三、步法

（一）单步

单步指以一只脚为轴，另一只脚可以向前、后、左、右不同方向移动，身体重心随后转移到移动脚上。它的特点是移动速度快，重心平稳，移动范围小。

（二）并步

并步是指一只脚先向另一只脚并半步，另一只脚在并步脚落地后随即向来球方向移动一步。

（三）交叉步

交叉步是指以靠近来球方向的脚先蹬地发力，异侧脚蹬地往来球方向迈一大步，在另一只脚前面跨过，异侧脚落地后，另一只脚快速移到外侧支撑。交叉步移动的范围大，一般适用于正手，主要用来处理离身体较远的球。

（四）跨步

跨步指以靠近来球方向的脚往来球方向跨一大步，并另一只脚顺势跟上。跨步移动的范围大，速度快。

（五）跳步

跳步是指两脚同时蹬地发力，往来球方向同时运动的一种步伐。跳步移动的范围非常大，跳步在移动时，常伴随短暂的腾空时间，这对于重心的稳定有一定影响。

四、发球技术

发球与接发球是乒乓球的重要基本技术，两者是互相推动向前发展的，发球技术的提高能促进接发球技术的提高，接发球技术提高了，又促使发球技术的再提高。

(一)正手平击发球

平击发球是乒乓球最基本的发球技术,正手平击发球如图 9-6、图 9-7 所示。

(a) 手掌持球　　(b) 抛球引拍　　(c) 挥拍击球

站位近台偏左，左脚稍前，持拍手臂自然弯曲，左手抛球同时，向身体右后方引拍，当球落至比网稍高时，向左前上方挥拍迎击球，拍形稍前倾，击打球中上部。

图 9-6　直拍正手平击发球

(a) 手掌持球　　(b) 抛球引拍　　(c) 挥拍击球

站位近台中间偏左处，抛球同时向侧上方引拍，上臂带动前臂向前平行挥动，拍形稍前倾，在球的下降期击球的中上部向前方发力，使球的第一落点在球台的中段附近。

图 9-7　横拍正手平击发球

(二)反手平击发球

平击发球是乒乓球最基本的发球技术,反手平击发球如图 9-8、图 9-9 所示。

站位近台偏右，双脚平行，或右脚稍前，持拍手臂自然弯曲，左手抛球同时，向身体左后方引拍，当球落至比网稍高时，向左前上方挥拍迎击球，拍形稍前倾，击打球中上部。

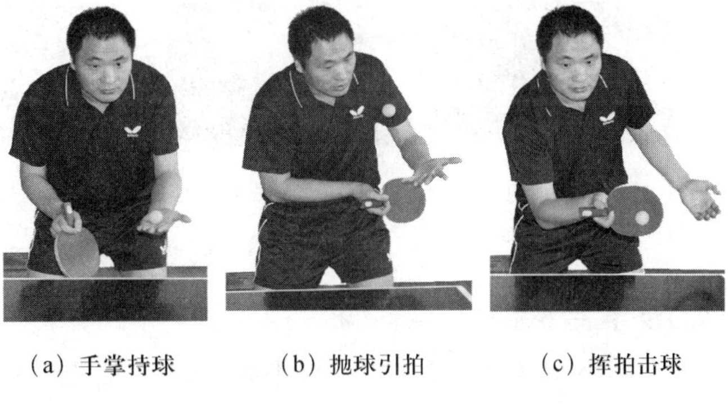

(a) 手掌持球　　(b) 抛球引拍　　(c) 挥拍击球

图 9-8　直拍反手平击发球

(a) 手掌持球　(b) 抛球引拍　(c) 挥拍击球

站位近台偏右，双脚平行，或右脚稍前，持拍手臂自然弯曲，左手抛球的同时，向身体左后方引拍，当球落至比网稍高时，向左前上方挥拍迎击球，拍形稍前倾，击打球中上部。

图 9-9　横拍反手平击发球

(三)正手发下旋球

下旋发球球拍摆动弧线向内，重点是接触球瞬间要向下挤压摩擦球，正手发下旋球如图 9-10、图 9-11 所示。

(a) 手掌持球　(b) 抛球引拍　(c) 挥拍击球

右脚在后，前臂向后上方引拍，球下落与网同高时，球拍前挥，接触球瞬间，球拍后仰，切球中下部，前臂与手腕配合下压用力摩擦球。

图 9-10　直拍正手发下旋球

(a) 手掌持球　(b) 抛球引拍　(c) 挥拍击球

基本练习方法同直拍正手发下旋球。

图 9-11　横拍正手发下旋球

(四)反手发下旋球

下旋发球球拍摆动弧线向内，重点是接触球瞬间要向下挤压摩擦球，反手发下旋球如图 9-12、图 9-13 所示。

站位近台，右脚稍前，抛球后，待球下落时前臂迅速由后向前挥动，拍面稍后仰，切球中下部，手腕下压摩擦球，第一落点在本方球台端线附近。

(a) 手掌持球　(b) 抛球引拍　(c) 挥拍击球

图 9-12　直拍反手发下旋球

基本练习方法同直拍反手发下旋球。

(a) 手掌持球　(b) 抛球引拍　(c) 挥拍击球

图 9-13　横拍反手发下旋球

(五)正手发侧旋球

侧旋发球球拍摆动弧线向内，重点是接触球瞬间要在侧面挤压摩擦球，正手发侧旋球如图 9-14、图 9-15 所示。

右脚在后，抛球时，持拍手向右后上方引拍，手腕外展，球下落与网同高时，手臂向左下方迅速挥动，接触球瞬间手腕向左上方快速转动，使球拍从球的中部向左前方摩擦。

(a) 手掌持球　(b) 抛球引拍　(c) 挥拍击球

图 9-14　直拍正手发侧旋球

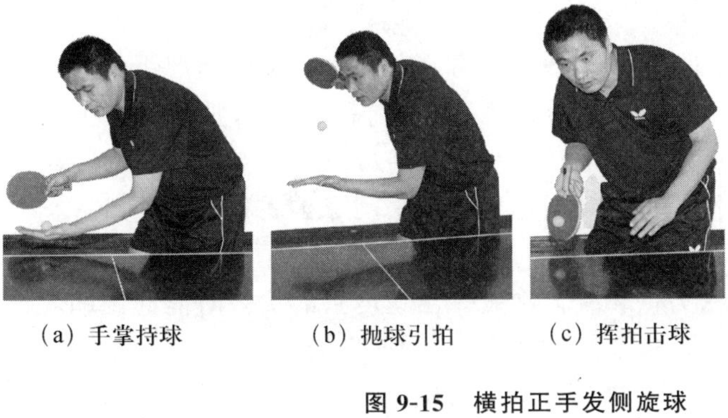

横拍正手侧旋发球方法与直拍相同，接触球瞬间拍柄向上。

(a) 手掌持球　(b) 抛球引拍　(c) 挥拍击球

图 9-15　横拍正手发侧旋球

(六)反手发侧旋球

侧旋发球球拍摆动弧线向内，重点是接触球瞬间要在侧面挤压摩擦球，反手发侧旋球如图9-16、图9-17所示。

右脚稍前，左手掌心持球置于腹前左侧，右手持拍于身体左侧。抛球后，持拍手向左后方引拍，待球下落时前臂由后向右前挥动，击球中部。

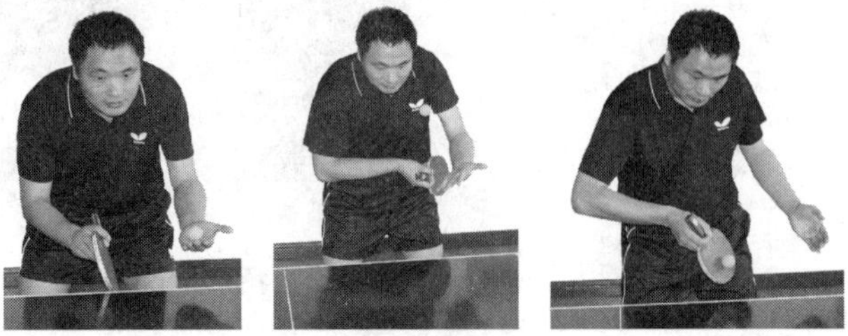

(a) 手掌持球　(b) 抛球引拍　(c) 挥拍击球

图 9-16　直拍反手发侧旋球

(a) 手掌持球　(b) 抛球引拍　(c) 挥拍击球

横拍反手侧旋发球动作与直拍动作基本相同，引拍时手腕要充分内展。

图 9-17　横拍反手发侧旋球

五、推挡球技术

(一)推挡球的技术动作

推挡包括挡球、减力挡、快推、快挡、加力推和推下旋、推挤等技术。

1. 挡球

特点：球速慢，力量轻，动作简单，容易掌握。

动作方法(以右手为例)：两脚平行或左脚稍前，身体离球台约 50 cm。击球前，前臂与台面平行伸向来球。拍触球时，前臂和手腕稍向前移动，主要是借助对方来球的反弹力将球挡回。在上升期，击球的中部，拍形与台面接近垂直。击球后，迅速收回球拍，还原成击球前的准备姿势。

2. 减力挡

特点：能减弱回球的力量，前进力弱，一般在对方来球力量较重的情况下使用。

动作方法：站位与挡球相同。在触球的一刹那，手臂前移的动作要骤然停止，甚至根据来球情况要把球拍轻轻后移，用以减弱来球的反弹力。要使减力挡控制得好，必须善于根据来球力量和上旋强度的大小，调节好拍形角度和掌握好触球瞬间球拍后移的动作。

3. 快推

特点：借力还击，回球速度快，力量较轻。在发挥出速度上的优势时能起到助攻作用，落点变化好，能袭击对方空当。

动作方法：左脚稍前，或两脚平行，自然开立，身体离台约 50 cm，持拍手上臂和肘关节内收，前臂略向外旋。击球时，前臂开始向前推击，同时手腕外旋，食指压拍，拇指放松使拍形前倾。在上升期，击球中上部，将球快推回去。击球后，手臂继续前送，手腕配合外旋使球拍下压。

4．加力推

特点：回球力量重，球速快，击球点较高。充分发挥手臂前推力量，能压制对方攻势，有利于争取主动。

动作方法：加力推的击球时间比快推稍慢一些。在准备推挡时，前臂向后收，使球拍稍为提高一些，并及时根据来球弹起的高度，调整好拍形角度，在上升期后段或高点期击球中上部。主要靠前臂向前推压发力。击球时，拍形应固定，手腕不加转动。

5．快挡

特点：这是横拍技术，动作简单，回球速度快。如落点控制好，也能取得一定的主动地位。它与削球结合起来不仅使攻球产生旋转的变化，而且改变了回球的速度，为反攻创造机会。用它来接突击球，或回击弧圈球和对方发来的急球都有很好的效果。

反手快挡：球拍置于身前，前臂自然弯曲。准备击球时，拍稍向后移。如挡直线，当球从台面弹起时，前臂向前迎球，拍形稍前倾，使拍面对着对方右角，在上升期击球中上部。如挡斜线，手腕在触球刹那间稍向外转动，使拍面对着对方左角，触球的左侧上部。

正手快挡：准备击球时，前臂稍向右移动。如挡直线，当球从台面弹起时，前臂向前迎球，手腕略向外展，拍稍微竖起，使拍面对着对方左角，在上升期击球中上部，拍形稍前倾。如挡斜线，手腕稍向内转，使拍形对着对方右角，触球的中上部。

视频 9-1：
推挡球技术

（二）反手推挡球练习

反手推挡技术具有站位近、动作小、球速快特点，为正手攻球创造机会，技术动作如图 9-18、图 9-19 所示。

（a）向后引拍　（b）臂外旋击球　（c）随球伸臂

近台中偏左站位，右脚稍前，引拍时，上臂应靠近身体。前臂外旋前伸迎球，手腕手指调节拍形前倾，食指用力，拇指放松，在上升期或高点期击球中上部。

图 9-18　直拍反手推挡球

（a）向后引拍　（b）臂外旋击球　（c）随球伸臂

近台中偏左站位，右脚稍前，引拍时，上臂应靠近身体。前臂外旋前伸迎球，手腕手指调节拍形前倾，拇指用力，食指放松，在上升期或高点期击球中上部。

图 9-19　横拍反手推挡球

六、攻球技术

攻球是乒乓球运动重要技术和得分手段，具有速度快、力量大的特点，它包括快攻、远攻、拉攻、台内攻球、扣球、侧身攻球等技术。

(一)攻球的技术动作

1. 正手快攻

特点：站位近，动作小，球速快，借球反弹力还击，能缩短对方准备回击时间，争取主动，为进攻创造条件，也可直接得分。

动作方法：左脚稍前，身体离球台约 40 cm。击球前，持拍手臂要右前伸迎球，前臂自然放松，球拍呈半横状。当球从台面弹起，前臂和手腕向前上方挥动，并配合内旋转腕的动作，使拍形前倾，在上升期击球中上部。拍触球的刹那间，拇指压拍，同时加快手腕内旋速度，使拍面沿球体做弧形挥动。击球后，挥拍至头部高度(图 9-20)。

横拍击球时，手臂要自然弯曲，手腕与前臂近乎成直线并约与地面平行。前臂和手腕稍向前上方用力，击球时间、部位和拍形与直拍基本相同(图 9-21)。

视频 9-2：
正手攻球技术

(a) 向后引拍　(b) 挥臂击球　(c) 拍挥至眉前

击球前，引拍至右侧呈半横状，当球弹起后，手臂向左前上方迅速挥动。击球时食指放松，拇指压拍，拍面前倾并结合前臂内旋、手腕内转动作，在球上升期击球的中上部。

图 9-20　直拍正手攻球

前臂和臂腕成直线与台面接近平行、同时内旋，拍柄略向下。击球的时间、拍面的角度与手臂挥动方向与直拍相同。

(a) 向后引拍　(b) 挥臂击球　(c) 拍挥至眉前

图 9-21　横拍正手攻球

2. 正手扣杀

特点：动作大，力量重，球速快，攻击性强，在还击半高球时，能充分发挥击球的力量，是得分的一种重要手段。

动作方法：左脚稍前，击球前持拍手臂向右后方引拍，并稍高于台面，球拍呈半横状。当球弹起到高点时，上臂带动前臂由后向前。将触球时，前臂加速用力向左前挥击，手腕跟着转动，在高点期前后击球中上部，拍形稍前倾。球拍触球的刹那间，整个手臂的力量应发挥到最大限度，同时腰部配合向左转动，触球点一般在胸前 50 cm 左右。击球后，要随势将拍挥至左胸前，上体左转，重心由后脚移至前脚。

3. 正手拉攻

特点：站位稍远，动作较慢，由下向上挥击，球速不很快，靠主动发力击球。

动作方法：左脚稍前，身体离球台约 60 cm。击球前，持拍手臂向右后下方引拍，球拍比半横状略下垂些，拍形稍后仰。当球从高点开始下降时，上臂由后向前上方挥动，在将触球前，前臂加速用力向左上提拉，同时配合手腕动作向上摩擦球，在下降期击球中部或中下部，拍形接近垂直。遇来球低或下旋较强时，腰部应配合向上用力。击球后，要随势将球拍挥至额前，重心移至左脚。

4. 反手快拨

特点：动作小，球速快，借来球反弹力还击。在近台快攻中可发挥速度上的优势。它是横拍的一项基本技术。

动作方法：右脚稍前，前臂自然弯曲，将球拍引至腹前偏左处，肘部稍前。当球从台面反弹时，前臂带动手腕向右前方挥动，在上升期击球中上部，拍形稍前倾，借来球反弹力将球拨回。击球后，手腕向前，肘略往后，球拍随势挥至右肩前。

(二)练习方法

(1)可先根据正反手攻球动作要领做徒手模仿动作练习，体会挥臂手法、腰部扭转和重心交换等要领。

(2)挡球一人练习正(反)手攻球。要求先轻打，再用中等力量打。待稍熟悉后，再练发力攻或快打。

(3)推挡一人练习正(反)手攻球。练习形式有攻斜线、攻中路、攻直线，在 1/2 球台范围内攻球或在 2/3 台范围内攻球。

视频 9-3：反手攻球技术

七、弧圈球技术

(一)弧圈球技术动作

弧圈球是一种上旋力非常强的进攻技术。弧圈球的种类很多，它包括正手加转和不转、正手前冲、正手侧旋，以及反手弧圈球的打法。

1. 正手加转弧圈球

特点：球速较慢，弧线较高，上旋性特强，着台后向下滑落快，回击不当易出界或击出高球，可为扣杀创造机会。

动作方法：两脚开立，右脚稍后，身体略向右转，两膝微屈，重心放在右脚上。准备击球时，持拍手臂自然下垂，并向后下方引拍，右肩略低于左肩，拇指压拍使拍形略为前倾，呈半横立状，并使拍形固定。当来球从台面弹起时，手臂向前上方挥动，前臂在上臂带动下爆发性用力做快收动作。将要触球时,手腕向前上方加力,在球下降期用拍摩擦球的中部或中上部。球拍擦击球时,要注意配合腰部向左上方转动和右腿蹬地的力量。击球后,重心移至左脚。

2. 反手弧圈球

特点:反手弧圈球多为横拍运动员所采用。这种打法由于受到身体的阻挡,手臂力量的发挥受到限制。

动作方法:两脚平行或左脚稍后站立,两膝微屈,重心较低。击球前,将球拍引至腹部下方,腹部略内收,肘部略向前,手腕下垂,拍形前倾。当球从球台弹起时,以肘关节为轴,前臂迅速向上挥动,结合手腕向上转动的力量,在下降期用拍擦击球的中部或中上部。在击球过程中,两腿向上蹬伸。

(二)练习方法

(1)徒手模仿拉弧圈球的动作。

(2)一人发中路出台的下旋球,另一人练习拉弧圈球。

(3)一人推挡,另一人练习连续拉弧圈球。

八、搓球

搓球是近台还击下旋球的一种基本技术。比赛中经常用它为拉弧圈球创造条件。它与攻球结合可形成搓攻战术。搓球可用于接发球,必要时用它作为过渡。对初学者来说,首先应学反手搓球,再学正手搓球。先练习慢搓,再练习快搓。在基本熟悉以上技术之后,再练习搓转与不转的球。

1. 快搓

特点:动作幅度较小,回球速度较快,能借助来球的前进力去回击。它是对付削球和搓球的一种方法。

动作方法:右脚稍前,身体靠近球台。来球在身体左侧时,可运用反手搓球。击球时,上臂迅速前伸,前臂跟随向前,拍形稍后仰,利用上臂前送力量,在上升期击球中下部。来球在身体右侧时,可以运用正手搓球。搓球时,身体稍向右转,手臂向右前上方引拍,然后前臂和手腕向前下方用力,在上升期击球中下部。

2. 慢搓

特点:动作幅度较大,回球速度稍慢。旋转变化运用得好,可以为进攻创造条件或直接得分。

动作方法:反手慢搓的站位是右脚稍前,身体离球台约 50 cm,持拍手臂向左上方引拍。击球时,前臂和手腕向前下方用力,同时配合内旋转腕的动作,拍形后仰,在下降后期搓击球中下部。击球后,前臂随势前送。

横拍搓球时,拍形略竖一些,击球后前臂向右下方挥摆。击球时间、部位和拍形,与直拍基本相同。

正手慢搓的站位是左脚稍前,身体稍向右转。击球前,手臂向右上方引拍。然后前臂和手腕向左前下方用力搓球,在下降期击球中下部。

搓球是回击台内下旋球的一项技术,比较稳健,旋转和落点变化较多,常用作过渡,以寻找进攻机会,正反手搓球技术如图 9-22 至图 9-25 所示。

视频 9-4:
搓球技术

两脚平行或右脚稍前靠近球台站立，双膝微屈。击球前向右上方引拍，拍面稍后仰。击球时前臂和手腕向左前下方挥动，在上升期摩擦球中下部，将球搓出。

（a）引拍　（b）后仰迎球　（c）击球下中部

图 9-22　直拍正手搓球

（a）引拍　（b）后仰迎球　（c）击球下中部

站位同直拍，击球前向右边体侧方向引拍，拍面稍后仰。击球时前臂和手腕向左前下方挥动，在上升期摩擦球中下部，将球搓出。

图 9-23　横拍正手搓球

（a）引拍　（b）后仰迎球　（c）击球下中部

身体靠近球台，双脚开立，膝微屈，击球时拍面稍后仰，前臂与手腕配合向前下方挥拍，在上升期摩擦球的中下部，将球搓出。

图 9-24　直拍反手搓球

站位同直拍，击球前向左边体侧方向引拍，拍面稍后仰。击球时前臂和手腕向右前下方快或慢挥动，在上升期摩擦球中下部，将球搓出。

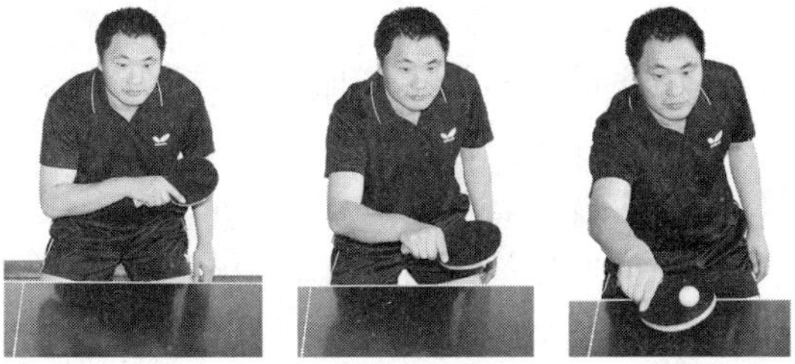

（a）引拍　（b）后仰迎球　（c）击球下中部

图 9-25　横拍反手搓球

第三节　乒乓球运动规则简介

一、场地与器材

场地规格：赛区应由 0.75 m 高的同一深色的挡板围起，并与相邻的赛区及观众隔开。每张球台的比赛场地面积为 8 m×16 m。场地内放有球台、球网、球、挡板、裁判桌、裁判椅、计分器等。每张球台至少还要使用两台电子记分牌，决赛时使用四台。电子记分牌安放在乒乓球比赛场地两侧后面或四角，牌上有运动员的姓名、所属国家或地区、时间、各局比分等，使观众在看台上可以清楚地看到显示屏上的比分。体育馆内还有一个所有观众都能看清楚的大电子显示屏，能同时显示所有球台比赛的有关信息。决赛或仅使用一张球台比赛时，裁判员使用话筒，以方便全场观众观看比赛。

器材规格：球台——高 76 cm、长 2.74 m、宽 1.525 m，颜色为墨绿色或蓝色。球网——高 15.25 cm、台外突出部分长 15.25 cm，颜色与球台颜色相同。球——呈白色或橙色，且无光泽，直径 40 mm、重量 2.7 g 的硬球。挡板高 0.75 m、宽 1.4 m 或 2 m，颜色与球台颜色相同。所有器材均由国际乒联特别批准和指定。在整个比赛过程中包括训练设施均必须采用相同牌号的器材。

二、比赛规则

(一)一场比赛

一场比赛由奇数局组成。一场比赛应连续进行，除非是经许可的间歇。单打的淘汰赛采用七局四胜制，团体赛中的一场单打或双打采用五局三胜制。

(二)一局比赛

在一局比赛中，先得 11 分的一方为胜方，10 平后，先多得 2 分的一方为胜方。

(三)比赛次序

在单打中，首先由发球员合法发球，再由接发球员合法还击，然后两者交替合法还击。在双打中，首先由发球员合法发球，再由接发球员合法还击，然后由发球员的同伴合法还击，再由接发球员的同伴合法还击，此后，运动员按此次序轮流合法还击。

(四)合法发球

(1)发球时，球应放在不执拍手的手掌上，手掌张开和伸平。球应是静止的，在发球方的端线之后和比赛台面的水平面之上。

(2)发球员须用手把球几乎垂直地向上抛起，不得使球旋转，并使球在离开不执拍手的手掌之后上升不少于 16 cm。

(3)当球从抛起的最高点下降时，发球员方可击球，使球首先触及本方台区，然后越过或绕过球网装置，再触及接发球员的台区。在双打中，球应先后触及发球员和接发球员的右半区。

(4)击球时，球应在发球方的端线之后，但不能超过发球员身体(手臂、头或腿除外)离端线最远的部分。

(五)合法还击

对方发球或还击后，本方运动员必须击球，使球直接越过或绕过球网装置，或触及球网装置后，再触及对方台区。

（六）得分

（1）对方运动员未能合法发球。

（2）对方运动员未能合法还击。

（3）对方运动员合法发球或合法还击后，对方运动员在击球前，球触及除网装置以外的任何物体。

（4）对方运动员击出的球已越过本方端线或者比赛台面，且始终没有触及本方台区。

（5）对方运动员连击。

（6）对方运动员阻挡。

（7）对方运动员或其穿戴的任何物件使球台移动。

（8）对方运动员或其穿戴的任何物件触及球网装置。

（9）对方运动员非持拍手触及比赛台面。

（10）双打比赛中，对方运动员击球次序错误。

（11）实行轮换发球法时，接发球一方连续 13 次合法还击，包括接发球。

（12）对方运动员用不符合规则条款拍面击球。

（七）发球、接发球和方位的次序

（1）赛前由抽签决定选择发球（或接发球）和方位的权力，中签者可以选择先发球（或先接发球），或选择先站在某一边比赛。在一方运动员选择了先发球（或先接发球）或选择了先站在某一边比赛后，另一方运动员应进行另一种选择。

（2）在每获 2 分之后，接发球方即成为发球方，依此类推，直至该局比赛结束或者直至双方比分都达到 10 分或实行轮换发球方法，这时，发球和接发球次序依然不变，但每人只轮发一分球。

（3）在双打的第 1 局比赛中，先发球方确定第 1 发球员，再由先接发球方确定第 1 接发球员。在以后的各局比赛中，第 1 发球员确定后，第 1 接发球员就应是前一局发球给他的运动员，此后，每次换发球时，前方的接发球员应成为发球员，前方的发球员的同伴应成为接发球员。

（4）一局中首先发球的一方，在该场下一局应首先接发球。在双打决胜局中，当一方先得 5 分时，接发球方应交换接发球次序。

（5）一局中在某一方位比赛的一方，在该场下一局应换到另一方位。在决胜局中，一方先得 5 分，双方应交换方位。

第十章　羽毛球运动

第一节　羽毛球运动简介

一、羽毛球运动的起源与发展

现代羽毛球运动诞生在英国。1873年，在英国格拉斯哥郡的伯明顿镇有一位叫鲍弗特的伯爵，在他的领地开游园会，有几个从印度回来的退役军官就向大家介绍了一种隔网用拍子来回击打毽球的游戏，人们对此产生了很大的兴趣。因这项活动极富趣味性，很快就在上层社会社交场上风行开来。“伯明顿”(Badminton)即成为英文羽毛球的名字。1893年，英国14个羽毛球俱乐部组成羽毛球协会。

1877年，英国的巴斯羽毛球俱乐部成立，第1本羽毛球比赛规则在英国出版。

1893年，在英国成立了世界上第1个羽毛球协会。1899年，该协会举办了第1届“全英羽毛球锦标赛”，每年举办一次，沿袭至今。

1934年，成立了羽毛球世界联合会，总部设在伦敦。

1939年，羽毛球世界联合会通过了各会员国共同遵守的《羽毛球竞赛规则》。

羽毛球运动约于1920年传入我国，新中国成立后得到迅速发展。20世纪初，羽毛球运动从斯堪的纳维亚到英联邦各国，流传到亚洲、美洲、大洋洲，最后传到非洲。

20世纪20～40年代，欧美国家的羽毛球运动发展很快，其中英国、丹麦、美国、加拿大的水平相当高。50年代亚洲羽毛球运动发展很快，马来西亚取得两届汤姆斯杯赛冠军。同时印度尼西亚队在技术和打法上有所创新，很快取得了霸主地位。60年代以后，羽毛球运动的发展逐渐移向亚洲。至70年代，我国羽毛球队已跻身于世界强队之列。国际羽坛是印度尼西亚与我国平分秋色。

1981年5月，羽毛球世界联合会重新恢复了中国在国际羽联的合法席位，从此揭开了国际羽坛历史上新的一页，进入了中国羽毛球选手称雄世界的辉煌时代。

在1988年汉城奥运会(第24届)上，羽毛球被列为表演项目，1992年巴塞罗那奥运会(第25届)列为正式比赛项目，其他羽毛球比赛也很多，如汤姆斯杯、尤伯杯以及世界羽毛球锦标赛等。1998年中国女子羽毛球队夺回“尤伯”杯，而在代表男女羽毛球整体实力的“苏迪曼”杯比赛中实现了1995年、1997年、1999年三连冠。

2000年悉尼奥运会上，我国运动员吉新鹏夺得男单冠军，龚智超夺得女单冠军，葛菲/顾俊再次夺得女双冠军，张军/高崚夺得混双冠军。

2001年，我国运动员又一次夺得苏迪曼杯冠军。在世锦赛上，龚睿那夺得女单冠军，高崚/黄穗夺得女双冠军，张军/高崚夺得混双冠军。

2003年在世锦赛上，夏煊泽夺得男单冠军，张宁夺得女单冠军，高崚/黄穗夺得女双冠军。

2004 年，中国队夺得汤姆斯杯、尤伯杯双冠军。在当年的第 28 届奥运会上，张宁夺得女单冠军，张军/高崚夺得混双冠军，杨维/张洁雯夺得女双冠军。

2005 年，中国队夺得苏迪曼杯冠军。在世锦赛上，谢杏芳夺得女单冠军，杨维/张洁雯夺得女双冠军。在世界杯上，林丹夺得男单冠军，蔡赟/傅海峰夺得男双冠军，谢杏芳夺得女单冠军，杨维/张洁雯夺得女双冠军，谢中博/张亚雯夺得混双冠军。

2006 年，中国队在日本东京夺得汤姆斯杯、尤伯杯冠军。在世锦赛上，谢杏芳夺得女单冠军，林丹夺得男单冠军，蔡赟/傅海峰夺得男双冠军，高崚/黄穗夺得女双冠军。在世界杯上，林丹夺得男单冠军，高崚/黄穗夺得女双冠军，王仪涵夺得女单冠军。

2007 年，中国队夺得苏迪曼杯冠军。在世锦赛上，朱琳夺得女单冠军，林丹夺得男单冠军，杨维/张洁雯夺得女双冠军。

2008 年，中国队在印尼雅加达夺得汤姆斯杯、尤伯杯双冠军，并在举世瞩目的 2008 年第 29 届北京奥运会上夺得了男单、女单和女子双打 3 项冠军。

2012 年伦敦奥运会，中国队首次包揽羽毛球全部 5 项金牌。

2016 年里约奥运会，中国队男单和男双获得 2 枚金牌。

2021 年即 2020 东京奥运会，中国队女单和混双获得 2 枚金牌。

2021 年 10 月 3 日，中国羽毛球队在芬兰万塔第 12 次捧起苏迪曼杯冠军奖杯。

二、羽毛球运动的特点和锻炼价值

(一)羽毛球运动的特点

羽毛球比赛分为男子单打、女子单打、男子双打、女子双打和男女混合双打 5 个单项比赛。羽毛球的技术特点是灵活、快速、多变，因而对运动员的灵敏性、协调性、爆发力、耐力等有较高的要求。羽毛球运动是全身运动项目，可调节运动量，不受场地限制，不受人数限制，不受年龄、性别限制。羽毛球运动适合于男女老幼，运动量可根据个人年龄、体质、运动水平和场地环境的特点而定。作为一般的健身活动，羽毛球运动对场地、器材的要求很低，只需要有两个人、两支球拍、一个球即可活动。场地可以任意选择一般的大厅、过道、广场、校园、公园等空地。

(二)羽毛球运动的锻炼价值

1. 娱人娱己，享受快乐

羽毛球运动的娱乐性很强，羽毛球飞翔的过程有快慢、轻重、高低、远近、狠巧、飘转等各种变化，运动者需要不停地奔跑和做出合适的动作，才能把球击打到对方的场地。所以对于参与者来说，其中的乐趣难以言表。而羽毛球的动作轻盈，丰富多变，击球的节奏、跑动的节奏都富有美感，所以也是一项非常有观赏性的运动。

2. 增强体质，提高免疫力

羽毛球运动需要运动者有较好的力量、速度、耐力、柔韧性等运动素质以及快速的反应能力。因此，经常从事这项运动可以发展人的灵活性、协调性，可以提高人们上下肢及躯干的活动能力。更重要的是，可以提高呼吸系统和心血管系统的功能，促进有氧供能和无氧供能，调节神经系统，全面提高运动者的体能，使身体的免疫能力加强。

3. 提高视力，减肥美体

经常面对电脑，带来眼睛的疲劳和干涩酸痛感，这可以通过羽毛球运动来缓解。羽毛球的飞行有各种变化，这要求运动者的眼睛要紧紧追寻高速飞行的球体，眼部的睫状肌不断收缩和放松。大大促进了眼球组织的血液供应，从而改善了睫状肌的功能，消除眼睛疲劳，提高运动者的视觉灵敏度和眼睛的反应能力。颈椎病是办公室人群最常见的病痛之一，而羽毛球运动则让运动者的头部在运动中不停地转动，颈部的运动频率也很高，而且球大部分时间是在空中飞过，运动者的头颈处于上仰的状态。这就如同一次颈部按摩，对颈椎病的缓解大有好处。生活中的实际经验也表明，羽毛球运动对于颈椎病有一定的疗效和很好的预防作用。

4. 塑造性格，培养斗志

羽毛球运动具有高竞争性、高对抗性和高强度等特点，所以运动者能在运动中锻炼出机智、灵活、果敢、积极的心态和在复杂情况下辨清事态的能力。同时，由于比赛的紧张和竞争的激烈，使运动者的心理素质也能得到很好的锻炼。想赢下对手，就必须比对手跑得更多、打得更巧或者打得更努力，面对体能的极限也要咬牙坚持，这对于培养良好的意识和意志品质很有帮助。

第二节　羽毛球基本技术

羽毛球运动是一项技术动作复杂、技术性很强的运动项目。在运动中不仅需要有良好的击球方法，而且还要具备灵活的移动步法。因此，羽毛球运动的基本技术是该项运动的主体，主要由上肢基本手法和下肢基本步法两大部分组成。上肢的基本手法又由握拍法、发球与接发球法、击球法三个技术部分组成，下肢的步法则由基本站立、上网步法、后退步法、两侧移动步法、起跳腾空步法组成。

一、握拍法

握拍法是指运动员手握球拍柄的方法。握拍法是羽毛球运动最基本、最重要的技术，是掌握和提高羽毛球技术水平的关键。握拍法分为正手握拍和反手握拍两种方法（以下内容均以右手握拍为例）。正手击球时用正手握拍，反手击球时用反手握拍。

（一）正手握拍法

握拍时，先用左手拿住球拍杆，使拍面与地面垂直，再张开右手，使虎口对着拍柄内侧小棱边，拇指和食指贴在拍柄的两个宽面上，食指和中指稍分开，中指、无名指和小指并拢握住拍柄。握拍时掌心稍空出（图 10-1）。

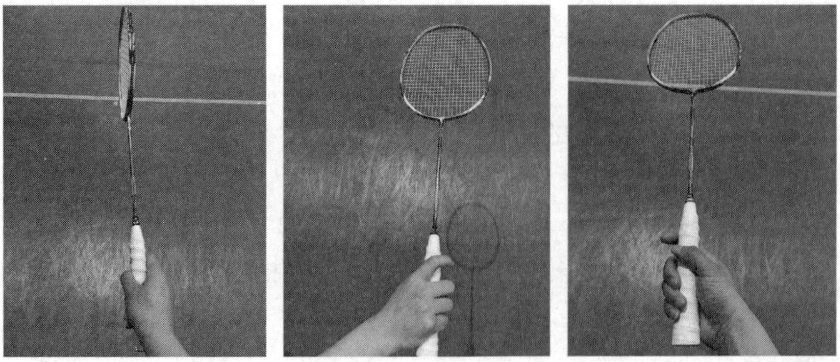

图 10-1　正手握拍法

(二)反手握拍法

反手握拍是在正手握拍的基础上,用大拇指和食指将拍柄稍向外转,将大拇指伸直用其第一指节内侧自然顶贴在拍柄内侧的宽面上,食指收回,与拇指同(或略)高。四指并拢握住拍柄。手心与拍柄之间留出空隙,有利于击球发力(图 10-2)。

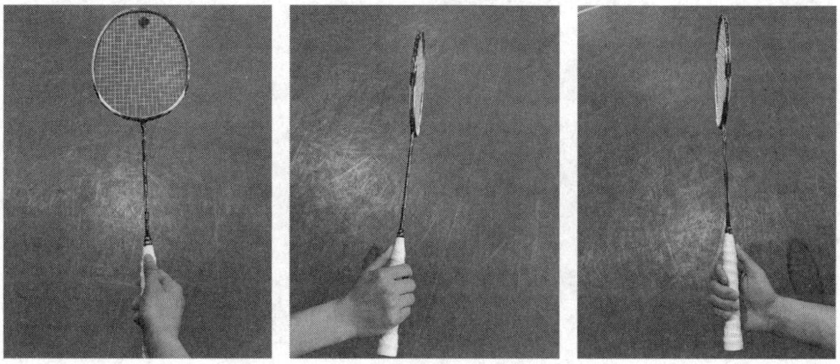

图 10-2 反手握拍法

二、发球与接发球

(一)发球

发球是羽毛球运动的一项重要的基本技术。基本的发球技术,按球在空中飞行的弧线可分为:发高远球、发平高球、发平射球和发网前球 4 种。按其动作分为:正手发球和反手发球两种。

1. 正手发球

发球站位:单打发球在中线附近,距前发球线 1 m 左右。双打发球站位可靠近前发球线。

准备姿势:身体左肩侧对球网,左脚在前,右脚在后,重心在右脚上。右手持拍向右后侧举起,肘部放松微屈,左手拇指、食指和中指夹住球,举在胸腹间。发球时,身体重心由右脚移至左脚。此发球站位和准备姿势适用于各种正手发球动作(图 10-3)。

(1)发高远球　发球时,身体重心由后脚移至前脚,持球手松开使球自然下落,右手上臂带动前臂,自右后方随转体向前上方挥拍,手部自然伸腕。当球拍与球快要接触的刹那间,握紧球拍,利用手腕屈伸的力量向前上方发力击球。然后,球拍顺着惯性向左上方挥动并缓冲。

(2)发平高球　发球站位、准备姿势、引拍动作、挥拍击球动作与发高远球动作基本一致,只是在击球一瞬间不是产生最大的向前上方挥动的爆发力,而是产生有控制力量的发力。随前动作也不必向左肩上方挥动,可以在击到球之后便制动,随前动作不必那么高,在胸前即可。

(3)发平射球　发球站位可比发高远球和平高球稍靠后一些,这样可使发出球的弧度较平。其他准备姿势、引拍动作、挥拍击球动作与发高远球基本一致,只是在挥拍至击球一瞬间,前臂内旋动作不明显,挥拍线路不是向上方而是向前方,腕部动作也由伸展至微屈,但方向不是向上微屈,而是向左侧前方微屈的快而小的闪腕动作。

(4)发网前球　准备姿势与站位同发高远球。发球时,挥拍幅度较小,主要靠前臂带动手腕、手指的力量向前横切推送,使球的飞行贴网而过,落在前发球区附近。

图 10-3　正手发球

视频 10-1：正反手发球技术

2. 反手发球

发球站位：站在前发球线后 10～50 cm 及发球区中线的附近，也可以站在前发球线及场地边线附近。

准备姿势：面向球网，两脚前后站立（左脚或右脚在前均可），上体稍前倾，身体重心在前脚上，后脚提起脚跟（图 10-4）。

（1）发网前球　右手反手握拍，左手拇指和食指捏住羽毛，球托向下，斜放在拍面前面。为了更好地控制发球时的发力动作，握拍时可握在拍柄的前端，肘关节抬起，手腕前屈。挥拍击球时，球拍稍微向后摆，并不停顿地接着向前挥动。前臂向斜上方推送，同时，带动手腕由屈到微伸而向前摆动，并利用拇指的顶力，轻轻地“切”击球托的侧后部。击球后，前臂上摆至一定高度即停止（图 10-4）。

图 10-4　反手发球

(2)发平高球　发球站位、发球准备姿势、挥拍击球动作及随前动作均与反手发网前球相同,只不过在击到球的一瞬间不是轻轻地"切"击球托的侧后部,而是手腕由屈突然变直,向前上方挥动,让球突然飞越发球者,飞向后发球线。

(二)接发球

接发球是还击对方发过来的球。接发球和发球一样,都是羽毛球运动最基本的技术,在比赛中同样起着重要的作用。发球与接发球是一对矛盾,发球方想方设法发出各种不同弧线的球,以此来控制对方;而接发球方则后发制人,来达到反控制的目的。

1. 接发球的站位

单打的接发球站位离前发球线约 1.5 m,在右发球区要站在靠中线的位置,在左发球区则站在中间稍偏边线的位置,主要防备对方发球攻击反手部位。双打接发球时站位可靠近前发球线,因双打的后发球线距离前发球线比单打短 0.76 m,发高远球易被扣杀。所以,双打接发球应把主要精力放在应对对方发网前球上。

2. 接发球的准备姿势

单打接发球应左脚在前,右脚在后,侧身对网,重心在前脚,后脚脚跟稍提起,双膝微屈,收腹含胸,持拍于右身前,两眼注视前方(图 10-5)。

图 10-5　接发球准备姿势

3. 接发各种来球

(1)在接对方发来的高远球或平高球时,可用平高球、吊球或杀球还击,抓住进攻机会,还击得好,就掌握了主动。相反,后场技术若掌握不好,还击球的质量较差,反而会遭到对方攻击。

(2)在接对方发来的网前球时,可用推球、放网前球、挑后场高球、勾对角线球还击;如对方发球质量不好,也可用扑球还击。在发现对方发球抢攻意图时,如果自己防守能力不强,可用放网前球或推球还击,控制住球,落点要远离对方的站位,不让对方进攻。当对方连续发球抢攻时,接发球一定要冷静、沉着,准确判断,提高接发球质量,以制约对方发球抢攻。

(3)在接对方发来的平快球时,可用推球、平高球、突击劈杀、劈吊还击,以快制快。由于接球方还击的击球点比发球方高,下压得快、狠,因此可以夺取主动。另外,也可以用高远球还击,以逸待劳。

三、击球法

击球是羽毛球运动中最重要的基本技术。按照击球点在击球者身体的方位分类,可以将击球方式分为正手、反手、头顶球、上手球、下手球等。按照击球者击球时在场上的位置分类,可以将击球位置分为前场、后场、中场以及左右场区。按照球的飞行弧线和落点分类,可以将击球技术分为高球、平高球、挑高球、勾对角球、扑球、搓球、吊球、平抽、平挡以及推球等这几种。

(一)上手击球

击球位置不同,击球点也有一定的差别。具体表现在以下两个方面:网前击球时,击球点在球网上沿以上的位置;而在后场击球时,击球点则位于击球者肩部以上位置。上手击球具有击球点高的特点，同时又有主动性强、进攻威力大的优点，是攻击性击球应用的基本技术。

1. 击高球技术

高球可分为高远球和平高球两类，击高球技术有正手击高球、头顶击高球和反手击高球3种。

(1)正手击高球　首先判断好来球的准确方向和落点，然后向右后方转体，侧身后退，把球调整在自己的右肩稍前上方的位置；左肩对网，左脚在前，右脚在后，重心在右脚上，左臂屈肘，左手自然举起，右手握拍，手臂自然弯曲，将球拍举在右肩上方，手腕、拍面稍内旋，两眼注视来球；击球时，上臂后引，随之肘关节上提，使之明显高于肩部，将球拍后引至头后，自然伸腕；在右脚蹬地、转体收腹的协调用力下，上臂带动前臂(并有内旋动作)快速向前上方甩腕，在手臂伸直的最高点，用手臂、手腕和手指力量将球击出。击球后，持拍手随惯性向前下方挥动并收拍于体前，重心移至左脚(图 10-6)。

图 10-6　正手击高球

视频 10-2：正反手击高球技术

(2)反手击高球　当判断到对方来球在身体左后方时，身体迅速移动，最后一步用右脚前交叉跨至左侧底线，背向球网，重心落在右脚，把球调整在身体右上方，换成反手握拍，举拍在左胸前。击球时，上臂带动小臂，在肘部上抬至与肩平行时，两腿蹬地向上伸展用力，以肘关节为轴，小臂带动手腕、手指力量快速挥动，在身体右上方击球。主要以拇指的侧压与手腕挥动配合用力(图 10-7)。

图 10-7　反手击高球

(3)头顶击高球　准备姿势与正手击高球相同。击球时，步法移动要快，击球点选择在左肩上方或偏后的位置，身体侧身偏左稍后仰，球拍从右后侧绕过头顶后，由左肩上方向前挥动，小臂带动手腕、手指力量快速击球。击球后，左脚在身后落地并立即回蹬，重心移至右脚，迅速回中心位置。

2. 吊球技术

吊球技术从手法上可分为正手吊球、头顶吊球和反手吊球 3 种;根据球的飞行路线和击球动作可分为轻吊、劈吊和拦截吊。

(1)正手吊球　击球准备和前期动作与正手击高远球相似,只是击球时用力不同。吊球比高远球的击球点稍前。击球时用手指、手腕发力,做快速切压球动作,击球托的后部和侧后部。吊直线球,拍面正对前方,向前下方切削球托;若吊斜线球,则球拍切削球托的右侧并向左下方发力。

(2)反手吊球　击球前的动作同反手击高球。击球时,前臂挥动速度减慢,手腕加速摆动,用反拍面切击球托的后部。吊直线球时,用反拍面切击球托的后中部,并直线向前用力;吊斜线球时,用反拍面切击球托的偏左侧,并斜线向前用力。

3. 扣杀球技术

扣杀球从手法上可分为正手扣杀球、头顶扣杀球和反手扣杀球 3 种。

(1)正手扣杀球　击球时,把球调整在右肩的稍前上方,接着身体后仰,右腿蹬地,快速收腹,手臂以最大的速度向前上方挥摆,最后通过手腕的高速挥动,击球托后部,使球直线下行。杀球后,前臂带动球拍随惯性在体前收拍,身体重心由右脚移至左脚。

(2)头顶扣杀球　当球恰好落在头顶上空或左肩上空适当高度时,持拍手臂向上举并绕头至左肩上,突然加快小臂、手腕的甩动并下压,同时右脚向左后方蹬地跳起,左脚后撤,身体呈背弓形,利用腰腹力和手部力量协调向前下方用力将球击出。左脚着地时,要快速蹬地起步回位,准备回击下一个来球。

(3)反手扣杀球　准确判断对方来球,迅速移动到合适的击球位置,最后一步右脚向左后侧跨出,背对球网,反手握拍,持拍手屈臂将球拍举至左肩上方准备击球。当球落到右肩上方适当高度时,肘关节向上举高,以肘关节为轴,用左脚蹬力、腰腹力、肩力及大臂带动小臂,手腕、手指快速用力向后击球。击球瞬间握紧球拍,手腕快速用力向前下方扣压。

(二)网前击球

网前击球技术包括网前搓球、网前推球、网前勾球、网前扑球和放网前球等。网前击球技术较复杂,但是,就其技术动作而言却有许多共同之处。

1. 网前搓球

(1)正手网前搓球　向前移动靠近网前时,右脚向前跨成弓箭步,重心在右脚上,侧身对网,左手自然后伸,起平衡作用。球拍在手臂的带动下向前伸。在伸拍时前臂开始外旋,手腕稍后伸,用食指和拇指夹住拍,中指、无名指和小指轻握球拍,手指和手腕自然放松。击球时,球拍在手指和手腕的作用力下,用正拍面搓击来球的底部,使球滚过网。挥拍力量和拍面的角度以来球时球离网的距离而定(图 10-8)。

(2)反手网前搓球　当对方回击网前球时,上网步法要快,左脚蹬地右脚向网前跨成弓箭步,侧身对网,重心在右脚。当握拍手臂向前伸的同时,手腕前屈,握拍手背部高于拍面,反拍迎球。击球时,主要靠前臂的前伸外旋和手腕由内收至外展的合力,搓球的侧后底部,使球侧旋翻滚过网(图 10-9)。

视频 10-3:正反手网前搓球技术

图 10-8　正手网前搓球

图 10-9　反手网前搓球

2. 网前扑球

网前扑球从手法上可分为正手扑球、反手扑球 2 种，按扑球路线可分为直线扑球、斜线扑球和扑追身球 3 种。

(1)正手扑球　准确判断来球路线和高度，快速蹬步上网，身体右侧扑向网，球拍随手臂向右前斜伸上举，拍面朝前。准备击球时，小臂外旋，手腕关节后伸，小指、无名指稍松开，使拍柄离开鱼际肌。击球时，手腕由后伸到屈腕闪动，利用小臂、手腕和手指力量向前下方击球，球拍触球后立即收回。或靠手腕由右前向左前滑动击球，以免球拍触网违例。扑球后，球拍随手臂向右侧前下方回收。

(2)反手扑球　反手握拍于左侧前，当身体向左侧前方跃起时，持拍手小臂前伸上举，手腕外展，拍面正对来球。击球时，手臂伸直，手腕由外展到内收闪动，手握紧拍柄，拇指顶压，加速挥拍扑击球。击球后即刻屈肘，球拍回收，以防球拍触网违例。

3. 放网前球

(1)正手放网前球　准确判断来球路线和落点，快速上网，最后一步右脚在前左脚在后成弓箭步，上体前倾重心在右脚，侧身对网。击球点在腰际以下，右手正手握拍向前下方伸臂，小臂外旋展腕，左臂自然后伸，起平衡作用，拍面几乎朝上迎击来球。击球瞬间，手腕稍内屈轻轻闪动，食指和大拇指控制拍面角度和用力大小，球拍向前上方轻轻一托，把球轻击送过球网(图 10-10)。

视频 10-4：正反手放网前球技术

(2)反手放网前球　准确判断来球路线和落点，快速向左前侧上网，最后一步右脚在前左脚在后成弓箭步，侧背对网，上体前倾重心在右脚。击球点在腰际以下，右手反手握拍向前下方伸臂，小臂内旋展腕，左臂自然后伸起平衡作用，拍面几乎朝上迎击来球。击球瞬间，伸腕轻轻闪动，食指和拇指控制拍面角度和用力大小，球拍向前上方轻轻一托，把球轻击送过球网（图 10-11）。

图 10-10　正手放网前球

图 10-11　反手放网前球

（三）下手击球

1. 挑高球

（1）正手挑高球　判断来球，快速上网，左脚积极蹬地，右脚跨步向前成弓箭步，侧身对网，重心在右脚。正手握拍，手臂自然向右前方伸出，小臂外旋伸腕。击球时，以肘关节为轴，前臂带动手腕、手指由右下方向前上方或左上方挥拍击球（挑直线高球时，球拍向前上方挥动击球；挑对角线高球时，则球拍向左前上方挥动，把球击出）。

（2）反手挑高球　判断来球，快速上网，左脚积极蹬地，右脚跨步向前成弓箭步，侧身对网，重心在右脚。反手握拍，手臂向左前方伸出，小臂内旋屈肘、屈腕。击球时，以肘关节为轴，小臂带动手腕、手指由左下方向前上方挥动把球击出。

视频 10-5：正反手挑高球技术

2. 抽球

抽球有正手、反手抽底线球和正手、反手抽半场球以及半蹲式平抽球等。

（1）正手抽底线球　准确判断来球，快速移动步法，左脚蹬地，右脚向正手底角跨出，侧身向网，上体向右后倒，重心在右脚。正手握拍，手臂向右举拍，大臂与小臂约成 120°角。准备击球时，小臂外旋伸腕，球拍后引，拍面稍后仰。击球时，主要靠小臂带动手腕、手指“抽鞭”式向前挥拍，小臂由外旋到内旋，腕部由伸到屈闪动击球。向前上方用力击球成高远球，向前方用力击球则成平球。

视频 10-6：正反手抽球技术

(2)正手平抽球　右脚向右侧迈出一小步,上体稍向右侧倾,正手握拍,手臂向右侧上摆,屈肘,左脚跟提起。准备击球时,小臂稍后摆且外旋,手腕由稍外展至后伸,使球拍引至后下方。击球时,小臂急速向右侧前方挥动,并由外旋转为内旋,手腕由后伸至伸直闪腕,手指握紧拍柄高速挥拍击球,由后向右侧稍平地抽压过去。击球后,持拍手顺势向左侧挥摆,左脚向左前方迈一步,准备迎击来球。

(3)反手抽底线球　准确判断来球,快速移动步法,左脚蹬地,右脚向反手底角跨出,上体前倾背对网,重心在右脚。反手握拍将球拍举于左肩上方。击球时,大臂带动小臂、手腕和手指沿水平方向快速向后挥拍,手臂基本伸直时,小臂外旋,手腕后伸用力闪动击球。向后上方用力击球成高远球,向后方用力击球则成平球。

(4)反手平抽球　右脚向左前跨一步,上体左转,右手反手握拍向左侧前收,屈肘并稍向上抬,小臂内旋手腕外展,球拍引向左侧。击球时,小臂在向前挥拍的同时外旋,手腕由外展到伸直闪腕,手指握紧拍柄,拇指前顶,迎球挥拍,击球托的底部。击球后球拍顺势盖过去,并随身体的回动收回到右侧前。

3. 接杀球

接杀球从手法上可分为正手接杀球和反手接杀球,根据不同的战术需要也可分为挡网前球、挑后场高球和平抽反击球 3 种。

(1)正手接杀挡直线网前球　右脚向右侧跨一步,身体右倾,握拍手臂右伸,前臂外旋,手腕外展,持拍准备击球。击球时,前臂外旋,手腕稍内收带动球拍由右下向前上方推送击球,把球直线挡在网前。

(2)反手接杀挡直线网前球　左脚向左侧跨一步,身体左转,右肩对网,屈右肘,小臂内旋,手腕外展,引拍在左肩前。击球时,应利用对方来球力量,前臂带动球拍由左上方向左前方用拇指的顶力轻挥球拍,把球直线挡回网前。

(3)正手接杀挑直线后场高球　右脚向右侧跨一步,同时向后引拍,引拍时前臂外旋,手腕用力后伸。击球时,前臂内旋,手腕由后伸到快速收腕,拍面对准来球,快速向前挥拍将球挑到对方后场。

(4)反手接杀挑直线后场高球　左脚向左侧跨一步,身体左转前倾,右肩对网,屈右肘,前臂内旋,手腕外展,引拍至左侧前下方。击球时,前臂向右前方挥摆,手腕由外展至快速后伸,握紧球拍,用拇指的顶力,用反拍面全速挥拍击球,使球沿直线飞向对方的后场。

第三节　羽毛球运动基本战术

一、单打战术

(一)发球抢攻战术

发球抢攻战术是指运动员利用发球使对方被动,为自己创造进攻机会的一种战术。这种战术一般用发网前低球结合平快球、平高球,争取第三拍的主动进攻。尤其对付防守能力较差或临场经验不足的对手,采取此战术较为有效。

(二)攻后场战术

这种战术一般通过击高球、重复压对方底线两角造成对方被动,然后寻找机会进攻。此战术一般用于对付初学者或技术不熟练、后场还击能力不强、后退步法较慢和急于上网的对手较为有效。

(三)攻前击后战术

这种战术是先以吊球、放网前球、搓球吸引对方到网前,然后用推球、平高球或杀球突击对方的后场底线。它一般用于对付上网步法较慢或网前球技术较差的对手。采用此战术,要求运动员具有较好的网前击球技术。

(四)打四方球战术

这种战术是以快速、准确的落点攻击对方场区的四个角落,调动对方前、后、左、右奔跑,伺机向空当进攻。它用于对付体力差、反应和步法移动慢的对手。

(五)打对角线战术

这种战术无论是进攻还是防守均以打对角线为主,它用于对付身体灵活性差、转体较慢的对手。由于对方灵活性差,转体慢,来回左右两侧奔跑易使其重心不稳而被动失误,从而为自己创造进攻机会。

(六)逼反手战术

大部分羽毛球运动员,后场反手击球的进攻性不强,球路也较简单。因此对于后场反手较差的对手要毫不放松地加以攻击。先调动对方位置,使对方反手区露出空当,然后把球打到反手区,迫使对方使用反拍击球。例如,先吊对方正手网前,对方回球后,便以平高球攻击对方反手区,在重复攻击对方反手区迫使其远离中心位置时,突然吊对角网前。

二、双打战术

(一)攻人战术

攻人战术即"二打一"或避强击弱战术。双打比赛中,双方两个队员的技术水平一般是不均衡的,集中力量攻击对方较弱的队员,尽量使对方的特长得不到发挥,充分暴露对方的弱点,是此战术的目的。攻人战术要灵活运用。若对方有意保护其弱者,则以两个人对付对方的强者,消耗其体力,减弱其进攻威力,伺机突击空当,这也是"二打一"。

(二)攻中路战术

当对方队员分边站位时,要尽可能将球攻到对方两人之间的空隙区,以造成对方争夺回击或相互让球而出现失误。这是对付配合较差的对手的有效办法。攻半场战术是攻中路战术的另一种方式。当对方成前后站位时,将球还击到两人之间靠边线的位置上。这是对付配合欠佳、动作不灵活、接半场球技术较差的对手的有效战术。

(三)攻直线战术

攻直线战术即攻球路线和落点均为直线,没有固定的对象,只依靠杀球的力量和落点来控制对方。当对方的来球靠边线时,攻球的落点在边线上;当对方的来球在中间区时,就朝中路进攻。这个战术的使用较易记住和贯彻。杀直线球虽然难度高一些,但效果不错,便于网前同伴的封网。

第四节　羽毛球运动规则简介

一、球场

羽毛球球场为一块长方形场地，长 13.40 m，宽 6.10 m（单打场地宽 5.18 m，双打场地宽 6.10 m），中间悬挂球网（网两边在支柱顶端处高 1.55 m，中间高 1.524 m）。双打球场对角线长 14.723 m，单打球场对角线长 14.366 m。球场各线宽均为 4 cm（图 10-12）。

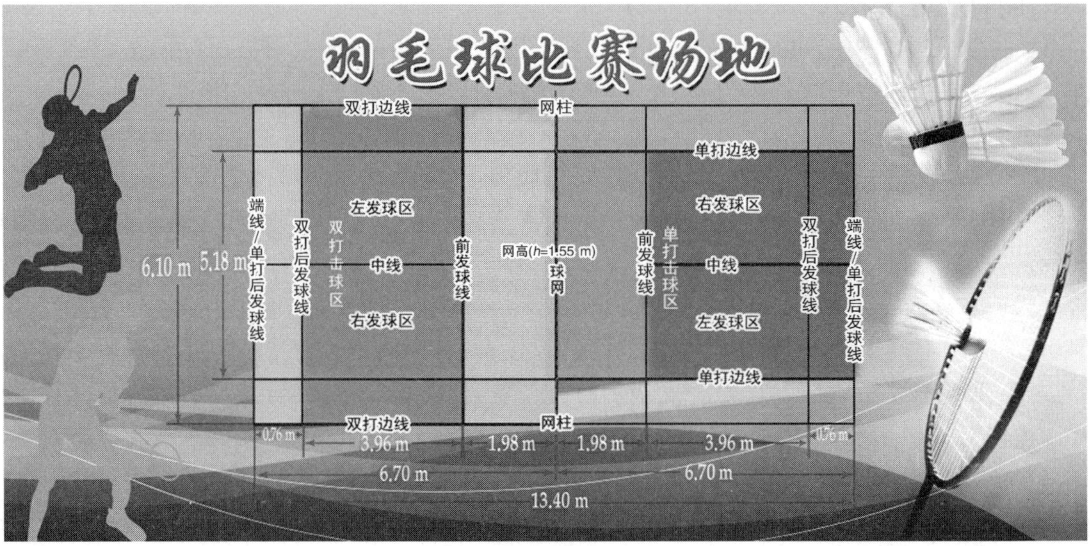

图 10-12　羽毛球比赛场地

二、比赛通则

羽毛球比赛分男子单打、女子单打、男子双打、女子双打和男女混合双打 5 个单项。

（一）羽毛球比赛计分规则

（1）21 分制，一般 3 局 2 胜。

（2）每球得分制。

（3）每回合中，取胜的一方加 1 分。

（4）当双方均为 20 分时，领先对方 2 分的一方赢得该局比赛。

（5）当双方均为 29 分时，先取得 30 分的一方赢得该局比赛。

（6）一局比赛的获胜方在下一局率先发球。

（二）羽毛球比赛赛间休息与换边规则

（1）在一局比赛中，当领先的一方达到 11 分时，双方有 60 s 休息时间。

（2）在两局比赛间，双方有 2 min 休息时间。

（3）在决胜局中，当领先的一方达到 11 分时，双方交换场地。

(三)羽毛球单打比赛规则

(1)在一局比赛开始时(比分 0 : 0)或发球方得分为偶数时,发球方在右半场进行发球。当发球方得分为奇数时,在左半场进行发球。

(2)如果发球方取得 1 分,那么下一回合其继续发球。

(3)如果接发球方取得一分,那么下一回合其成为发球方。

(四)羽毛球双打比赛规则

(1)与单打一样,发球方得分为偶数时,发球方在右半场进行发球。当发球方得分为奇数时,在左半场进行发球。

(2)如果发球方取得 1 分,那么下一回合其继续发球,且发球人不变。

(3)如果接发球方取得 1 分,那么下一回合其成为发球方。当得分为偶数时,由之前在右半场区的队员发球。当得分为奇数时,由之前在左半场区的队员发球。

(4)当且仅当发球方得分时,发球方的两位选手交换左右半场。

(五)羽毛球三对三比赛规则

所谓三对三,顾名思义就是三个人对三个人,因此在发球、站位以及一些打法等方面有特别的规定和要求。发球、接发球的站位等基本原则仍遵循羽毛球的双打规则,如得分为偶数时发球一方站在右半区发球,得分为奇数时发球一方站在左半区发球。

(1)比赛前,每队确定第一、第二、第三发球队员和接发球队员,分别为 A 队(A1、A2、A3)、B 队(B1、B2、B3)。

(2)A1 发球,则 B1 接发球。

(3)B1 发球,则 A1 接发球,依此类推。

(4)A1 发球得分后,换由本方 A2 发下一个球,即若为 A 方发球,则 A1、A2、A3 依次发球。

(5)B1 发球得分后,换由本方 B2 发下一个球,即若为 B 方发球,则 B1、B2、B3 依次发球。

(六)主要违例及其罚则

(1)过手违例。过手是指运动员发球时,在击球瞬间球拍的顶端未向下,整个拍框未明显低于握拍的整个手部,为过手违例。

(2)过腰违例。运动员发球时,球的任何部分在击球瞬间高于发球员的腰部(新规则为 1.15 m),为过腰违例。

(3)踩线、移动、触线违例。运动员发球时,两脚都必须站在规定的发球区内,保持与地面接触,不得移动、踩线、触线和出区,否则为踩线、移动、触线违例。

(4)触网违例。比赛进行中,运动员的身体、衣物或球拍触及球网、网柱或网柱的支撑物,均为触网违例。

(5)过网击球违例。比赛进行中,对方击来的球尚未过网,即以球拍过网击球,称过网击球违例。

(6)连击违例。一名运动员在击球时连续两次挥拍击球且击中两次,或在双打比赛中,两名同队运动员连续各击中一次球,即为连击违例。

(7)拖带或持球违例。运动员击球时,球停滞在球拍上,紧接着又有拖带现象,称拖带或持球违例。

(8)阻挠和妨碍违例。运动员在近网处企图阻挠对方合法还击,称阻挠违例。

(9)裁判员虽已报分,但发球员在接发球员尚未做好准备时就发球,接发球员未予还击,此时，应判重发球。如果接发球方已挥拍击球或企图击球时身体或衣物触及球，则以已经做好准备论处。

(10)发球时，发球员与接发球员同时违例。例如发球员发球动作不连贯，与此同时，接发球员接发球时移动，应判重发球。

第十一章　游泳运动

第一节　游泳运动简介

一、游泳运动的起源与发展

游泳是人在水的浮力作用下产生向上漂浮，凭借浮力通过肢体有规律的运动，使身体在水中有规律运动的技能。

古代游泳，根据现有史料的考证，国内外较一致的看法是产生于居住在江、河、湖、海一带的古代人。他们为了生存，必然要在水中捕捉水鸟和鱼类作食物，通过观察和模仿鱼类、青蛙等动物在水中游动的动作，逐渐学会了游泳。中国历史悠久，水域辽阔。记载中，游泳始于五千年前。我国的游泳比赛始于汉魏时期，当时已经有端午节举行游泳的民间习俗，在长期的发展中，劳动人民在实践中创造了不少泅水方法和游泳技术，至今还在民间流传。

1896 年，游泳被列为奥运会竞赛项目时，不分泳姿，是真正的"自由式"，只有 100 m、500 m、1 200 m 3 个项目。1908 年，国际游泳联合会(FINA)成立，规定游泳必须在水池内比赛。国际标准游泳池长 50 m，宽至少 21 m，深 1.80 m 以上。设 8 条泳道，每条泳道宽 2.50 m，分道线由直径 5～10 cm 的单个浮标连接而成。运动员比赛必须站在出发台上出发(仰泳除外)，出发台高出水面 50～75 cm，台面积为 50 cm×50 cm。

1912 年，第 5 届奥运会，女子游泳被列为比赛项目。1956 年，第 16 届奥运会，又增加了蝶泳，从此定型为 4 种泳姿。此后的奥运会游泳比赛发展到共有自由泳、蛙泳、蝶泳、仰泳、混合泳和接力(自由泳与混合泳)6 大项 32 个小项，是奥运会仅次于田径运动的金牌大户。第 24 届奥运会我国游泳队取得了 3 枚银牌；第 25 届奥运会我国游泳队取得了四金五银的好成绩；第 26 届奥运会中国女队取得了一金三银二铜的成绩。1990 年第 11 届亚运会，我国游泳队获得 23 枚金牌、12 枚银牌、6 枚铜牌，有 10 个项目打破亚洲纪录，成为亚洲游泳强国。

二、游泳运动的特点和锻炼价值

(一)游泳运动的特点

游泳运动是克服水的阻力，利用水的浮力，在水的特殊环境中进行的一项有锻炼价值和娱乐的水中项目。游泳运动是一项体育竞技运动项目，在奥运会奖牌数量中仅次于田径运动项目，同时游泳也是一项人们在日常生活中的运动技能与生活能力。它是一项非常有益，历史最为悠久，群众性最为广泛，深受人们喜爱的运动锻炼项目，与其他项目相比，具有更强的健身性、健美性和社交性。游泳又是一项从一岁到百岁的全民运动，被誉为 21 世纪最佳运动。在全民健身运动广泛开展的今天，在青年、少年、儿童中开展和普及游泳运动，更具有重要的现实意义。

(二)游泳运动的锻炼价值

1. 改善心血管系统

游泳对心血管系统的改善有相当重要的作用。冷水的刺激通过热量调节作用与新陈代谢促进血液循环；此外游泳时水的压力和阻力还对心脏和血液的循环起到特殊的作用，整个血液循环系统得到改善，静止状态下舒张压有所上升，收缩压有所下降，因此血压值变得更为有利；血管的弹性也有所提高。

2. 提高肺活量

肺功能的强弱由呼吸肌功能的强弱来决定。据测定，游泳时人的胸部要受到 12～15 kg 的压力，加上冷水刺激肌肉紧缩，呼吸感到困难，迫使人用力呼吸，加大呼吸深度，这样吸入的氧气量才能满足机体的需求。游泳促使人呼吸肌发达，胸围增大，肺活量增加，而且吸气时肺泡开放更多，换气顺畅，对健康极为有利。

3. 加强皮肤血液循环

在游泳过程中，冷水的刺激能使皮肤血管收缩，以防热量扩散到体外。同时身体又加紧产生热量，使皮肤血管扩张，改善对皮肤血管的供血，长期坚持能使皮肤的血液循环得到加强。

4. 增强抵抗力

游泳池的水温常为 26～28 ℃，在水中浸泡散热快，耗能大。为尽快补充身体散发的热量，以供冷热平衡的需要，神经系统便快速做出反应，使人体新陈代谢加快，增强人体对外界的适应能力，抵御寒冷。经常参加冬泳的人，由于体温调节功能改善，就不容易伤风感冒，还能提高人体内分泌功能，使脑垂体功能增加，从而提高对疾病的抵抗力和免疫力。

5. 减肥

游泳时身体直接浸泡在水中，水不仅阻力大，而且导热性能也非常好，散热速度快，因而消耗热量多。另外，游泳减肥法可避免下肢和腰部运动性损伤。在陆上进行运动减肥时，因肥胖者体重大，使身体(特别是下肢和腰部)要承受很大的重力负荷，使运动能力降低，易疲劳，并可损伤下肢关节和骨骼。而游泳项目在水中进行，肥胖者的体重有相当一部分被水的浮力承受，下肢和腰部会因此轻松许多，关节和骨骼损伤的危险性大大降低。

6. 健美形体

在水中运动由于减少了地面运动时地对骨骼的冲击性，降低了骨骼劳损的概率，骨关节不易变形。水的阻力可增加人的运动强度，但这种强度，又有别于陆地上的器械训练，是很柔和的，训练的强度又很容易控制在有氧域之内，不会长出很生硬的肌肉块，可以使全身的线条流畅、优美。

(三)游泳力学知识与原理

(1)重心与浮心不在同一垂线上，重力和浮力就形成一个力偶，下肢将下沉直至力偶矩为零。两臂尽量前伸重心与浮心接近重合，保持身体平衡，使身体呈流线型。在水中平衡原理如图 11-1 所示。

(2)游泳时受到摩擦阻力、形状阻力、波浪阻力，其中影响最大的是形状阻力(图 11-2)。

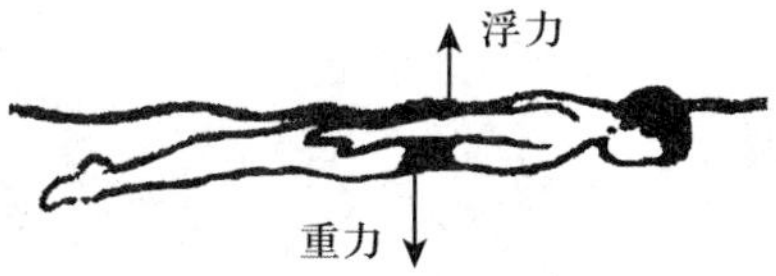

(a) 重心与浮心不在同一垂线形成一个力偶，下肢将下沉直至力偶矩为零

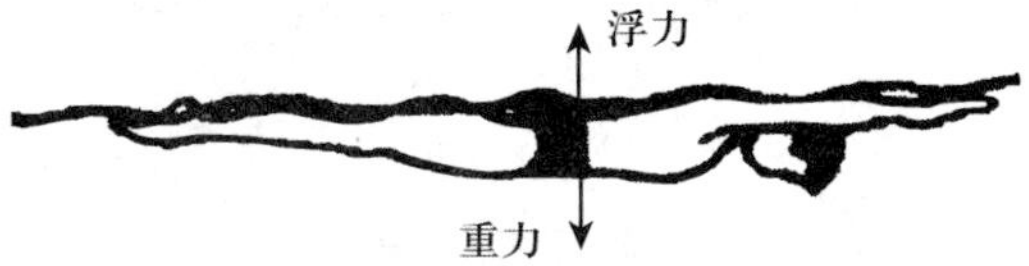

(b) 两臂尽量前伸重心与浮心接近重合，保持身体平衡，使身体呈流线型

图 11-1　平衡原理

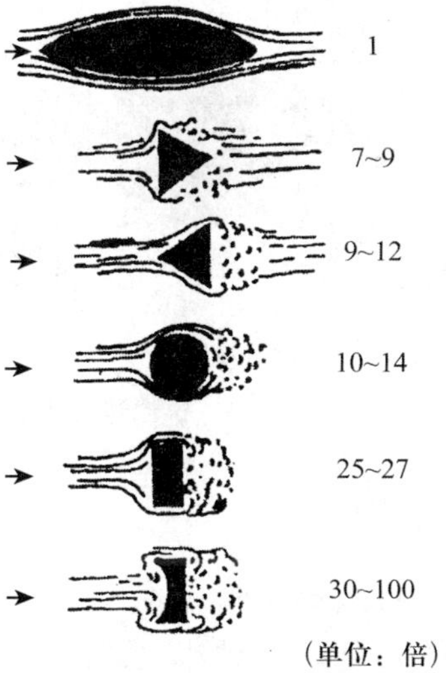

图 11-2　不同形状物体在水中运动受到的阻力

第二节　熟悉水性

一、水中站立与行走

在水中站立与行走，不要紧张，放松心情，克服恐惧，速度平稳，逐渐加速，体会行走过程中身体位置的改变以及如何适应水环境，在行走中保持平衡(图 11-3)。

(a) 扶池边行走　(b) 身体前倾抬大腿　(c) 前腿站稳提后腿

图 11-3　水中行走体验水的特性

二、呼吸

在水中呼吸时，吐气用口和鼻，吸气时主要靠嘴，不要用鼻子。浅水区，双手扶池边，弯腰，吸气后低头没入水中闭气 2 s 左右，用口鼻在水中慢慢呼气，将近吐完气时抬头，在嘴刚露出水面时，用力张大嘴将余气吐出同时吸气，重复吸气、闭气、吐气的连续过程。如图 11-4、图 11-5 所示。

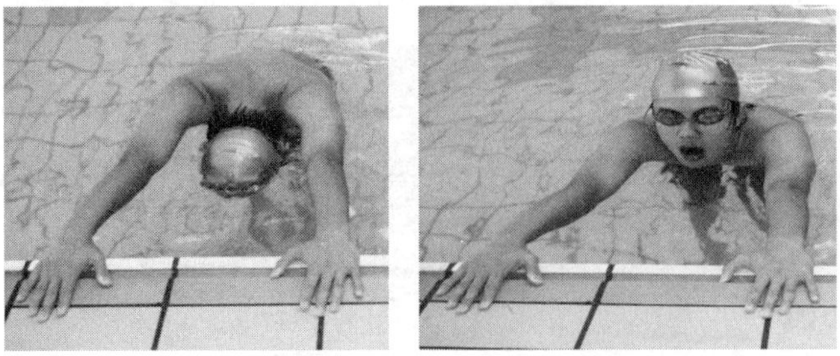

(a) 水中用鼻嘴慢呼气　(b) 抬头用嘴吸气

图 11-4　扶池边水上呼吸练习方法

两人拉手互助学习

图 11-5　两人互助水上呼吸练习方法

三、漂浮

(一)扶池边漂浮

浅水区,双手扶池边,吸气低头,双脚离地,使自己的身体完全放松,肩放松,双手轻轻扶住池边即可。

(二)抱膝漂浮

两脚站立水底,深吸气后,下蹲低头抱膝,两膝尽量靠近胸部,前脚掌蹬离水底,成低头抱膝团身姿势。身体要尽量放松,自然漂浮于水中。

站立时,两臂前伸,向下压水并抬头,同时两腿伸直,以脚触水底站立,两臂自然放于体侧(图 11-6)。

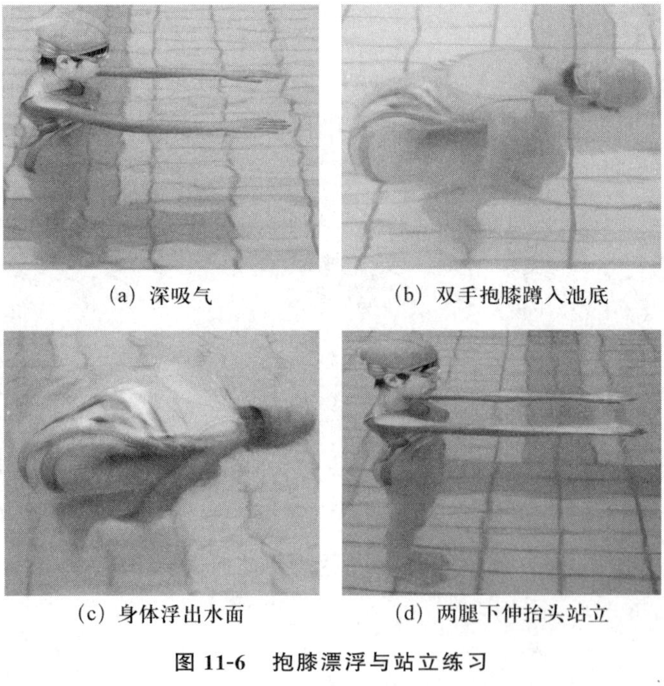

(a) 深吸气　(b) 双手抱膝蹲入池底

(c) 身体浮出水面　(d) 两腿下伸抬头站立

图 11-6　抱膝漂浮与站立练习

(三)展体漂浮

两脚开立,两臂放松向前伸直,深吸气后身体前倒并低头,两脚轻轻蹬离水底,成俯卧姿势漂浮于水面,两臂、两腿前后平伸,要求全身放松,身体充分展开。

站立时,收腹、收腿,两臂向下压水,然后抬头,两腿下伸,脚触水底站立(图 11-7)。

(a) 吸足气伸臂轻蹬池底

(b) 两腿后摆俯卧姿势漂浮

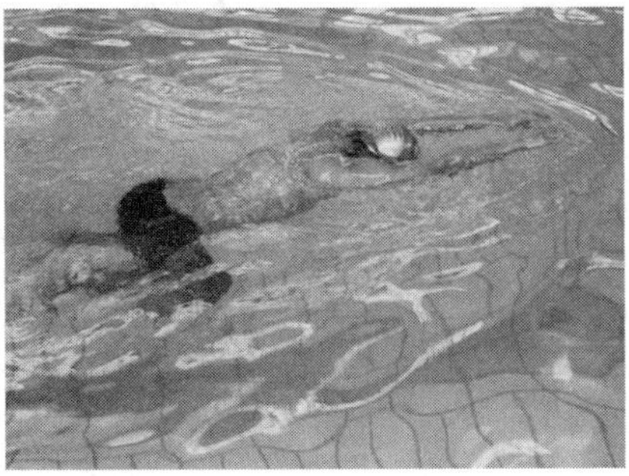

(c) 收腹收腿两臂下压

(d) 两腿下伸触底站立

图 11-7　展体漂浮与站立练习

四、滑行

身体放松，手臂伸直，深呼吸低头，眼睛正对池底，弯腿，下半肢向上移动直到脚掌正对池壁，手向前伸，接着用力蹬池壁，让整个身体成一条直线（包括头部在内），基本与水面平行（图 11-8）。

(a) 两臂前伸背靠池壁

(b) 屈膝提腿脚贴池壁，臀部接近水面

(c) 头夹两臂间两腿蹬壁贴水面滑行

(d) 两腿下伸站立

图 11-8　蹬池边滑行与站立练习

第三节　蛙　泳

一、身体姿势

蛙泳，身体位置不是固定不动的，而是不断变化的，在一个动作周期（一次蹬腿、一次划手）结束后，有一个短暂的相对稳定的滑行时间，此时两臂和两腿并拢伸直，身体水平俯卧在水面，头略微抬起，身体纵轴与水平面成 5°～10°角。身体保持一定的紧张度，以维持较好的流线型（图 11-9）。

当划手和抬头吸气时，头抬出水面，肩部上升，开始收腿，这时身体与水平面的夹角为 15°左右（图 11-10）。

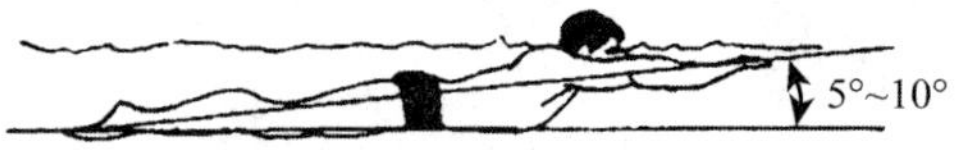

图 11-9　蛙泳滑行时身体姿势

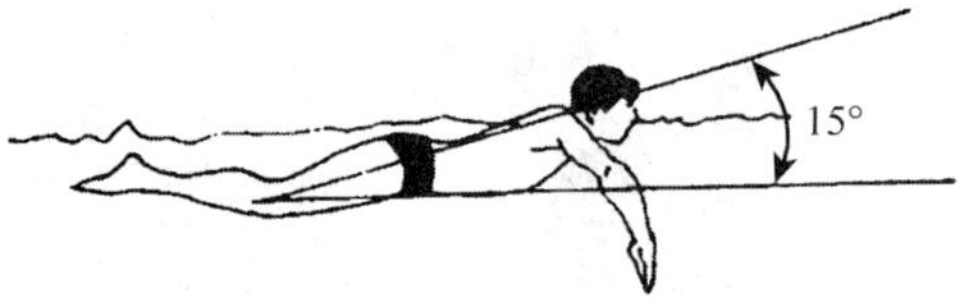

图 11-10　蛙泳划水时身体姿势

二、腿部技术

蛙泳的腿部技术非常重要，可使身体产生向前的推动力，正确的腿部动作，可产生较大的推动力。腿部动作可分为四部分，即收腿、翻脚、蹬夹水和滑行，但这四个动作是紧密相连的完整动作。

（一）收腿

屈膝收腿时，两膝慢慢分开，脚掌沿水面靠近臀部，缓慢收小腿，直至两膝与肩同宽。收腿时会给身体带来阻力，以较慢的速度和较小的力量使脚后跟向臀部靠拢，以减小阻力，直至小腿与水面垂直。收腿结束后，大腿与躯干之间成 130°～140°角，大腿与小腿之间成 40°～45°角。

（二）翻脚

边收腿边翻脚，膝关节不动，小腿向外翻转，使脚尖向外，脚掌外翻，使脚和小腿内侧对准蹬水方向，增大蹬水面，两脚之间的距离要大于膝之间距离，由后方看呈“W”形。

（三）蹬夹水

蹬夹水小腿带大腿，向外蹬水紧接着向内夹水，小腿的动作路线是 2 个半圆。在蹬夹水的过程中，脚内侧和小腿应当有很大的阻力感。蹬夹水结束时，双腿并拢，两脚呈内“八”字形。用较大的力量快速完成蹬夹水动作，才能产生较大的推进力。

（四）滑行

在蹬夹水动作完成后，两腿放松，保持双腿并拢，身体保持较好的流线型，借助惯性作用，使身体有一个短暂的滑行。

腿部技术动作练习方法如图 11-11 至图 11-15 所示。

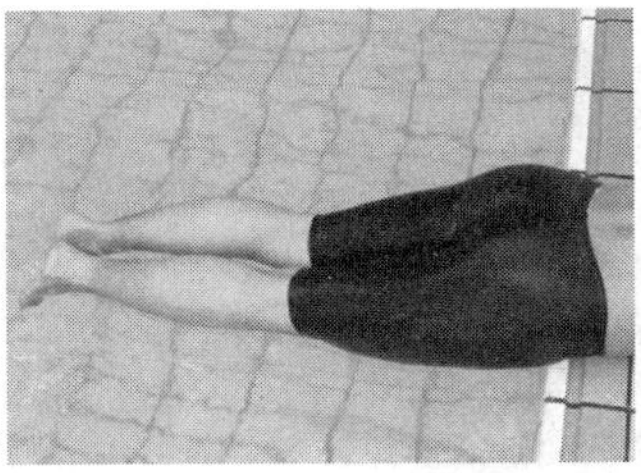

（a）趴池边两腿并拢

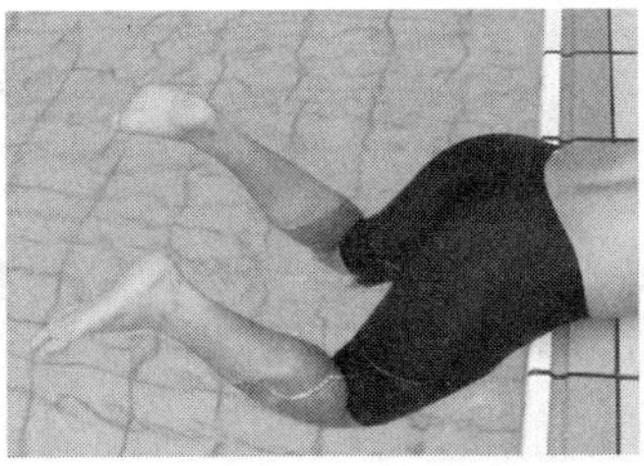

（b）收腿，动作要慢

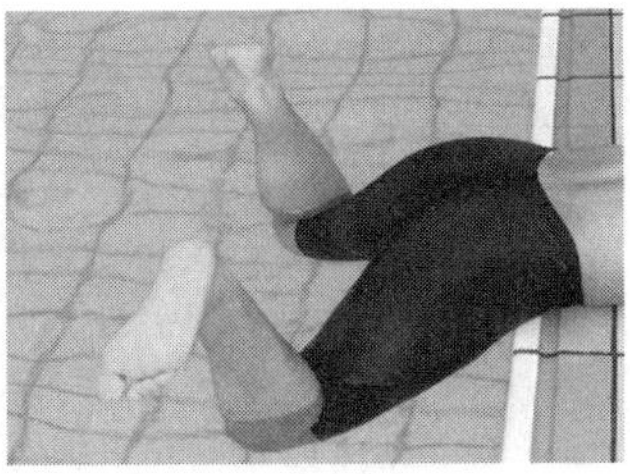

（c）向外翻脚

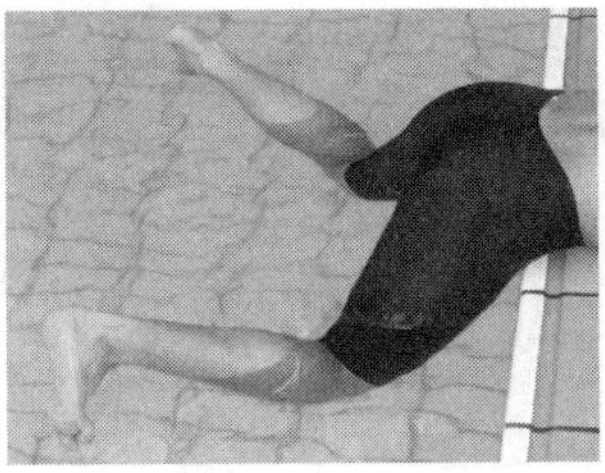

（d）弧形向外向后蹬夹水

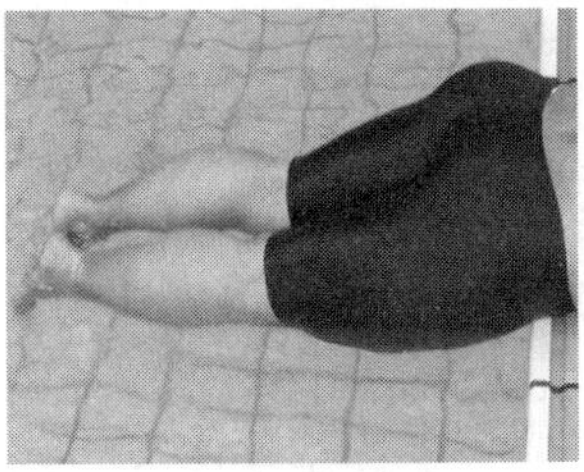

（e）两腿并拢漂浮

图 11-11 趴池边蛙泳腿蹬夹水练习

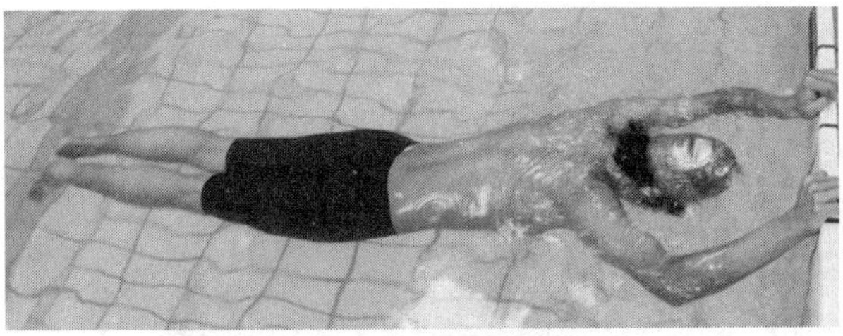

（a）两腿并拢浮起

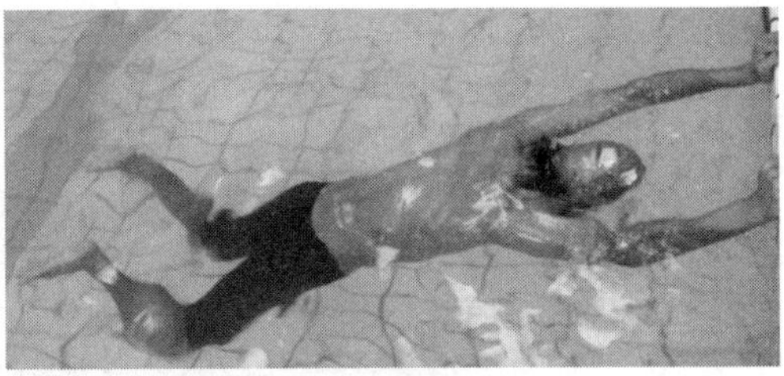

（b）边慢收边分腿

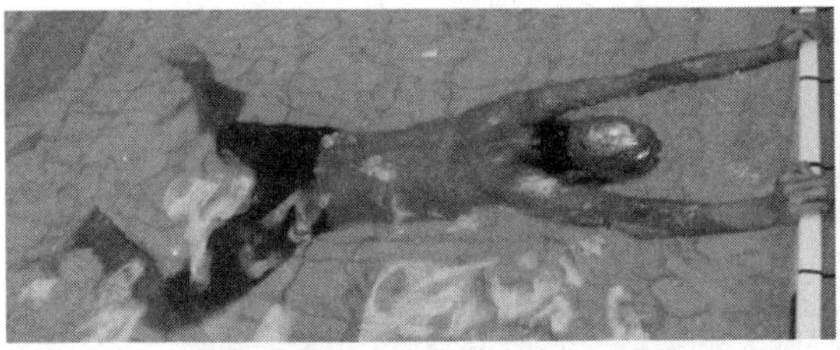

（c）向外翻脚弧形向后蹬夹水

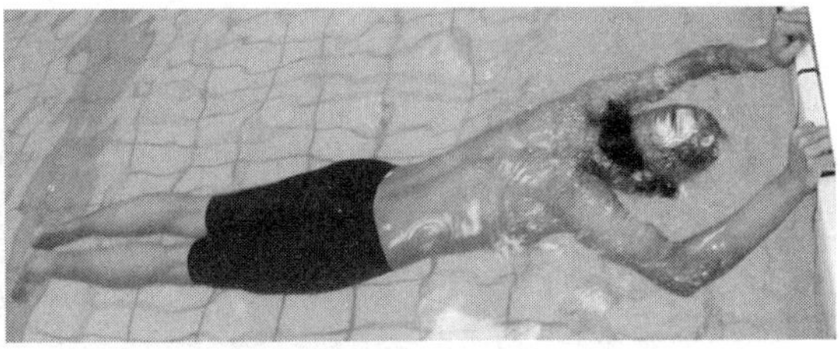

（d）蹬直并拢漂浮

图 11-12 扶池边水中蛙泳腿蹬夹水练习

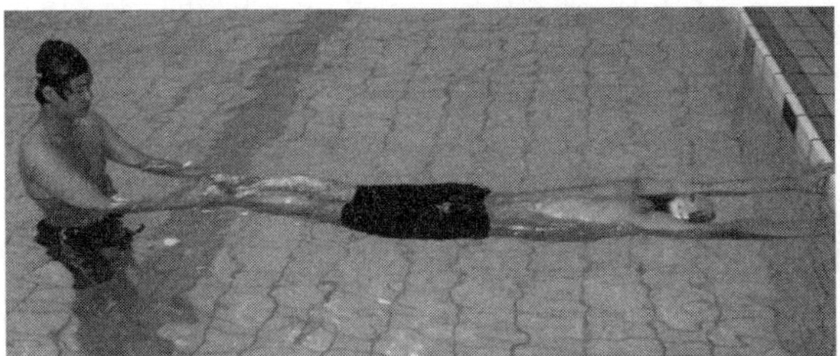

（a）托踝关节使下肢浮起

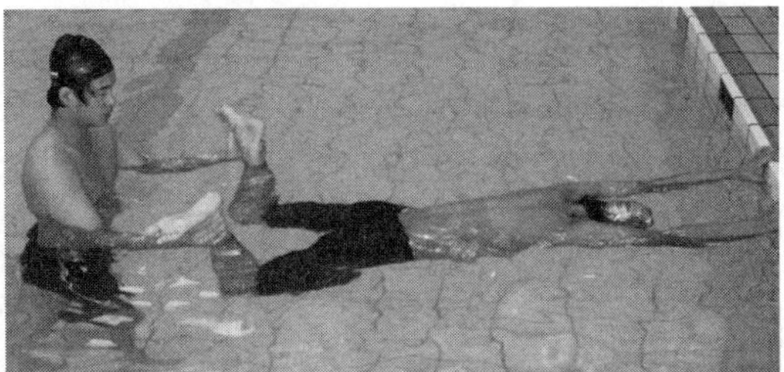

（b）帮助体会翻脚练习

图 11-13 两人互助蛙泳腿动作练习

(a) 伸臂双手扶板平卧水中

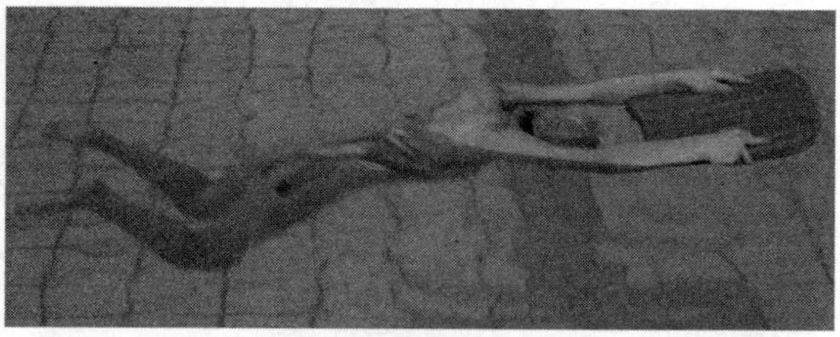

(b) 两腿边收边分

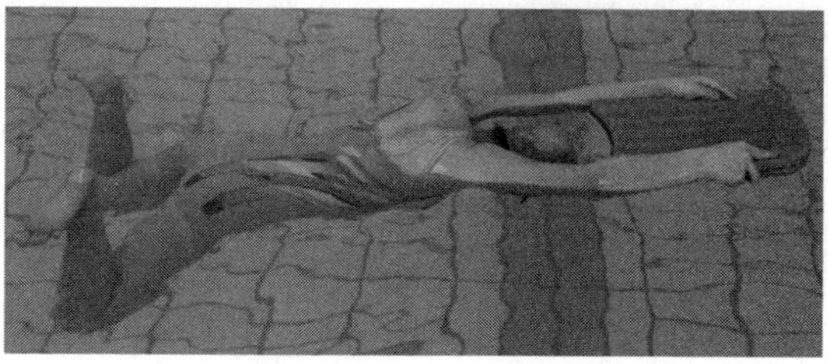

(c) 翻脚向后蹬夹水

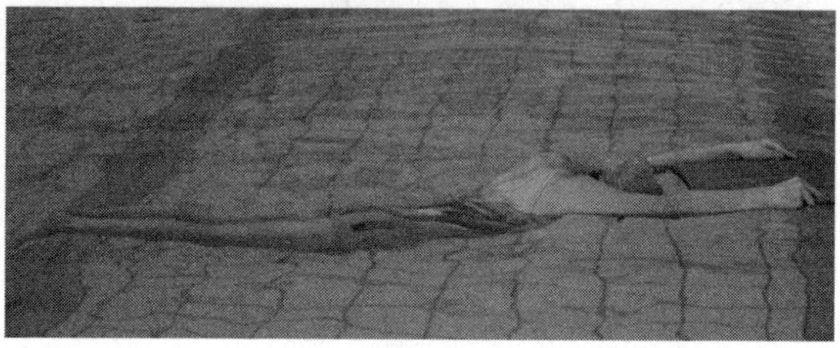

(d) 两腿并拢漂浮

图 11-14　扶板蛙泳腿蹬夹水练习

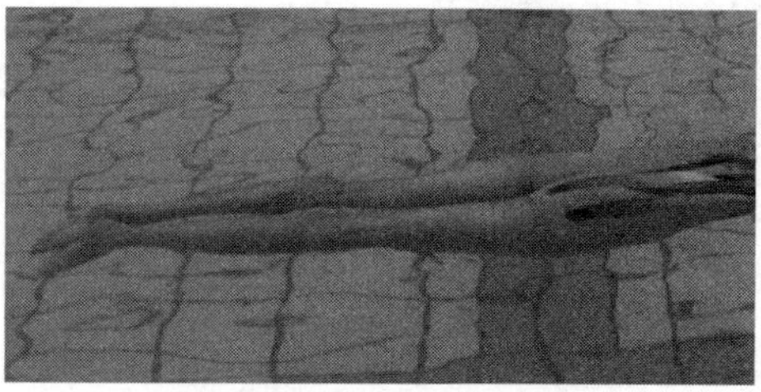

(a) 两臂前伸平卧水中

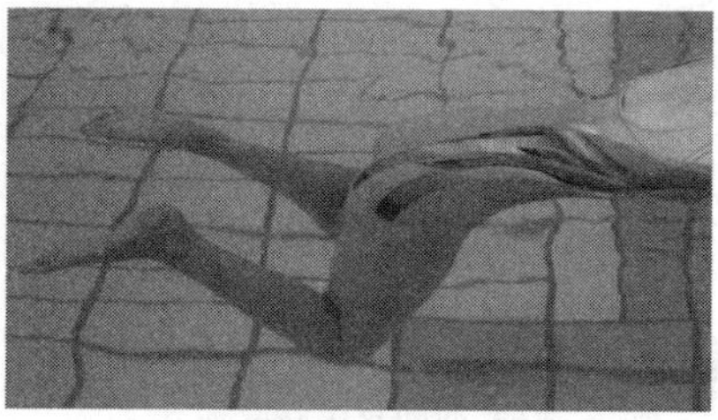

(b) 收腿两膝约同肩宽

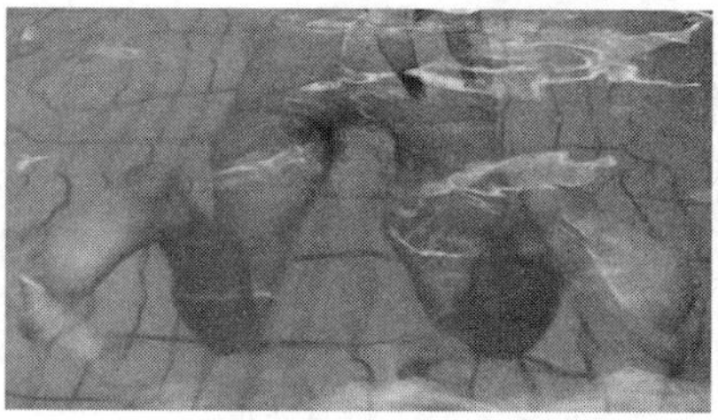

(c) 翻脚后面看呈“W”形

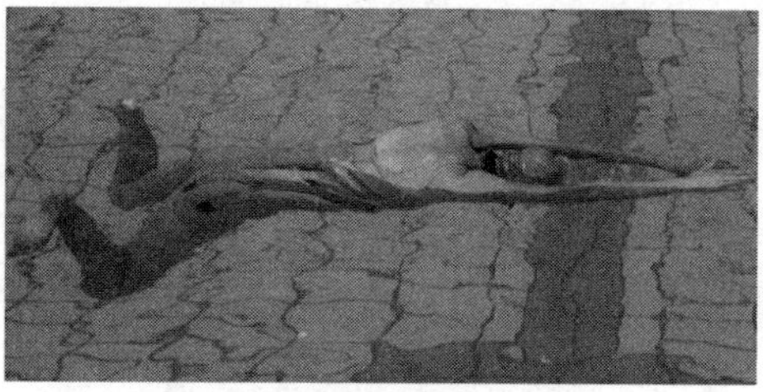

(d) 两脚弧形向后蹬夹水

图 11-15　直臂漂浮蛙泳腿蹬夹水练习

三、手臂技术

蛙泳的手臂技术在蛙泳时是非常重要的，手臂技术可以产生较大的推进力，特别是现代蛙泳技术，更加强调手臂技术的作用。蛙泳手臂动作可分为分手外划、收手内划、伸臂滑行等几个部分。

(一)分手外划

划水开始时，两手外分，手臂向外旋转，同时屈肘、屈腕，保持高肘划水。整个过程肘高于手、肘前于肩。划水的前半程手臂同时向外、向下和向后运动，后半程手臂同时向内、向下和向后运动。

（二）收手内划

收手内划是手掌在向内上移的同时，大臂外旋，向前推肘的动作过程。也就是手向前内上，肘从向下到向内前，手肘相对移动，手提到下颌的下前方，掌心相对，斜向内下。收手结束时，肘的位置低于手，肘关节弯曲成较小的锐角。

（三）伸臂滑行

身体靠蹬水产生的速度向前滑行，两臂自然放松伸直，手指自然并拢，掌心向下，两手可尽量接近水面，这种姿势可使身体在较高的位置上保持稳定，整个身体呈流线型。

视频 11-1：蛙泳手脚配合技术

蛙泳手臂技术动作练习如图 11-16、图 11-17 所示。

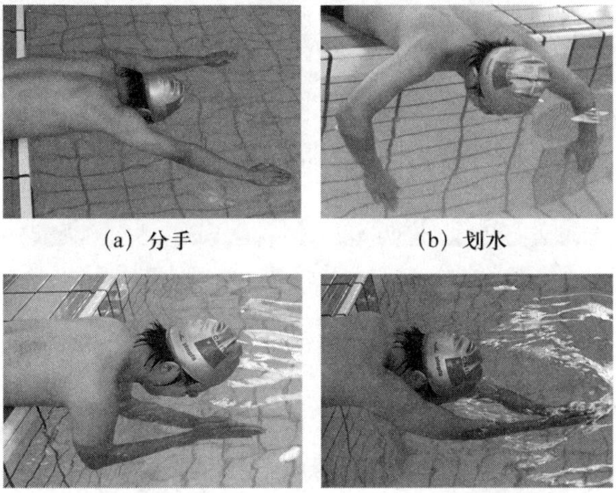

(a) 分手　(b) 划水　(c) 收手　(d) 伸臂滑行

图 11-16　趴池边蛙泳手臂动作练习

(a) 分手　(b) 划水　(c) 收手　(d) 伸臂滑行

图 11-17　水中站立蛙泳手臂动作练习

四、呼吸技术

蛙泳时，靠颈后肌的收缩，向前抬头吸气，但不应抬头过猛，以保持身体的稳定。相对于划水来说，有早吸气和晚吸气两种配合形式。早吸气是指手臂刚开始划水时抬头吸气，吸气时间相对较长，收手和移臂时低头吸气。这种配合易于掌握，可以利用划水时的下压，产生升力，有助于上身浮起，抬头吸气；晚吸气是指划水结束收手时吸气，吸气时间较短，移臂时低头呼气。这种技术有一定的难度，但由于抬头时间短，身体重心和浮心失去平衡的时间短，因此阻力小，一般被高水平运动员采用。呼吸技术动作练习如图 11-18 至图 11-20 所示。

（a）水面上低头伸臂　（b）水面上划臂吸气

图 11-18　原地蛙泳手臂与呼吸练习

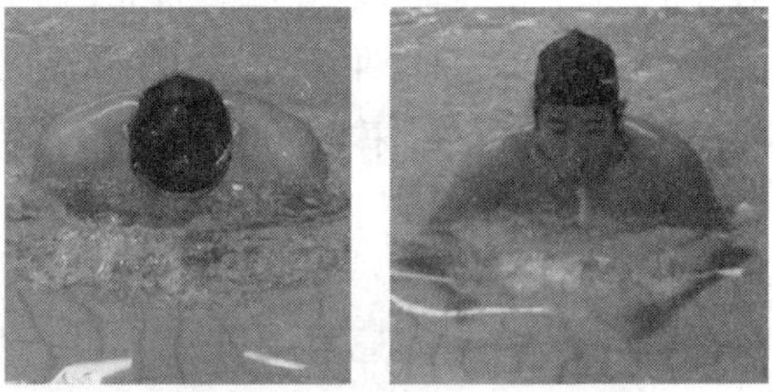

（a）水中低头伸臂　（b）划臂抬头吸气

图 11-19　水中走动蛙泳手臂与呼吸练习

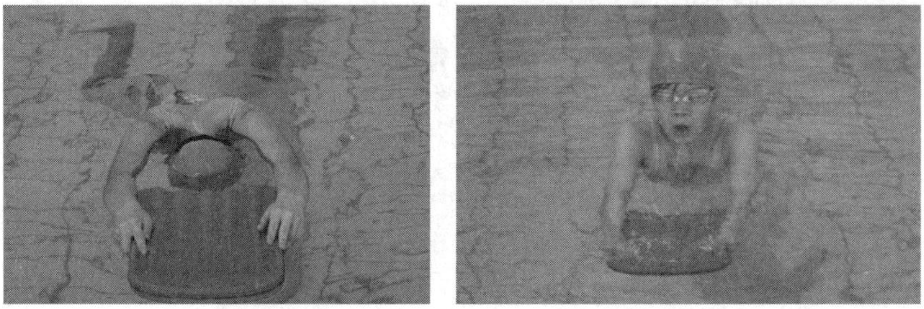

（a）低头蹬夹水　（b）压板抬头吸气

图 11-20　扶板辅助蛙泳腿蹬夹水与呼吸练习

五、完整技术动作配合

蛙泳完整技术配合动作为臂、腿与呼吸等动作协调配合。蛙泳完整动作配合技术较为复杂，正确的配合技术是手臂划水时，腿自然放松伸直，收手时腿自然屈膝，开始移臂时收腿，并快速蹬腿。

动作要点：一划水，二收手，三收腿，四伸臂，五蹬腿。划水腿不动，收手再收腿，先伸胳膊再蹬腿，并拢伸直漂一会儿。蛙泳臂、腿与呼吸完整技术配合动作如图 11-21 所示。

视频 11-2：蛙泳完整技术动作配合

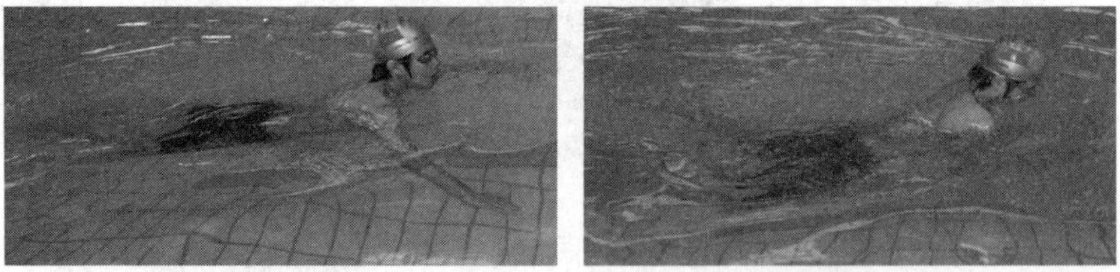

（a）划手腿不动　（b）收手又收腿

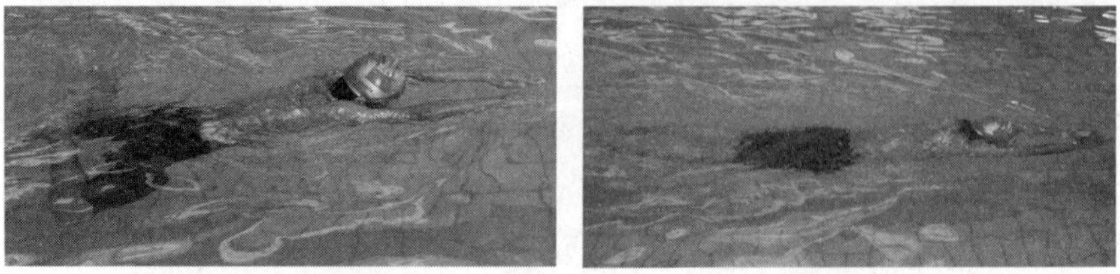

（c）先伸臂后蹬腿　（d）臂腿伸直漂浮

图 11-21　蛙泳完整技术动作配合练习

六、出发技术

蛙泳蹬壁出发滑行时，双臂应在头前并拢且充分伸直。一手手掌紧贴在另一手手背上，有助于身体保持流线型。两臂应夹紧头部，腰部应挺直，避免出现折体动作。两腿伸直并拢，脚背应充分伸直。池边出发、出发台出发技术动作练习如图 11-22 至图 11-24 所示。

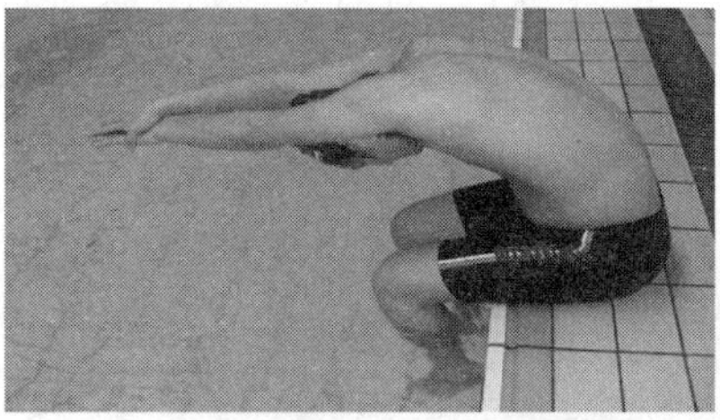

(a) 两手掌叠放，头夹两臂间

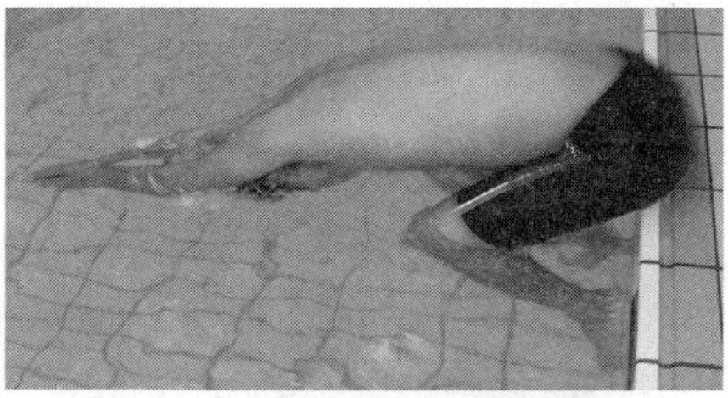

(b) 重心前移手指先入水，两脚蹬池壁

(c) 入水后两臂上抬，身体浮出水面呈流线型滑行

图 11-22 坐池边出发练习

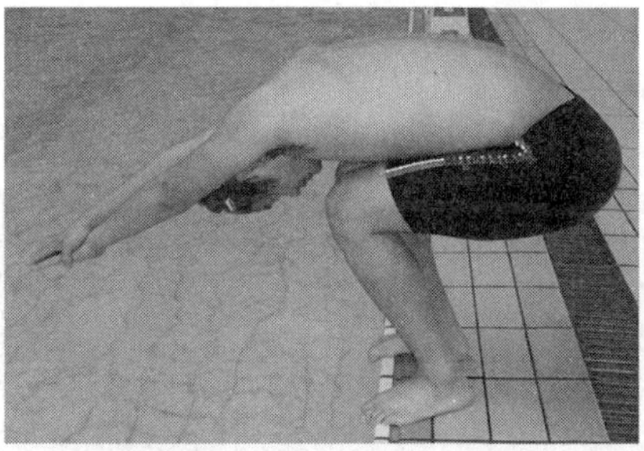

(a) 举臂下蹲，脚趾勾住池边

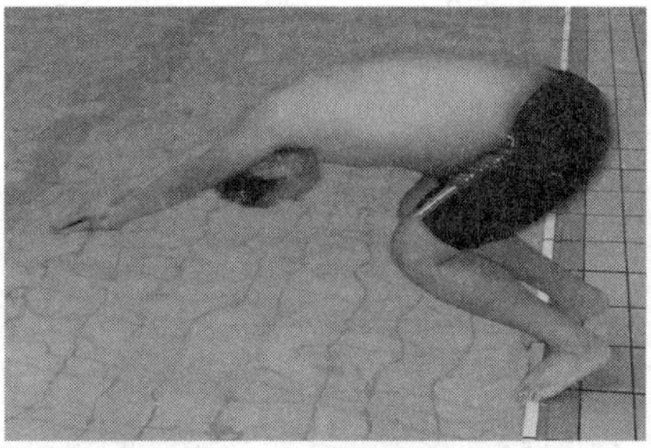

(b) 重心前移双脚蹬离池边

图 11-23 蹲池边出发练习

(a) 举臂蹲出发台

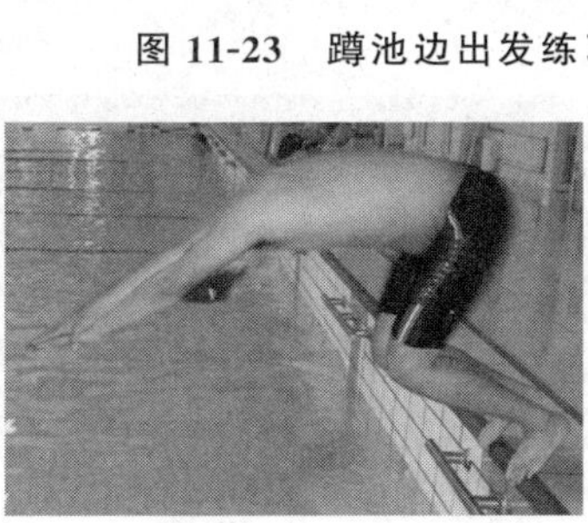

(b) 重心前移蹬离出发台

(c) 按臂、头、躯干、下肢顺序入水

图 11-24 出发台出发练习

七、转身技术

调整划水动作以确保最后一次划水的完整性和延展性。在双手触摸到池壁的时候，面部要保持在水面以下。在前一只手肘向回滑行时，另一只手保持触碰池壁，同时膝盖发力，开始旋转身体。抬起头部换气，并让头部再次回到水中。在你的双脚触碰池壁的同时，手臂离开墙壁，从头部上方像敬礼一样重回水中，水下的手臂向前伸展，指向前方，身体呈流线型姿势。紧接着腿部发力，蹬墙时双腿与双脚快速伸展，滑行时转动身体朝向前方。池边原地转身、游进池边转身技术动作练习如图 11-25、图 11-26 所示。

(a) 一手扶池边，一脚抬起单腿站立

(b) 站立腿抬起，两脚贴在池壁上

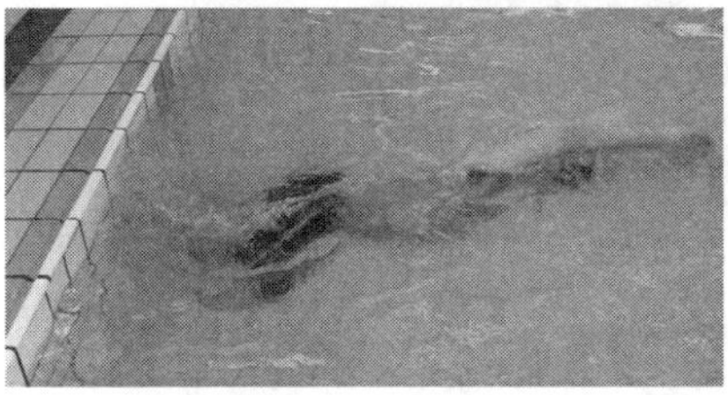

(c) 两手前伸，双脚蹬离池壁

(d) 身体呈流线型滑行

图 11-25　池边原地转身练习

(a) 双手同时触池壁

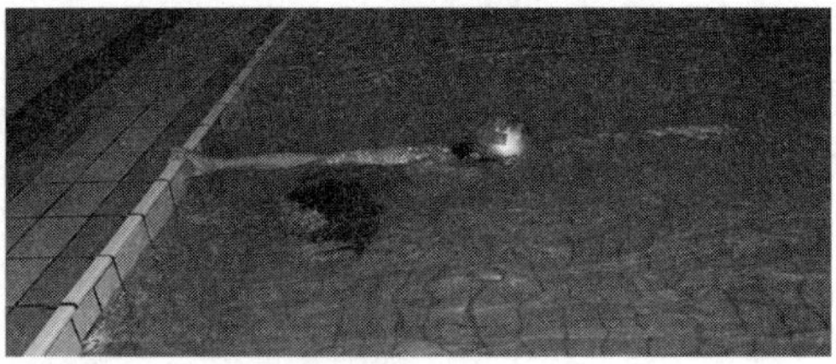

(b) 屈膝团身脚贴池壁

(c) 用力蹬离池壁，身体呈流线型向前滑行

图 11-26　游进池边转身练习

第四节 自由泳(爬泳)

一、身体姿势

爬泳时身体几乎水平地俯卧水面呈流线型，头部姿势对身体姿势和动作都有一定的影响。因此，在游进中应保持头部平稳。身体要保持水平姿势，水面接近发际，髋部略低于肩，身体纵轴与水平面成很小的锐角。游进中身体往往随划水和呼吸动绕纵轴做有节奏的转动，转动角度在40°左右(图11-27)。

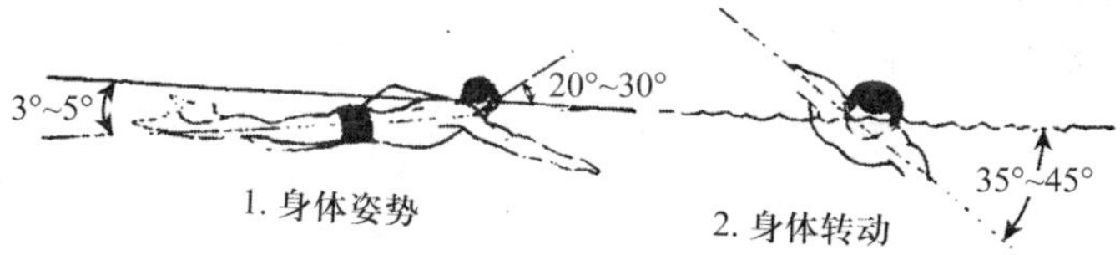

图 11-27 自由泳身体姿势

二、腿部动作

爬泳时，起主要推进作用的是臂部动作，腿部动作也有一定的推进作用，但主要是起平衡作用，保持身体的稳定和协调两臂作用。

爬泳打腿，基本上由向下打腿和向上打腿两部分构成，其中向下打腿主要产生推进力的作用。打腿时两脚应稍内扣，踝关节放松，由髋关节发力，传到大腿，带动小腿和脚，做有力而有弹性的鞭状打水。向上打水时，大腿带动小腿向上移动，当整条腿移到水面并与水面平行时，大腿首先停止继续上移，转入向下打腿，但此时小腿和脚由于惯性的作用仍在继续上移，膝关节弯曲成140°～160°角，然后小腿和脚在大腿的带动下开始向下打水。当大腿向下打水到最低处并开始向上打水时，小腿仍未完成向下打水，直到小腿伸直，随打腿随转入向上打水(图11-28)。爬泳打水动作应该向下屈腿打水，向上直腿打水，打水幅度30～40 cm。向下打水时踝关节尽量伸直，不要勾脚，使脚背向后下方用力，使身体获得向前的反作用力；如果勾脚打水，不但不能推动身体前进，反而给了身体向后的反作用力，使身体倒退。

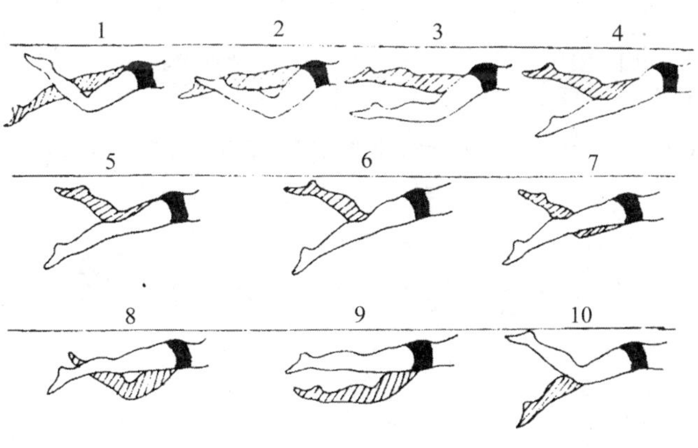

图 11-28 自由泳腿部动作

三、手臂动作

手臂动作是爬泳时推动身体前进的主要动力。为了便于分析动作，把一个周期分为入水、抱水、划水、出水和空中移臂五个不可分割的阶段。

从侧面看，爬泳的划水动作似乎像船桨一样，只是在一个平面向后划动。其实不然，手臂在向后划的同时，还经历了向外、向下、向内、向外、向上的三维动作，手的划水路线类似“S”形（图 11-29）。

（一）入水

完成空中移臂后，手在控制下自然放松地入水。手的入水点一般在身体纵轴和肩关节前方的延长线间。入水并不产生推进力，它的目的是使手臂伸展到适当的位置，为划水做好准备。入水阶段手的运动方向是向前、向下和向外，没有向后的分量。手臂入水时，肘关节微屈并高于手，手五指自然并拢伸直，由大拇指领先，斜插入水，然后前臂和上臂依次入水（图 11-30）。

图 11-29　自由泳划水路线

图 11-30　自由泳手臂入水技术动作

（二）抱水

臂入水后，积极向前下方插入使手臂伸直，然后逐渐屈肘，使肘高于手，高肘的目的是前臂和手最大限度地向后推水。当手臂抱至与水平面成约 40°角，肘关节屈至约 150°角时，抱水结束（图 11-31）。整个动作手臂像抱一个大圆球，肩带肌肉群充分伸展，为加速划水做好准备。

（三）划水

划水是发挥最大推进作用的主要阶段。为了便于理解整个划水过程，把划水分为拉水和推水两个部分。

拉水时，手同时向内、向上和向后运动，保持高肘姿势。拉水结束时，手在身体下方靠近身体中线，手臂与水平面基本垂直，屈肘角度约 90°（图 11-32）。进入推水阶段。

图 11-31　自由泳手臂抱水技术动作

图 11-32　自由泳手臂拉水技术动作

推水时，手同时向外、向上和向后运动，在拉水的基础上加速连贯地完成，中间不能有停顿，特别是经过肩的垂直面时，大臂要保持内旋姿势，带动小臂，用力向后推水。同时，使肩部后移，以加长有效的划水路线。向后推水，有一个从屈臂到伸臂的加速过程，有一个手掌从内向外，从下向上的动作路线。当手臂在后方与水平面成约 20°角时，推水结束，转入出水阶段（图 11-33）。

（四）出水

划水结束后，臂由于惯性的作用很快地靠近水面，这时，应立即在肩的带动下将手臂提出水面。出水的顺序是肩、上臂、前臂和手。出水动作应快速连贯，但前臂和手应尽量放松（图 11-34）。

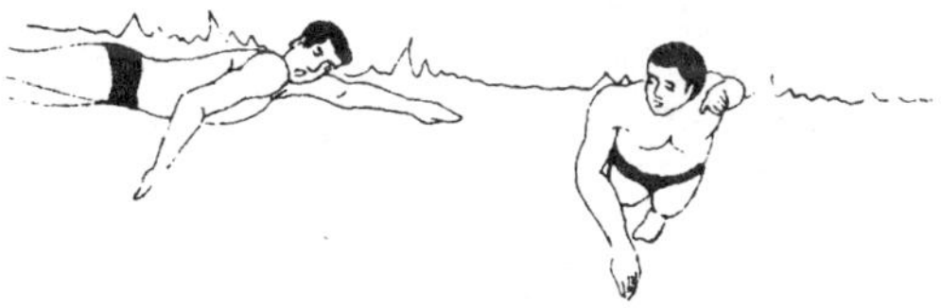

图 11-33 自由泳手臂推水技术动作

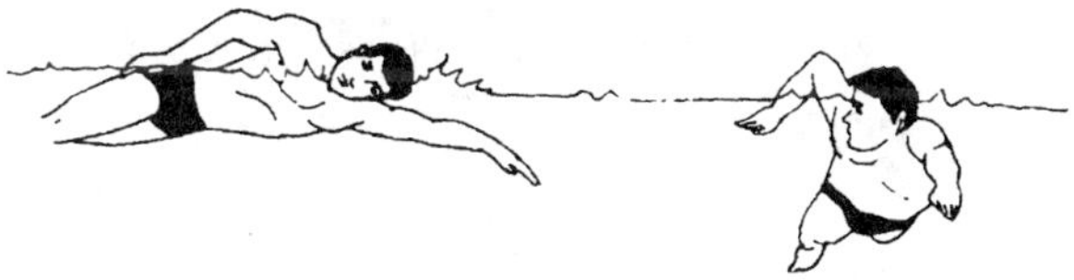

图 11-34 自由泳手臂出水技术动作

（五）空中移臂

紧接臂的出水，不停顿地进入空中前移。移臂要尽量放松，肘高于手，向外上方做“提拉”动作，将前臂和手提出水面。动作应借助于肩关节的自然转动，手的速度要快于前臂和上臂的速度，因为移臂开始时手落后于肘关节，而移臂结束时手应在最前方领先入水（图 11-35）。

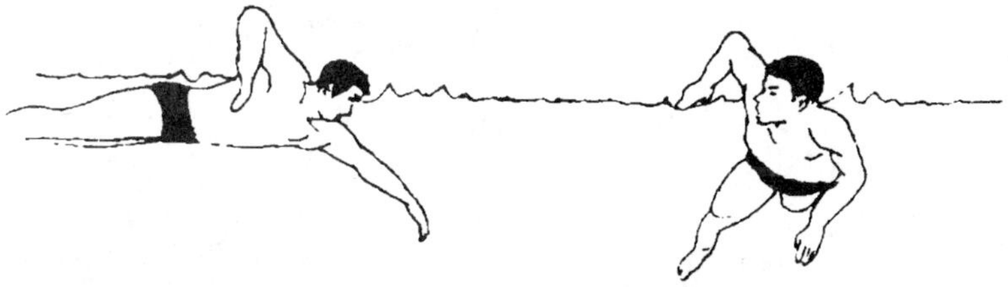

图 11-35 自由泳空中移臂技术动作

（六）两臂的配合

爬泳两臂的配合是前进速度均匀性的重要条件。两臂的交叉划水配合有 3 种基本形式，即前交叉、中交叉和后交叉配合。

四、呼吸和动作配合

（一）呼吸与手臂的配合

爬泳呼吸技术是一个难点，是因为它采用人们所不习惯的侧边转头吸气。吸气的时机要掌握好，如果向右转头，右手入水后，嘴和鼻开始徐徐呼气，右臂开始划水至肩上，开始向右侧转头和增大呼气量（图 11-36）。右臂推水即将结束，则用力吸气。右臂出水时，张嘴吸气，至空中移臂的前半部为止，并开始转头还原。右手入水时，头部应已复原并保持稳定（图 11-37）。

图 11-36 自由泳呼吸与手臂配合技术动作

图 11-37 自由泳呼吸技术动作

(二)完整配合

爬泳配合技术有多种,其中 6∶2∶1 配合比较常见,即 6 次打腿,2 次划水,1 次呼吸。还有 4∶2∶1、2∶2∶1 等配合。一般地说,在短距离爬泳时采用 6∶2∶1 较多。中长距离则多采用 4∶2∶1 和 2∶2∶1 的方案。6∶2∶1 配合一般被初学者所采用,所以教学中多采用 6∶2∶1 的配合。

第五节 仰 泳

一、身体姿势

仰泳时身体平直地仰卧水中,自然伸展,头和肩部略高于腰部和腿部。头要稳定,后脑浸入水中,脸露出水面。腰腹部应保持适度的紧张,以保持身体的流线型(图 11-38)。

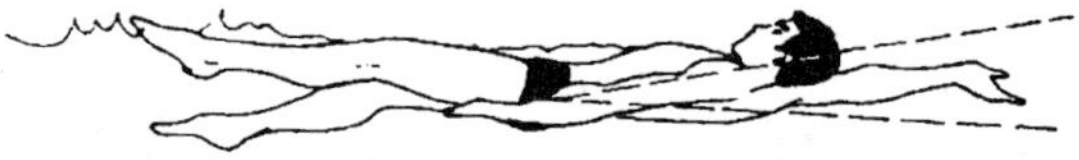

图 11-38 仰泳身体姿势

二、腿部动作

仰泳的腿部动作与爬泳的动作一样,有一定的推进作用,主要是保持身体平衡。腿的动作,大腿带动小腿下压和上踢,形成鞭状踢水动作。

下压动作是大腿带动小腿直腿完成的,到一定深度时转入上踢过程。这时小腿和脚在惯性的作用下仍继续下压,使膝关节成 130°角,大腿带动小腿和脚依次完成下压动作(图 11-39)。

上踢动作产生推进力,当大腿上踢到一定高度,膝关节即将露出水面时,大腿结束向上移动,转为下压。小腿和脚仍上踢,形成鞭状踢水动作(图 11-40)。

三、手臂动作

手臂动作是推进身体的主要动力,为了便于分析动作,把一个周期分为入水、抱水、划水、出水和空中移臂五个环节。

(一)入水

入水时臂自然伸直,掌心朝外下方,小指领先入水。入水时手掌与前臂形成一个 150°～160°角(图 11-41)。

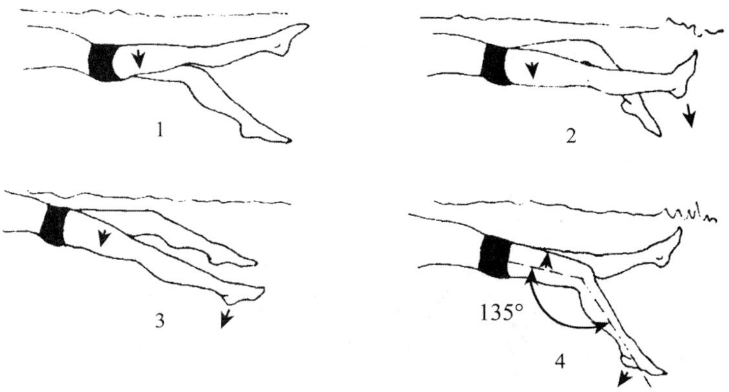

图 11-39　仰泳腿下压技术动作

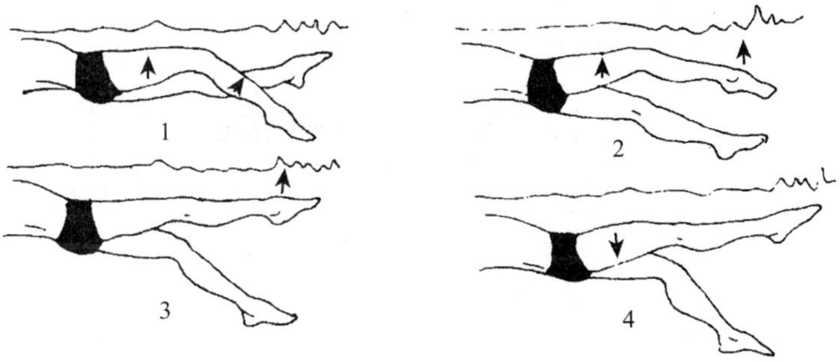

图 11-40　仰泳腿上踢技术动作

图 11-41　仰泳手臂入水技术动作

(二)抱水

手臂入水后应积极下滑抓水后转入抱水。身体围绕纵轴转动并积极伸臂,手臂向外旋转,屈腕,使手臂对准水,以便划水时充分发挥力量(图 11-42)。

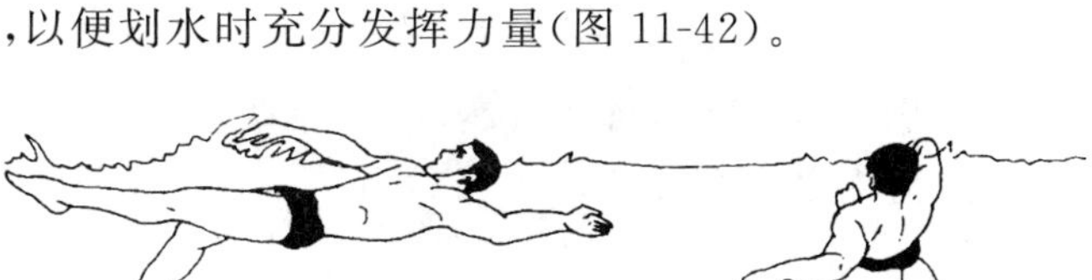

图 11-42　仰泳手臂抱水技术动作

(三)划水

仰泳的划水动作是身体前进的主要动力。整个动作是从屈臂抓水开始,划到大腿下方为止。划水动作可分为拉水和推水两个部分。

紧接抱水，肘关节屈成 150°，使手掌和小臂达到了良好的对水姿势。随着身体绕纵轴继续转动，肘关节下降，手在向后划水的同时向上移动，使屈肘的程度逐渐加大，当手臂划到肩下与水平面垂直时，身体转动角度约 45°，肘关节弯曲成 90°～100°角，手掌距水面 15 cm 左右。拉水结束(图 11-43)。

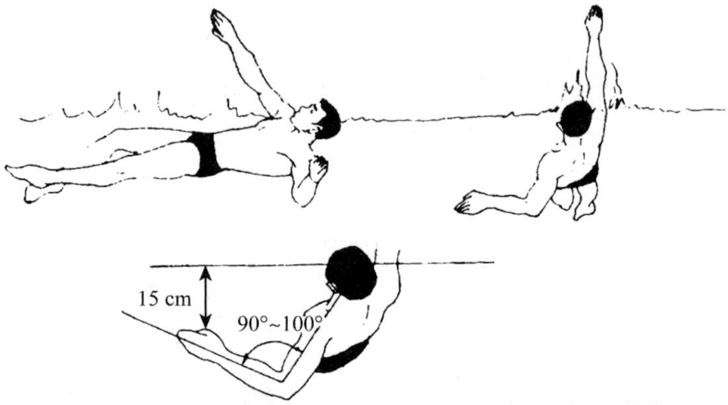

图 11-43　仰泳手臂拉水技术动作

推水开始后，使手领先于臂和肘关节用力向后做推水动作，大臂带动小臂和手加速内旋推水，并以手的下压，结束推水动作。推水结束时，手掌朝下，手臂伸直，手掌距水面 40～50 cm (图 11-44)。

图 11-44　仰泳手臂推水技术动作

(四)出水

利用手臂内旋下压的反作用力和三角肌的适当收缩，手臂迅速提拉出水面，出水时，先压水后提肩，使肩露出水面后，由肩带动上臂、小臂和手依次出水。手出水最好以大拇指领先，这样阻力小，而且手臂较自然放松。

(五)空中移臂

臂出水后，手臂应迅速由后向前移动，臂要自然，放松伸直，上臂贴耳。手臂移过垂直部位后应向外旋转，使掌心向外，为入水做好准备。

(六)两臂配合

两臂动作始终是在对角交叉的位置上交替划水。一臂入水时，另一臂推水结束，两臂基本处于相反的位置，保证动作的连贯性和前进速度的均匀性(图 11-45)。

四、呼吸和动作配合

仰泳时，脸一直露出水面，呼吸技术简单，自然、张口有节奏地呼吸。现代仰泳技术中较常见的是 6∶2∶1 的配合技术。

图 11-45　仰泳手臂配合技术动作

第六节　蝶　泳

一、身体姿势

游蝶泳时，运动员俯卧水中，躯干与腿联合有节奏地做上下鞭打动作，身体成波浪动作形成上下起伏，没有固定的身体位置。但是蝶泳的身体姿势应力求稳定，身体有节奏地起伏，给臂和腿部动作提供有利条件，身体不应起伏摆动过大，注意保持身体的相对平稳和流线型。

二、腿部动作

蝶泳时，虽然主要推进力是臂部动作，但打水动作也起着明显的推进作用。打水时，两腿应自然并拢，两脚稍内扣，两腿的动作应同时进行。向下打腿时，用大腿带动小腿，屈膝，踝关节伸直，用脚背对准水向下快速打水（图 11-46）。

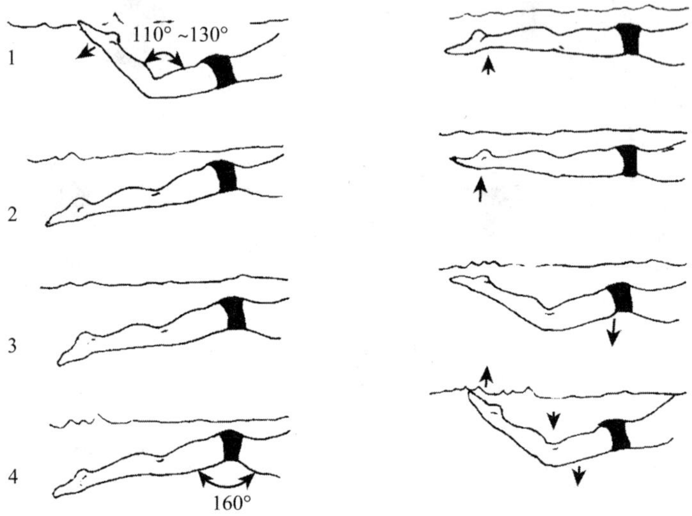

图 11-46　蝶泳腿部打水技术动作

三、手臂动作

蝶泳臂部动作是推进身体的主要动力。蝶泳划水可分为入水、抱水、划水、推水、出水、空中移臂动作。

（一）入水

紧接空中移臂，保持臂内旋，高抬肘、掌心斜向外下方。入水应以大拇指领先，斜插入水，然后前臂和上臂依次入水（图 11-47）。

图 11-47　蝶泳手臂入水技术动作

（二）抱水

紧接入水后，手和前臂向外旋转，手臂同时向外、向后和向下运动，手臂有支撑住水的感觉，像是用手抱个大圆球一样，开始屈肘、屈腕，为划水做好准备（图 11-48）。

（三）划水

紧接抱水，两臂屈臂向后加速划水。划水时，继续屈肘，并保持高肘姿势。手臂继续向外旋转，手同时向内、向上和向后划水，划水到肩的垂直平面时，屈肘 90°～100°角。继续向内划水到两手之间距离从宽到窄时，划水结束（图 11-49）。

图 11-48　蝶泳手臂抱水技术

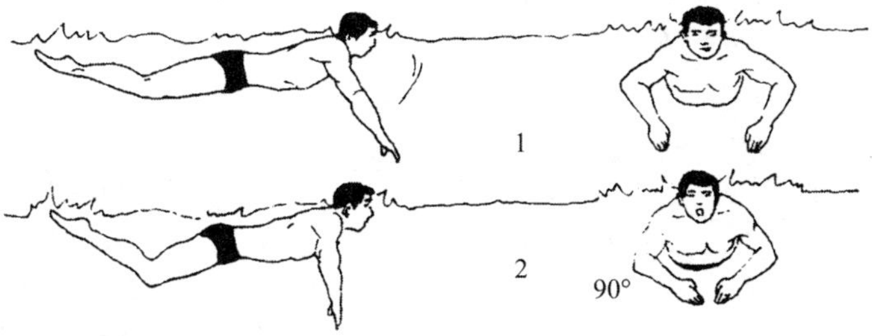

图 11-49　蝶泳手臂划水技术动作

(四)推水

当两手距离最近时进入推水阶段。推水时,手臂同时向外、向后和向上运动,一直推到大腿两侧,推水结束(图 11-50)。

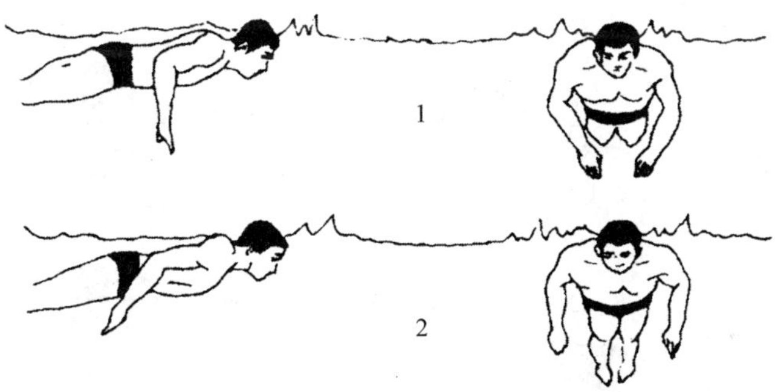

图 11-50　蝶泳手臂推水技术动作

(五)出水

向后推水结束前,肘开始向上抬起,推水结束时,靠三角肌和斜方肌的适当收缩,顺着推水的惯性,肘和肩带动手臂提拉出水(图 11-51)。

(六)空中移臂

出水后,在肩的带动下,手臂迅速从空中前移到头前,准备入水和下一个周期的动作。出水时,手掌几乎是向上的,移臂至肩的垂直面时向后,入水时则斜向外下方(图 11-52)。

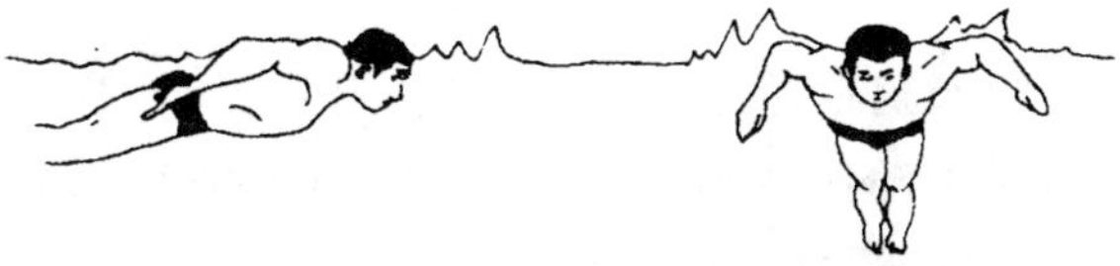

图 11-51　蝶泳手臂出水技术动作

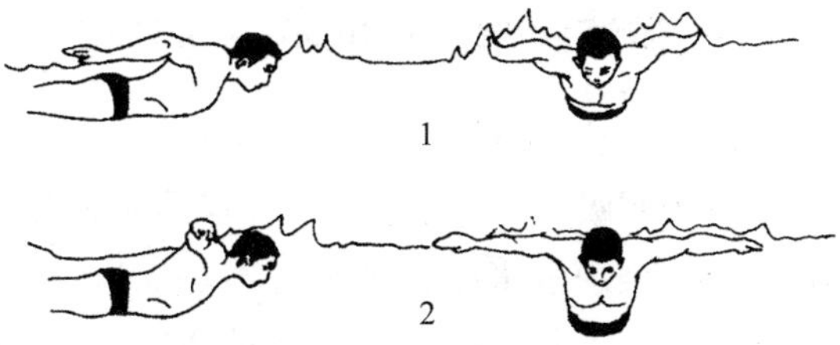

图 11-52　蝶泳空中移臂技术动作

四、呼吸和完整动作配合

蝶泳的吸气有早吸气和晚吸气。初学者可采用早吸气技术，即在划水开始时就抬头吸气，臂出水和移臂时低头入水。

蝶泳运动员多采用 2∶1∶1 配合技术，即两次打腿，一次划水，一次呼吸。臂腿配合时机是臂入水时打一次腿，臂划水至腹下时打两次腿（图 11-53）。

图 11-53　蝶泳呼吸与完整动作配合

第七节　游泳时常见的问题与自救

游泳是一项深受人们喜爱的运动，这项运动不但能使人的身体得到全面的发展，而且可以培养人们的勇敢顽强精神和坚韧不拔的意志品质。但在游泳时我们要了解一些常见的问题和自救常识，让我们更好地进行游泳运动。

一、游泳时常出现的不适与处理

（一）呛水与处理

由于呼吸技术不够熟练，水容易从鼻腔中进入呼吸道而呛水，这就会产生呼吸困难，连续呛水会产生溺水事故。呛水时不能惊慌，要马上做踩水动作或抬头蛙泳或仰浮水面，这样，险情就会消除。防止呛水的关键是预防，初学者不要去深水区游泳，不能在水中打闹，以防止意外事故的发生。

(二)耳朵进水与处理

游泳时耳朵经常进水，让人们听力减弱、感觉不适。这时将头偏向进水耳朵的一侧，用手掌压在进水的耳朵上，反复几次提、压手掌就可将水吸出来；或站在岸上，将头偏向有水一侧，用同侧单腿连跳几次，水就可从耳内流出来。

(三)肌肉拉伤与处理

由于运动量过大，准备活动不充分，进行大强度的长时间游泳，肌肉和韧带承受不了超负荷的运动，以及错误的游泳动作都可造成肌肉拉伤。要防止肌肉拉伤，游泳时应充分做好准备活动，尤其是肩、肘、膝关节和腿部。准备活动要做到身体发热为止。游泳动作要正确，用力不要过猛。

二、游泳时的自救

(1)由于技术不熟练，游泳水平不高，在深水区游泳时，心理上过度紧张，偶尔呛水，造成惊惶失措，乱抓乱蹬，身体下沉，动作变形，得不到外人救护时，就要保持心理放松，踩水吸气或仰卧水面，调整好呼吸后缓慢游进。

(2)在身体不舒服的情况下，有的游泳爱好者还坚持游泳。由于水温对身体的凉刺激较大，加上游泳时的能量消耗也很大，使身体更加虚弱，这就可能发生事故。有身体不舒服的情况时不要下水游泳。

(3)由于准备活动不充分，加上凉水的刺激和精神紧张，常引起小腿、大腿、手指、脚趾和腹部抽筋，如果不及时正确处理也会危及生命。当发生抽筋时，要镇静不要紧张，要牵拉抽筋肌肉，让收缩的肌肉松弛和伸展。

①手指抽筋时，将手指捏紧、张开，连续做直至抽筋消除。

②手掌抽筋时，两掌心相对连续做交替屈伸动作直至抽筋消除。

③大臂抽筋时，握拳后以肘关节为轴做屈伸动作直至抽筋消除。

④小腿和脚趾抽筋时，身体仰卧在水面，用抽筋腿的同侧手压住膝部，抽筋腿勾脚伸直，异侧手抓住脚趾用力做牵拉动作，直至抽筋消除。

⑤大腿抽筋时，身体仰卧在水面，两腿弯曲，两手抱住膝部，用力使大腿尽量靠近腹部，再将腿伸展。连续多次，直至抽筋消除。

⑥在水中解除各种抽筋后，要及时上岸保暖并做肌肉按摩和放松。

⑦有的人在游泳时爱潜水。由于潜水次数过于频繁，潜水时间过长，常常因为大脑缺氧而休克。因此，在潜水时不要过于频繁和时间过长，要互相照顾和提醒。

第十二章　轮滑运动

第一节　轮滑运动简介

一、轮滑运动的起源与发展

轮滑，又称滚轴溜冰、滑旱冰，是穿着带滚轮的特制鞋在坚硬的场地上滑行的运动。它最早是猎人利用骨头装在长皮靴脚掌上制成的溜冰鞋，帮助他们在冬天也能进行的一种打猎游戏。1892 年 4 月 1 日，国际轮滑联盟在瑞士成立，使得轮滑运动向正规化、国际化发展迈出了坚实的一步。1937 年美国制定了第一个速度轮滑比赛规则，同年，在意大利蒙特利尔举行了第 1 届世界速度轮滑锦标赛，国际轮滑联合会确定每年举行一次速度轮滑锦标赛(包括公路赛和场地赛)。1940 年 4 月 28 日在罗马举行的第 43 届国际奥林匹克委员会会议上，正式承认了轮滑项目的国际联合会，速度轮滑委员会设在意大利的罗马。从此，速度轮滑在世界各地蓬勃发展，并真正地走上了轮滑竞赛的道路，成为人们比赛、休闲、健身的运动项目。至今，轮滑联盟已发展到 80 多个成员国，我国于 1980 年成为轮滑协会会员国。我国加入国际轮滑协会后，轮滑运动进入到快速发展时期，全国各地城乡纷纷开设了“溜冰场”，吸引广大青少年参加轮滑运动，1985 年我国首次在河南省安阳市举办了全国轮滑赛，至今已举办了 22 届全国速度轮滑锦标赛。在这段时间里，我国轮滑运动水平有了长足的进步，1989 年 10 月，在我国杭州市举行的第 3 届亚洲轮滑锦标赛，有 10 个国家和地区的运动员参赛，我国选手获得了团体总冠军而称雄亚洲。但离世界水平还有一定距离，我们要急起直追，提高训练水平，早日跻身世界先进行列。

轮滑运动的优越之处是不受季节气候条件限制，轮滑运动是从滑冰运动过渡而来的，运动原理与滑冰有相似之处，比滑冰有更大的延展空间。18 世纪从欧洲开始，逐渐演变成为速度轮滑、花样轮滑、轮滑球及滑板等不同形式的运动项目，深受人们的喜爱。

速度轮滑属于周期性耐久力竞速运动项目，在国际上被分为双排速度轮滑和单排速度轮滑两种。超长距离和长距离是速度轮滑运动的基础项目，短距离是核心项目。速度轮滑比赛在国际上分为双排、单排两个组别，有 200 m 、500 m、700 m 、1 000 m、2 000 m 等比赛规格，分室外和室内。速度轮滑可在公路上进行，也可在场地上进行，使用器材便于随身携带，技术灵活。比赛的方式有计时赛、淘汰赛、记分赛、群滑赛、定时赛、追逐赛、分段赛等。

二、速度轮滑运动的特点和锻炼价值

速度轮滑是一项速度和力量相结合的运动。滑行时要脚穿轮滑鞋，佩戴头盔、手套、护膝、护肘等，采用蹲屈身体姿势，靠两腿交替向侧方蹬地产生动力和臂、腿及其他动作配合进行滑行。速度轮滑运动水平的提高，对器材性能的依赖性较大。随着速度轮滑在世界各地蓬勃发

展，出现了新型活轴轮滑鞋，代替过去双排鞋，这场技术革命，使轮滑的运动水平大幅度提高，速度轮滑以它特有的魅力吸引着越来越多的人参加运动，特别是广大的青少年学生。速度轮滑对于提高心肺功能、增强四肢和躯干的肌肉力量、提高身体的协调性和平衡能力、塑身、塑形有着积极的作用；对于丰富学生的业余文化生活起到促进作用；对于激发学生参与体育锻炼的兴趣，培养他们参与体育锻炼的习惯，满足他们追求刺激、时尚和成就感的需求有很大的帮助。这充分体现着速度轮滑不仅有很好的健身价值，还是具有竞技、娱乐、交通代步多种功能的一项休闲运动，它能全面地发展人体的速度、力量、耐力、灵敏、柔韧等身体素质，又能培养人们勇敢、顽强、勇于拼搏的优秀品质，使人在赏心悦目运动中获得美的享受，达到娱乐和健身的双重效果。

第二节 初学者轮滑运动基本技术

初学者学习轮滑，要从最基本的技术开始学习，下面介绍几种基本技术的学习方法。

一、基本站立技术

1. “V”形站立动作要领

两脚尖外展 40°～50°呈“V”形，脚跟靠紧，上体微前倾，重心落在两脚中间，也称外八字站立。

2. “T”形站立动作要领

两脚呈“T”形靠住站立。前脚跟靠住后脚弓，上体微前倾，重心略偏于后脚。

3. 平行站立动作要领

两脚平行分开稍窄于肩，脚尖稍内扣，膝部微屈，重心落在两脚中间。如果练习者是穿单排轮滑鞋做此练习，则还要注意站立时两脚略向内倾，以利于保持稳定。

轮滑各种站立方法练习与控制身体平衡练习如图 12-1 至图 12-3 所示。

(a) 脚尖外展 (b) 局部图

图 12-1 “V”形(外八字)站立

(a) 两脚呈“T”形 (b) 局部图

图 12-2 “T”形站立

图 12-3 平行站立

二、原地移动重心技术

1. 原地左右脚间转换重心动作要领

由预备姿势开始，两脚相距 5～10 cm，平行开立或呈“V”形，两眼看前方 4～5 m 处，上体微前倾，腰背部放松，含胸收腹，两臂自然下垂或背于腰后，重心落在两脚中间。逐渐将重心移至一脚，另一脚以4个轮子同时离开地面的方式抬起，并保持鞋底部始终与地面平行，2～3 s后恢复预备姿势。当离地脚放下时，要注意4个轮子同时着地。然后再以同样的方法将重心移向另一脚，保持2～3 s后再回复预备姿势。

2. 原地抬脚动作要领

由预备姿势开始，两眼看前方4～5 m处，逐渐将重心移至一脚，另一脚以膝关节上提，4个轮子同时离开地面的方式抬起，并保持鞋底部始终与地面平行。2～3 s后恢复预备姿势，当离地脚放下时，要注意4个轮子同时着地，然后再以同样的方式将重心移向另一侧，提膝抬起另一条腿，保持2～3 s后再回复预备姿势。

3. 左右跨步移动动作要领

由预备姿势开始，重心移至左腿，右腿以抬膝、脚平抬平落的方式向右侧跨30～50 cm，迅速将重心移至右腿，左腿以同样的方式向右并靠一步，并支撑重心。如此反复向右侧移动5～10步，然后向左移动。

三、行进间的移动技术

1. 向前踏步移动

由预备姿势开始，重心移至左腿，右腿以抬膝、脚平抬平落的方式向前踏出10～15 cm，落地后迅速将重心移至右腿，同时左腿以同样方式向前踏出一小步落地并支撑重心。

2. 向后踏步移动

由向后滑行的基本预备姿势开始，重心移至左腿，右腿以抬膝、脚平抬平落的方式向后踏出10～15 cm，即右脚的脚尖落放在左脚的足弓附近。落地后迅速将重心移至右腿，同时，左腿以同样的方式向后踏出一小步，落地并支撑重心。

3. 向前单腿单滑

由预备姿势开始，左脚正对前方，右脚横置于左脚跟后方，成重心落在右脚的“T”形站立。重心前移至左脚，右脚向后蹬地，提膝抬脚收于左脚后方，由左脚单脚向前滑行一段距离，然后右脚平落，以上述方法再次蹬地，左脚继续向前滑行。如此反复练习后，交换滑行脚，成左脚蹬地、右脚向前滑行。

4. 向前交替蹬、滑

由预备姿势开始，左腿支撑重心，在右移重心的同时左脚向左后方以平推的方式蹬地后，迅速以提膝的方式收于右腿后方，由右脚单脚向前滑行一段距离，然后，右脚以内侧轮向右后方蹬地，左脚以脚尖向左前平落并支撑重心，单脚向前滑行。

体验轮滑鞋性能，进行原地蹲起、移动身体重心和踏步练习如图12-4至图12-7所示。

四、停止法基本技术

（一）借助制动器停止法

1. 停止向前滑行

在向前滑行的过程中，身体重心落在两脚间，成两脚平行开立的向前基本姿势，惯性向前滑行时，准备开始制动。制动时，重心下降，将装有制动器的滑行脚向前伸出20～30 cm，脚尖抬起，以制动器与地面接触摩擦地面，以达到减速制动直到停止的目的。

（a）外八字站立　　（b）鞋跟靠近下蹲

图 12-4　外八字站立蹲起练习

控制重心，体会重心上下移动中的身体平衡。

（a）平行直立　　（b）屈腿下蹲

图 12-5　平行站立蹲起练习

（a）平行站立　　（b）抬起右脚　　（c）抬起左脚　　（d）恢复直立

图 12-6　原地站立左右移动重心练习

（a）两脚平行　　（b）抬右腿　　（c）抬左腿　　（d）恢复站立

图 12-7　原地踏步练习

2. 停止向后滑行

在向后滑行的过程中，身体重心落在两脚间成两脚平行开立的向后基本姿势，惯性向后滑行时，准备开始制动。制动时，重心下降，将装有制动器的滑行脚向前伸出20～30 cm，脚尖抬起，以制动器与地面接触摩擦地面，以达到减速制动直到停止的目的。

（二）借助滑轮停止法

1. 向前“A”形制动

在向前滑行的过程中，身体重心落在两脚间，成两脚平行开立的向前基本姿势，惯性滑行时，准备开始制动。制动时，重心下降，上体根据滑行的速度和制动距离稍后倒，双脚分开略比肩宽，两脚尖内扣，脚跟外张，呈“A”形，单排轮滑鞋用轮子的内侧，双排轮滑鞋用内侧轮与地摩擦，以达到减速制动直到停止的目的，也称内八字停止法。

2. 向后“V”形制动

在向后滑行的过程中，身体重心落在两脚间，成两脚平行开立的向后基本姿势，惯性滑行时，准备开始制动。制动时，重心下降，上体根据滑行的速度和制动距离稍前倒，双脚分开略比肩宽，两脚尖外张，脚跟向内，呈“V”形，单排轮滑鞋用轮子的内侧，双排轮滑鞋用内侧轮与地摩擦，以达到减速制动直到停止的目的。

3. 向前“T”形制动

在向前滑行的过程中，将重心落在左脚上，左膝微屈，上体根据滑的距离、滑行的速度和制动的距离稍后倒，同时抬起右脚，脚尖外转，横放在左脚后呈“T”形，单排轮滑鞋以右脚四个轮的内侧面、双排轮滑鞋用内侧轮与地摩擦，减慢滑行速度，重心继续下降，并逐渐移向右脚，加大摩擦直到停止滑行。以同样的方法可进行左右脚交换后的“T”形制动。

初步学会滑行要领练习并掌握停止方法如图12-8至图12-11所示。

图12-8　滑行中鞋闸停止法

图12-9　高速急停时鞋闸停止法

(a) 重心后倾两轮内沿蹬地　　(b) 两膝内扣

图12-10　内八字停止法

(a) 左脚支撑右脚轮与地摩擦　　(b) 右脚靠近左脚后跟停止

图 12-11　用轮内沿横向摩擦地面停止法

第三节　速度轮滑的基本技术

速度轮滑的滑跑技术，就是在规定的距离内，以最快的速度，最省力的方法，滑完全程所采用的合理动作。速度轮滑的滑跑技术包括：直道滑跑、弯道滑跑、起跑及冲刺等。

一、直道滑跑技术

直道滑跑技术包括：身体姿势、蹬地、收腿、着地、惯性支撑滑进、摆臂及整体动作配合等。

(一)滑跑基本姿势

速度轮滑运动为能够减少空气阻力达到快速滑跑的目的，身体必须采取特殊的滑跑姿势。身体姿势的正确与否对完成正确动作、有效使用技术、发挥身体潜能都有重要的作用，因此说，正确的滑跑姿势是滑行技术的基础。速度轮滑直道滑跑采用上体前倾的半蹲式姿势，髋、膝、踝三关节呈屈的状态。上体放松，两手握于背后，头微抬起，目视前方 30～40 m 处。在滑行中重心落在脚心处为宜，髋关节角度为 90°～100°，膝关节角度为 110°～120°，踝关节角度为 65°～75°。大腿位于胸的正下方，鼻、膝、脚三点成一线，重心准确地通过支撑轮中间。选择合理的蹲屈角度，应与个人的训练水平和腿部力量相适应。蹲屈较高，体力消耗小，但推进力不大。蹲屈程度较低，蹬地力量大，效果好，能有效地减少空气阻力，但体力消耗大。

(二)蹬地技术

速度轮滑的蹬腿是在向前滑进的过程中进行的，蹬腿动作过程包括开始蹬腿、蹬腿的最大用力和结束蹬腿 3 个阶段。

(1)当惯性滑进结束时，进入蹬腿阶段时，运动员开始由轮子平刃面滑进，过渡到轮子内刃滑行。这时，运动员呈现身体倾斜状态的滑进，转入了开始蹬腿阶段。开始蹬腿阶段对运动员腿部动作的技术要求是，在伸展髋关节的同时膝关节向前压，踝关节的前屈角度略有缩小，并保持这个姿势开始向身体的侧后方蹬腿。

(2)当完成开始蹬腿阶段的技术动作后，就进入了蹬腿最大用力阶段。此阶段，运动员的蹬伸腿位于身体的侧方，身体倾斜度达到最适宜角，即上体前倾与地面成15°～20°角，大腿与躯干成40°角，膝关节弯曲成125°角左右，踝关节前屈成50°～70°角，这时，运动员快速伸展膝关节，同时伸展髋、踝关节。

(3)结束阶段是运动员完成了蹬腿的最大用力阶段后，髋、膝、踝三关节完全伸直并准备收腿的蹬腿最后阶段，则应当最大限度地用力伸展踝关节，充分发挥踝关节的最后蹬地力量。

(三)收腿技术

当蹬地腿完成蹬地技术后，浮腿抬离地面至再次着地前的过程称为收腿。收腿的动作方法是，浮腿的大腿带动小腿以最短的路线拉回，使浮腿的膝关节靠近支撑腿。收腿时髋关节内收，膝关节弯曲形成自然的钟摆动作。

(四)着地技术

着地动作是指从收腿动作结束后至轱辘落地的动作阶段，着地的动作方法是以大腿屈的动作为主，从后向前提拉，以后轮领先在靠近蹬地腿内侧的前方着地，着地时小腿有明显的积极前送下落动作并使浮腿充分放松，浮腿轱辘着地的开角不要过大，浮腿的轱辘在着地的瞬间浮腿暂不承担体重，当蹬地腿蹬地结束的刹那才迅速地承担体重。

(五)惯性滑进技术

惯性滑进是一腿蹬地结束后，另一腿承接身体重量，维持好身体的平衡，借助惯性速度向前滑进的动作。自蹬地脚离开地面起到移动重心止，惯性滑进动作持续的时间与不同的项目有关，其技术动作也有区别，长距离滑跑时，滑进持续时间比短距离长，一般占一个单步幅的1/2长，而短距离滑跑则占一个单步幅的1/3或1/4左右。在支撑滑进过程中，最好利用轱辘正面支撑，减少轴向用力导致对轴承压力过大造成的速度损失。

(六)直道滑行摆臂技术

摆臂是与支撑腿的蹬地动作协调配合的动作。它可有效地提高蹬地的力量和加快重心的移动而提高频率。摆臂主要用于短距离滑跑和终点冲刺。长距离根据需要采用单臂或单、双臂交替。

摆臂的方法是左腿蹬地时，左臂向右前上方摆，而右臂向右后上方摆。右腿蹬地时，右臂向左前上方摆、左臂向左后上方摆。以肩为轴，协调地配合支撑腿的蹬地用力动作。

(七)直道滑跑配合技术

直道滑跑动作由两腿动作及两臂动作配合构成。

1. 两腿间配合

以一侧腿的动作为例，其动作顺序是：蹬地—收腿—着地，动作配合为：右腿开始蹬地，左腿开始收腿，右腿蹬地最大用力后，左腿轱辘着地；左腿开始蹬地，右腿开始收腿，左腿最大用力后，右腿着地。

2. 臂与腿动作配合

两臂的摆动与腿部动作配合是：蹬地腿的同侧臂向前摆动，异侧臂向后摆动，两臂摆至前后最高点时，蹬地腿蹬地动作结束，浮腿轱辘着地，两臂前后交替摆动配合。

通过基本姿势滑行、单蹬双滑、侧蹬滑行、葫芦步滑行等练习掌握直道滑行如图12-12至图12-17所示。

在较快速度滑行中，成基本姿势，以正沿、内沿平行向前滑行。

(a) 两轮平行　(b) 侧面姿势　(c) 内沿滑行

图 12-12　基本姿势轮正沿、内沿滑行

在较快速度滑行中，以两脚外沿平行向前滑行。

(a) 窄轮距滑行　(b) 轮距同肩宽

图 12-13　基本姿势轮外沿滑行

先用一脚内沿向侧后蹬地后，将腿收回两脚并拢成蹲姿向前滑行，换另一脚向侧后蹬地后，再成蹲姿双脚并拢滑行。

(a) 准备　(b) 左脚蹬动　(c) 收左脚并步滑行　(d) 右脚蹬动　(e) 双脚滑行

图 12-14　单脚蹬动双脚滑行

在滑行中，成蹲姿身体在支撑腿正上方，另一腿在体侧用轮内沿着地向前滑行。

(a) 右蹬姿势　(b) 左蹬姿势

图 12-15　侧蹬姿势滑行

两脚尖向外，以轮内沿蹬地，当双脚向前外滑行稍宽于肩时，两脚尖迅速内收靠拢准备下一次葫芦步滑行。

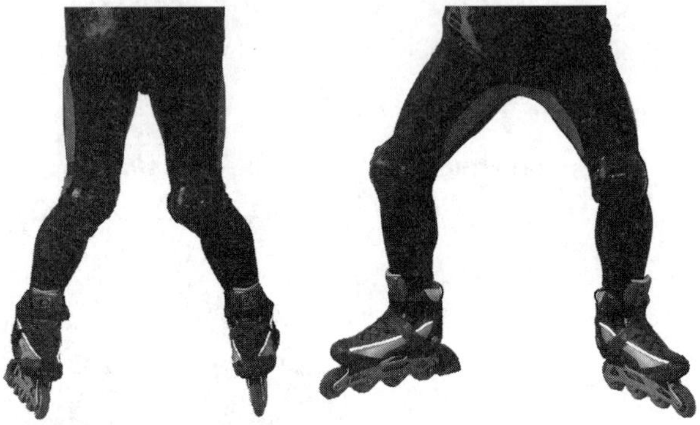

(a) 两腿内收　(b) 两腿外蹬

图 12-16　葫芦步滑行

一腿蹬动后放在体后，用另一腿正轮支撑向前滑行，提高单腿平衡能力。

视频 12-1：
直道滑跑技术

(a) 单脚支撑　(b) 左腿蹬动

图 12-17　单支撑滑行

二、弯道滑跑技术

弯道滑跑基本动作也是由弯道滑跑基本姿势、蹬地、收腿、着地、摆臂及全身动作配合构成的，但没有单脚支撑自由滑行阶段。

(一)弯道滑跑基本姿势

弯道滑跑采用身体向左侧前方倾斜的姿势，是由于圆周运动力学关系所决定的。上体前倾，支撑腿的髋、膝、踝三关节保持屈的状态。在弯道滑跑过程中，身体始终向圆心倾斜，并保持鼻与支撑腿的膝关节、前轮都处于同一纵轴平面上，倾斜的幅度较大，蹬地角在 40°～45°之间，单臂或双臂前后自然摆动，身体重心的位置要落实在轱辘的中部位置为宜。

（二）弯道滑行蹬地技术

弯道滑跑技术动作与直道技术动作相比有明显的不同，由于身体重心投影点始终在身体的左侧，并在离心力与向心力的作用下，形成了维持身体平衡、使身体重心沿弧线方向运动的规律，自然形成了左脚外侧和右脚内侧轮交替、连续、快频率向右蹬地的动作技术。

蹬地动作：右腿蹬地动作是以伸髋、内收髋关节、伸膝的动作为主完成的。左腿的蹬地动作是以伸髋、内收髋关节，伸膝的动作为主完成。

（三）弯道滑跑收腿技术

弯道滑跑收腿技术是指蹬地腿轱辘离开地面起，将浮腿收至支撑腿左侧的某一点的过程。收腿动作结构与方法：为适应弯道滑行的特性，两腿的收腿动作不相一致，右腿的收腿动作是以内收，屈髋、屈膝关节的动作为主，背屈踝关节动作为辅，膝关节领先，轱辘贴近地面向左平移，跨过左腿和左脚轱辘至左脚轱辘左侧稍偏前的适宜位置。

左腿以膝关节领先、踝关节为辅，使左关节保持放松状态，轱辘贴近地面向左上方做拉腿的动作，将左腿收至支撑腿的左侧较适宜的位置。

（四）弯道滑跑着地技术

弯道滑跑轱辘着地动作过程只是轱辘着地的瞬间动作。在滑跑中起到确定滑行方向、调节蹬地时机、协调配合蹬地动作、建立和保持平衡等作用。

1. 右腿轱辘着地动作

在右腿收腿动作结束后，利用右脚踝关节的背屈动作使轱辘的正面后轮在支撑腿（左腿）前内侧较适宜的位置轻轻地着地。

2. 左腿轱辘着地动作

在左腿的收腿动作结束后，左腿踝关节背屈，使前轱辘稍稍翘起，利用轱辘外侧后部在左脚轱辘的前内侧较适宜的位置轻轻着地。

（五）弯道滑跑摆臂技术

右臂摆动与直道滑跑基本相同，但摆臂的幅度要稍大，方向更向左侧前方一些；左臂摆臂动作是上臂先贴靠上体，前臂做前后摆。左臂的摆动只起平衡协调作用，因而也可置于体侧或背于身后。

（六）弯道滑跑配合技术

1. 两腿之间的动作配合

右腿开始蹬地，左腿开始收腿，右腿蹬地最大用力后，左腿轱辘着地，左腿开始蹬地，右腿开始收腿，左腿蹬地最大用力后，右腿着地。

2. 两臂的摆动与腿部动作配合

蹬地腿的同侧臂向前摆动，异侧臂向后摆动，两臂摆至前后最高点时，蹬地腿蹬地动作结束，浮腿轱辘着地，两臂前后交替摆动配合。

进行弯道交叉步滑行、平行式转弯、拉开式转弯练习如图 12-18 至图 12-20 所示。

(a) 左外沿右内沿滑行　　(b) 重心在左脚外　　(c) 右脚支撑左脚外沿蹬动

图 12-18　弯道滑行

视频 12-2：弯道滑跑技术

图 12-19　平行式转弯

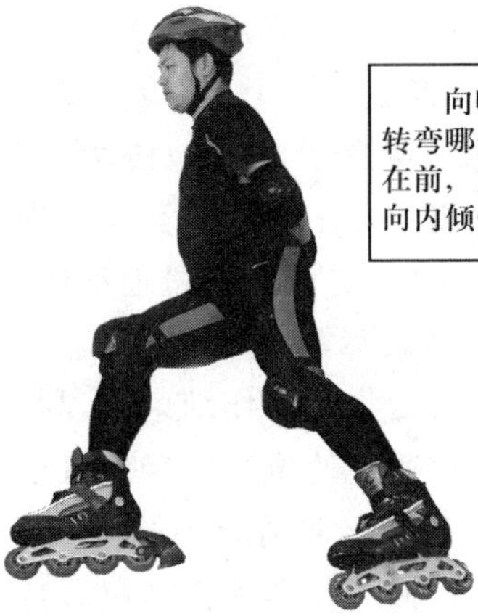

图 12-20　拉开式转弯

三、起跑技术

起跑是各项距离滑跑的开始。起跑的任务是在最短的时间内获得较高的速度。起跑由预备姿势、起动、疾跑、衔接 4 部分动作组成。

1. 预备姿势

预备姿势目前有多种，丁字形预备姿势、平行预备姿势、八字形预备姿势、前点地预备姿势等，相比较前点地预备姿势更优越一些。它的特点是：面对起跑方向，两腿分开，两脚间相距 35～55 cm，两脚间开角 50°～70°。前脚与起跑线成 65°～70°角，后脚与起跑线成 10°～15°角。上体前倾，两臂自然下垂，身体重心放于两脚中间或偏前一些，蹲屈程度可根据腿部力量、个人特点而定。

2. 起动

当听到发令枪声，迅速抬起前脚，后脚用力蹬地迅速伸直，上体前倾，髋关节前送，两臂用力摆动，整个身体迅速向前冲去，由于预备姿势的不同，第一步启动也有所不同。

3. 疾跑

第一步启动后运动员进入了紧张的疾跑段。疾跑段姿势较高，频率快，蹬地有力。随着滑速的提高，姿势由高变低，滑出角度由大变小，蹬地用力方向逐渐向侧后改变，步伐由小变大，逐渐向滑跑过渡。疾跑技术常用的有切跑式和扭滑式。

4. 衔接

运动员在疾跑段已经获得了相当大的速度时，如何将这一速度转移到途中滑跑的速度，这就是衔接技术的任务，衔接技术的关键在于获得速度后的 1～2 步的调整，将疾跑与途中滑跑有机地衔接起来。

速度轮滑起跑方法如图 12-21、图 12-22 所示。

(a) 身体前倾重心在前脚　　(b) 抬前脚双臂用力摆动

图 12-21　正面起跑

(a) 有力腿在后　　(b) 前脚边抬边外转

图 12-22　侧面起跑

视频 12-3:起跑技术

四、终点冲刺技术

冲刺是全程最后跑程上的拼搏，是比赛决定胜负的最后一关。因而冲刺也是非常重要的，运动员在越来越疲劳的情况下，应努力保持该项最合理滑跑技术。为了避免速度的下降，可以改变滑跑姿势，缩短惯性滑进时间，加快节奏，提高频率来赢得多次的蹬地加速。在所有的比赛项目中，冲刺时运动员都要摆臂滑跑，应像短距离滑跑那样，力求提高速度。

第四节　轮滑运动训练前准备活动

轮滑运动训练前充分做好准备活动可有效预防伤害事故，训练如图 12-23 至图 12-32 所示。

(a) 向后仰头　(b) 头向左转　(c) 头向右转　(d) 向前低头

图 12-23　头部运动

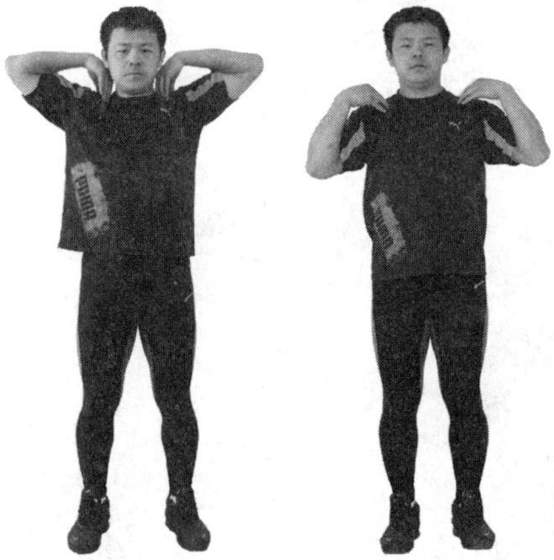

(a) 屈臂前绕环　(b) 屈臂后绕环

图 12-24　肩部运动

(a) 腰部左绕环　(b) 腰部右绕环

图 12-25　腰部环绕

直腿前俯腰

图 12-26　体前屈

(a) 左手拍右脚右臂后振　(b) 左臂后振右手拍左脚

图 12-27　前俯腰转体

(a) 两腿成弓步站立　　(b) 重心下压后腿蹬直

图 12-28　弓步压腿

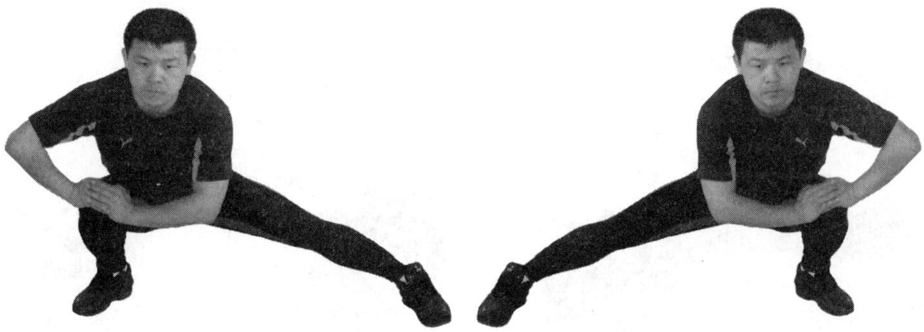

(a) 右腿全蹲下压左腿向侧伸直　　(b) 右腿向侧伸直左腿全蹲下压

图 12-29　侧压腿

(a) 拉伸右腿　　(b) 拉伸左腿

图 12-30　拉伸大腿肌肉

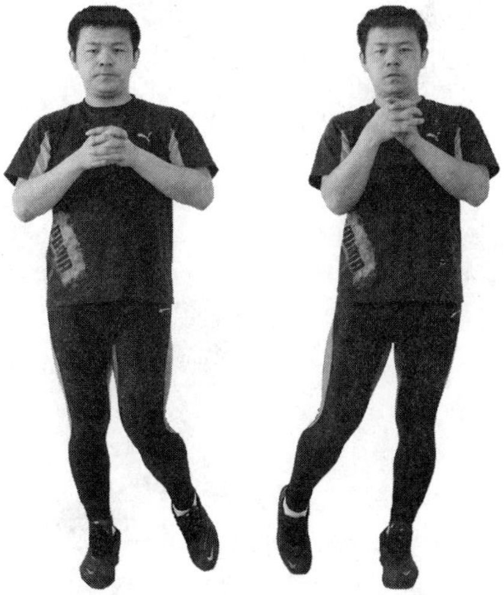

(a) 腕、左踝环绕　　(b) 腕、右踝环绕

图 12-31　腕、踝关节环绕

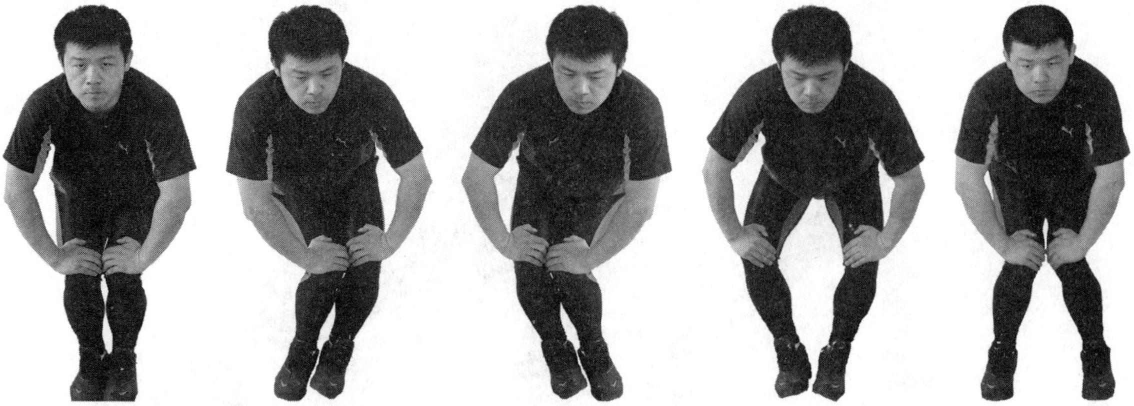

(a) 双手扶膝　(b) 向左环绕　(c) 向右环绕　(d) 向外环绕　(e) 向内环绕

图 12-32　膝关节环绕

第五节　轮滑运动陆地体能素质练习

通过专门体能练习提高轮滑技能与平衡能力，训练如图 12-33 至图 12-41 所示。

(a) 两腿并拢　(b) 侧面姿势

图 12-33　轮滑基本姿势

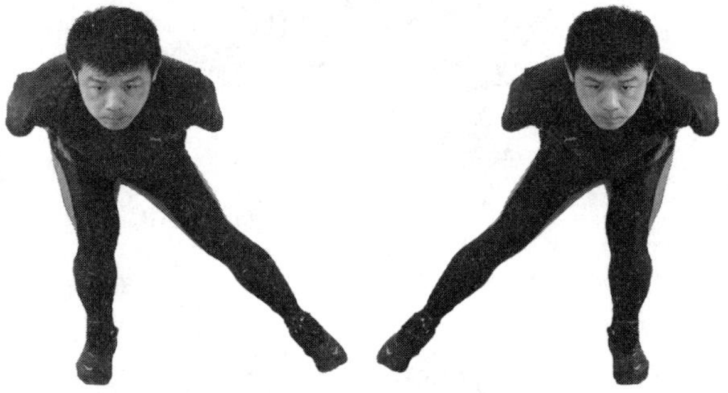

(a) 左脚侧蹬　(b) 右脚侧蹬

图 12-34　单脚侧出练习

(a) 准备姿势　(b) 蹲姿行走

图 12-35　屈腿走

(a) 右脚内侧蹬地　(b) 左脚外侧蹬地

图 12-36　交叉步走

(a) 左脚支撑抬右腿　　(b) 右脚支撑抬左腿

图 12-37　单脚平衡

(a) 单腿站立　　(b) 左腿蹬地右腿前摆

图 12-38　单腿跳

(a) 屈膝下蹲两臂后摆　　(b) 蹬地起跳

图 12-39　双腿跳

图 12-40　跨步跳

图 12-41　抱膝跳

第六节 速度轮滑规则介绍

一、竞赛项目

场地、公路速度轮滑正式比赛距离为：300 m、500 m、1 000 m、1 500 m、2 000 m、3 000 m、5 000 m、10 000 m、15 000 m、20 000 m、21 000 m、30 000 m、42 000 m、50 000 m。

二、竞赛类型

①计时赛；②淘汰赛；③群滑赛；④定时赛；⑤计分赛；⑥接力赛；⑦分段赛；⑧追逐赛。

三、竞赛组别

(1)甲组：年龄在 16 周岁以上(以出生日为准)。

(2)乙组：年龄在 12～15 周岁(以出生日为准)。

四、起点出发

(1)所有比赛的起跑均为站立式，用发令枪或哨子发出起跑信号。

(2)发令员在起点召集运动员时，如运动员未到，1 min 后重新召集，仍不到者立即取消比赛资格。

(3)起跑信号应在运动员站在起跑线后面，相互间距 50 cm，身体稳定后才能发出。运动员所站的位置由抽签决定。

(4)集体出发的起跑，运动员在起跑线后按抽签顺序依次站好。

五、比赛滑行方向

在“封闭环形式”公路跑道或场地跑道上，比赛按逆时针方向进行。

六、抵达终点与终点名次

(1)计时性比赛和集体出发的比赛(淘汰赛、计分赛、接力赛以及其他集体出发的比赛)，要根据运动员的轮子触及终点线的先后顺序决定运动员的终点名次。先通过终点线的前脚轮子必须接触地面，否则以后脚轮子通过终点的时刻为到达终点。

(2)在自由换人的接力比赛中，以各队最后一名运动员的轮子首先通过终点线的队为优胜。

(3)在定时比赛中，如规定时间已到，则运动员所滑到的地点即为终点。

(4)在场地或在“封闭环形式”公路跑道上集体出发时，已被超越或即将被超越的运动员应及时淘汰。被超越运动员的名次顺序为被淘汰的逆顺序。运动员通过最后一圈时摇铃示意，但只给第一名运动员摇铃。

(5)在集体出发的比赛中，有数名运动员一起抵达终点，无法确切地区分他们的名次顺序，此时可认定他们的名次相同，其顺序可按其姓氏笔画排列。运动员扣圈或被扣圈都应报剩余圈数，第一名运动员滑最后一圈时摇铃。

(6)如果有两名或有更多运动员到达终点的时间相同，则要重新组织一次确定名次顺序的计时对抗赛，每个运动员的比赛成绩，在到达终点后立即宣布。

(7)运动员到达终点时最后的一个直线跑道上，领先的运动员要保持直线滑行，切不可以任何方式妨碍紧跟其后的运动员的正常滑行。假如违背，则领先运动员的名次列为受影响运动员的名次之后。

(8)公路比赛最长时间的限制是第一名运动员所用时间加上 25%(大众参与的公路赛最长时间可以为第一名运动员所用时间加上 50%～100%)。

七、速度轮滑的比赛场地

速度轮滑的比赛场地分为场地跑道和公路跑道两类。场地跑道为椭圆形，由两条长度相等的直线和两个对称具有相同半径的弯道组成。跑道周长的总长度不少于 125 m，不超过 400 m，宽度最小为 5 m。标准比赛场地的长度为 200 m，宽度为 6 m。场地的地面可用任何材料铺成，但要求完全平坦，有一定的光滑度，不易摔倒。一般比赛场地用水磨石、硬木地板、合成塑料较好，但也有用沥青、水泥等铺成的。比赛跑道要求完全平坦，但弯道可有一定的倾斜度。有倾斜度的部分要从内侧边缘逐渐均匀平稳地升高，直到外侧边缘。终点线要用 5 cm 的白线标出，一般情况下终点线不能设在弯道处。

公路跑道分为起点与终点不衔接的直线开放式和起点与终点相衔接的封闭环行式两种。封闭式环行公路，路线最短不少于 250 m，最长不超过 1 000 m。公路的宽度全程不得小于 5 m。公路的路面应平坦而光滑，没有断裂，路面不平坦部分不应超过其宽度的 3%。

公路跑道斜坡部分不得超过 5%，即使在特殊情况下其倾斜部分也不得超过全部路线的 25%。终点线与起点线均以 5 cm 宽的白色线标出，起、终点线不能设在弯道处(除非无法避开时)，起点线应设在距离弯道 50 m 以外的地方，终点线应设在距最后一个弯道的直弯道分界线前 50 m 处(图 12-42)。

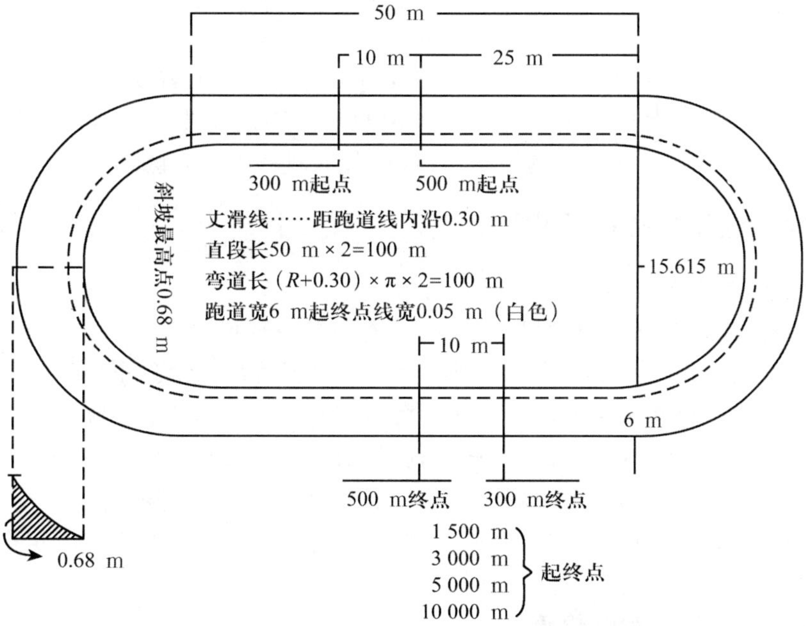

图 12-42　速度轮滑比赛 200 m 跑道场地

第十三章　速度滑冰运动

第一节　速度滑冰运动简介

一、速度滑冰运动的起源与发展

速度滑冰简称速滑，其雏形出现于荷兰。18 世纪末开始逐步风靡于欧美国家，荷兰人最先提出了双跑道双人出发，设置长、中、短 3 个项目的建议。1888 年，国际速滑比赛规则确立，1889 年，在荷兰阿姆斯特丹首次举办世界冠军赛。1924 年，男子速度滑冰被列入第 1 届冬奥会正式比赛项目，1960 年女子速滑被列入第 8 届冬奥会比赛项目。1988 年冬奥会速度滑冰比赛场地由室外转入室内。

我国早在 1935 年就有了滑冰比赛，1953 年在哈尔滨举行了第 1 届全国冰上运动会，1959 年在哈尔滨举行了第 1 届全国冬季运动会。

1957 年，我国速滑选手第 1 次参加世界比赛，获得了第 21 名的成绩。1963 年，世界速度滑冰锦标赛，我国选手罗致焕勇夺 1 500 m 冠军，并打破了男子全能世界纪录。1990 年，王秀丽获世界女子速度滑冰锦标赛 1 500 m 金牌。1992 年，叶乔波在第 16 届冬季奥林匹克运动会上，分别获得 500 m 和 1 000 m 两枚银牌，实现了我国在冬奥会速滑比赛中“零”的突破。2014 年，张虹夺得第 22 届冬季奥林匹克运动会速度滑冰女子 1 000 m 比赛金牌，拿下中国速度滑冰冬奥历史首金。2022 年，在北京举行的第 24 届冬季奥林匹克运动会上，高亭宇获得速度滑冰男子 500 m 冠军，打破奥运纪录的同时也赢得中国历史上首枚冬奥会男子速度滑冰金牌。2024 年，在德国因采尔国际滑联速度滑冰短距离全能世锦赛上，中国名将宁忠岩在男子 1 000 m 项目上蝉联第 1 名并刷新场地纪录，首次获得短距离全能世锦赛冠军。

二、速度滑冰运动的特点和锻炼价值

(一)速度滑冰运动的特点

速度滑冰是运动者借助冰刀，以特定的身体姿势在规定场地上按照比赛规则进行的个人比赛、团体追逐和集体出发项目的竞速运动。速度滑冰又称作大道速滑，是冬奥会冰上运动比赛的重要项目，观赏性仅次于短道速滑。速度滑冰设有男女不同的比赛项目，兼具个人赛和团队赛。速度滑冰最大的特点就是赛道较长、速度较快，以选手通过终点的时间来决定胜负。按照国际滑冰联盟的规则规定，分短距离、中距离、长距离和全能四种。400 m 赛道分内道和外道，两人一组进行比赛，每滑一圈到达换道区时，内道起跑的运动员须换到外道滑跑，而外道运动员则须换到内道。

(二)速度滑冰运动的锻炼价值

从事速滑运动有助于增进身心健康，促进人体新陈代谢，提高心肺功能，增强防寒能力，培

养坚毅顽强的意志品质。

1. 改善心血管系统机能的作用

经常参加速度滑冰运动对人的心血管功能具有显著提高作用。研究表明，速度滑冰运动员的心脏同一般人心脏的生理解剖比较，其心脏横径大 4.4 cm，长径大 1.5 cm。优秀的速度滑冰运动员在安静状态下每分钟心跳可达 40～50 次，比普通人每分钟心跳降低了 20～30 次。实验证明，速滑运动员在进行剧烈运动时每分钟心脏跳动高峰可达到 200～220 次，提高了心脏的输出量，增强了运动员的心脏功能。

2. 提高呼吸系统机能的作用

速度滑冰运动由于技术特定姿势下，运动员的膈肌(呼吸肌)活动受到一定限制，必须采用复合式呼吸，即胸腹混合呼吸。速度滑冰运动员最大摄氧量与最大负氧债能力均高于普通人群。这说明，经常参加速度滑冰运动的人，能够呼吸大量的新鲜空气，促进新陈代谢，改善血氧供应，能够不断地提高呼吸系统和消化系统的功能，有益健康。

3. 完善神经系统机能的作用

经常参加速度滑冰运动的人，常常与冰雪严寒环境接触，对严寒环境具有较高的适应能力。因为通过低温刺激人体，提高了神经系统对人体的调节能力。因此，经常参加速度滑冰运动的人在抗寒、抗感冒、抗呼吸系统疾病等方面明显超过一般人，而且通过后天的经常刺激与锻炼的人也能够大大改善其功能状况及控制平衡的能力。

第二节　陆地模仿

一、滑跑的基本姿势

动作要领：两腿、两脚并拢，两腿屈膝下蹲，重心通过两脚之间，上体前倾与地面成 10°～25°角，肩略高于臀，头抬起，目视前方 10～20 m，两手在背后互握(13-1)。

图 13-1　滑跑的基本姿势

二、直道模仿练习

(一)单腿侧位平衡

视频 13-1：单腿侧位平衡陆地模仿练习

动作要领

(1)由基本姿势开始，浮腿向侧蹬出，然后放松收回成基本姿势，两腿交替进行练习。

(2)重心放在支撑腿上，保持鼻与支撑腿的膝和脚尖三点成一直线。

(3)浮腿脚内侧要轻擦地面，向侧蹬出。

(4)浮腿伸直，浮腿脚尖与支撑腿脚尖在一条线上。

(5)浮腿收回时，以大腿带动小腿，注意放松(图 13-2)。

图 13-2　单腿侧位平衡

视频 13-2：
深蹲姿势单腿后引
陆地模仿练习

(二)深蹲姿势单腿后引

动作要领

(1)由深蹲姿势开始，将一腿后引，另一腿按原姿势支撑身体，收回后引腿或成原深蹲姿势，再换另一腿做相同动作，反复练习。

(2)重心放在支撑腿上，膝关节位于胸下，尽量前弓。

(3)后引大腿于身体重心投影线成 10°～15°角，小腿和地面基本平行，脚尖自然下垂。

(4)动作应放松，收腿时以大腿带动小腿。

(5)做动作时，保持深蹲姿势(图 13-3)。

图 13-3　深蹲姿势单腿后引

视频 13-3：
深蹲姿势倾倒
陆地模仿练习

(三)深蹲姿势倾倒

动作要领

(1)由深蹲姿势开始，上体向一侧倾倒，向侧倾的腿随着向侧跨出 2～3 脚的距离，蹬地脚伸直后向另一腿并拢成开始姿势，再向另一侧重复做倾倒动作。

(2)倾倒时肩、背、臂同时移动。

(3)腿的侧出动作要落后于上体。

(4)收腿时注意放松，双腿并拢(图 13-4)。

图 13-4 深蹲姿势倾倒练习

(四)直道原地综合练习

动作要领

由向后伸出右腿的深蹲姿势开始，将右腿收回至两膝靠近时，头、肩、臀部同时向右倾倒，这时用左脚支撑，然后用左脚内侧蹬地，随着身体向右侧倾倒，支撑腿蹬直，浮脚落地时要正好落在上体下面，左腿向右移动，开始做相反的动作，反复练习(图 13-5)。

视频 13-4：
直道原地综合
陆地模仿练习

(五)直道移动综合练习

动作要领

动作方法同直道原地综合练习(图 13-5)，只是浮脚着地时，要落在支撑脚的侧前方，每次蹬冰动作向前移动一脚的距离。

图 13-5 直道原地综合练习

三、弯道模仿练习

(一)弯道左腿侧出练习

动作要领

(1)在深蹲的基础上，左腿在右腿后方，向右伸直成交叉步，用左脚外侧着地左脚尽量伸向右侧方。

(2)身体重心放在右腿上，肩部稍向右摆，臀部向左用力，然后成还原深蹲姿势，按上述方法反复练习(图 13-6)。

(二)左腿侧出，右腿向右蹬直练习

动作要领

(1)深蹲姿势开始，左腿在右腿后方交叉蹬出，然后收回，接着向左跨出，成左腿深蹲支撑，右脚向右侧蹬直姿势。

视频 13-5:弯道综合陆地模仿练习

(2)左腿向右侧蹬出时,体重放在右腿上。

(3)左腿侧蹬要伸直,脚外侧轻擦地面,保持深蹲,压住臀部。

(4)左右腿交替向右侧蹬出(图 13-7)。

(三)弯道综合练习

动作要领

从基本姿势开始,身体向左倾倒,同时右大腿抬起,右脚离地,此时左脚开始伸展蹬地,伸展的同时将右腿压过左腿,左腿伸直右脚着地,然后收回左腿成开始姿势,这个动作可连续多次练习。

图 13-6　弯道左腿侧出练习

图 13-7　左腿侧出,右腿向右蹬直练习

第三节　速度滑冰的基本技术

一、速滑初学者冰上的练习

(一)穿冰鞋在冰上自然站立

动作要领:站立时,两脚用正刃支撑,两脚与肩同宽,两刀成外八字站好,上体稍前倾,两臂自然下垂,身体重心放在两腿之间(图 13-8)。

(二)冰上行走

动作要领:两刀成外八字站立,体重放到左腿上,右腿向前迈一小步,体重落到左腿上,反复练习上述动作(图 13-9)。

图 13-8　穿冰鞋在冰上自然站立

图 13-9　冰上行走

(三)单蹬双滑

动作要领:右脚用内刃蹬冰,将体重推送到向前滑进的左腿上,右脚蹬冰后,迅速与左腿并拢成两脚正刃滑进。当速度下降时,用左脚内刃蹬冰,将体重推送到向前滑进的右腿上,左脚蹬冰后,迅速与右腿并拢成两脚正刃滑进。

(四)单蹬单滑

动作要领:上体前倾,两臂自然下垂,两脚稍分开,用正刃支撑,成八字站立,体重放在右(左)腿上。用右(左)脚内刃蹬冰,左(右)脚用正刃向前滑出,伴随蹬冰动作的结束,将体重推送到左(右)腿上,左(右)腿成半蹲屈支撑惯性滑进,接着继续向前收右(左)腿,同时左(右)脚蹬冰,伴随左(右)腿蹬冰动作的结束,将体重推送到成半蹲屈支撑惯性滑进的右(左)腿上。

(五)在任意半径的圆弧上做用左脚支撑,右脚连续蹬冰的滑行

动作要领:从站立姿势起,左脚支撑,右脚向侧蹬冰,左脚支撑向前滑行一段距离后,两脚并拢;在右脚没做下一次蹬冰动作时,左脚先向左稍改变一下方向,接着右脚再做一次向侧蹬冰动作。按上述动作反复进行。

(六)在圆弧上做不连续的弯道交叉步

动作要领:在圆弧上用直线滑行方法,插入不连续的弯道交叉步。当左脚有稳定的平衡后,右脚冰刀向左脚左侧前方迈一小步,当右脚冰刀有一短暂滑行后,左脚冰刀迅速从右脚后方收回,同时右脚蹬冰,左脚冰刀着冰向前滑进。

二、直道滑跑技术

(一)直道滑跑姿势

滑跑姿势分高姿式和低姿式两种。高低取决于下肢弯曲的程度。上体姿势在滑不同距离时也是不同的,长距离上体前倾大,短距离前倾小。

一般滑跑姿势上体前倾,肩高于臀部,上体与地面成15°~20°角,膝关节成90°~100°角,踝关节成50°~70°角。上体放松,两臂自然伸直,双手互握置于背后,头微抬起,目视前方20~30 m处。在整个滑跑过程中,身体重心既不要前探,也不要后坐(图13-10)。

图13-10 直道滑跑姿势

(二)直道滑跑技术

1. 自由滑行

自由滑行阶段自蹬冰刀离冰始,到移动重心止。

动作要领:自由滑行开始时,运动员利用冰刀的外刃或平刃滑,身体重心在冰刀支点中心的上方(在冰刀的中间或稍后部位的上方)。自由滑结束时,支点由冰刀的平刃移到内刃上,身体重心开始向蹬滑腿的另一侧移动。

2. 收腿动作

蹬冰腿结束蹬冰动作(即伸直所有腿部关节)并离冰时,收腿开始。腿收到身体中心面的某点时,收腿结束。

动作要领:在收腿过程中,浮腿要以大腿带动小腿将腿拉回,膝关节自然弯曲,做自然内压弧形摆动。从后位向前位收腿时,浮腿是从后向前摆拉收腿。小腿积极摆动下落,在冰刀着冰

前，完成收腿动作。

3. 单支撑蹬冰

自开始横向移动重心时起，到浮腿冰刀着冰时止。

动作要领：自开始横向移动重心起（向蹬冰腿的反方向），冰刀变内刃支撑滑行，冰刀的轨迹与身体中心在冰上的投影开始分离，冰刀向外离去（滑离）而身体中心投影向蹬冰腿异侧离去，随着身体重力臂加大（与冰刀相对而言），垂直刀刃的支撑反作用的水平分力也加大，重力用来加速蹬冰动作。腿的伸展顺序是先伸髋、压膝、压踝，再用力伸膝关节，并且使浮腿尽可能晚着冰。

4. 摆腿动作

运动员在进行单腿蹬冰动作的同时，浮腿做摆动动作。

动作要领：摆腿动作应是加速度的，浮腿保持膝关节弯曲，以大腿带动，膝关节领先积极加速地摆向身体重心移动方向的侧前方，并以大腿明显做向上的摆动 。

5. 双支撑蹬冰

双支撑蹬冰阶段自浮腿着冰开始，到蹬冰刀离冰结束。

动作要领：浮腿的冰刀着冰的方向与身体中心移动的方向一致，并且在滑进的同时将支点移到该刀上，蹬冰腿伸直膝关节以及踝关节，结束蹬冰动作。

6. 下刀动作

自浮腿冰刀着冰起，到完全负担体重止的过程为下刀动作。

动作要领：冰刀负重前，必须尽量靠近身体中心投影处，顺身体中心运动方向，浮腿以膝关节领先，大腿向上摆动（不要伸小腿）用外刃或平刃着冰，随蹬冰腿的快速伸直，体重也随蹬冰的节奏迅速移到该刀上来。

（三）直道滑跑全身配合

全身配合是实现正确滑跑技术和创造高速度滑跑的重要因素。

1. 两腿的配合

两腿的配合是由“四个时期，六个阶段，十二个动作”，形成一个复步，往复循环而构成的。运动员的双腿要分别依次做出下列动作：自由滑行、单支撑滑行、单支撑蹬冰、双支撑蹬冰、收浮腿、下刀。

2. 上体、臀部与腿的配合

在自由滑行，收腿动作和下刀动作的过程中，运动员的上体和臀部应保持和滑跑方向一致（即鼻、膝、刀尖三点成一线）。当进入单支撑蹬冰阶段，运动员的上体、臀部向蹬冰的相反方向的一侧做横向和纵向的水平移动（此时横向大于纵向），把全部的体重控制在蹬冰腿上。当蹬冰结束，体重才转移到新的支撑刀上，整个上体和臀部又沿着新的滑跑方向随支撑冰刀向前运动。

视频 13-6：直道滑跑全身配合技术

3. 臂与腿的配合

当左臂摆至右前上方时，左腿正处于结束蹬冰阶段，右腿处于承接体重变换支点阶段；右臂回摆至下垂部位时，右腿处于收腿结束阶段，左腿正于开始单支撑蹬冰阶段；当左臂摆至左后上方，右臂摆至左前上方时，左腿处于下刀后变换支点阶段，右腿处于结束蹬冰阶段（图 13-11）。

图 13-11 直道滑跑全身配合

三、弯道滑跑技术

图 13-12 弯道滑跑姿势

(一)弯道滑跑姿势

在弯道滑跑时，身体姿势始终保持向左倾斜状态，双腿交替向同一方向(左倾)，左脚刀以外刃，右脚刀以刀内刃交替蹬冰。身体倾斜时，应该使头部、上体、臀部、大腿和小腿成一直线(图 13-12)。

(二)弯道滑跑技术

1. *左腿单支撑蹬冰动作*

左腿单支撑蹬冰动作自右腿离开冰面起，到重新着冰止。

动作要领：在身体中心向左倾斜的同时，左冰刀沿与弯道弧的切线平行的方向滑行，此时腿只在髋关节处开始伸直，使身体中心的轨迹向弯道内偏斜，支撑腿小腿前倾，踝关节与膝关节同时伸屈。当摆动腿(右腿)经过蹬冰腿(左腿)时，蹬冰腿的膝关节开始积极伸直。

2. *右腿摆腿动作*

动作要领：左腿开始蹬冰时，已完成蹬冰动作的右腿正在身体右侧悬空，膝部微屈右腿开始向左腿的右前方朝着支撑腿加速摆动，在右腿交叉过左腿时，小腿落在大腿后面，冰刀尖朝下向左运动并超过右刀尖。

3. *双支撑阶段的左腿蹬冰动作*

自右腿着冰起，至左腿离冰止。

动作要领：左腿膝关节继续积极伸直，左腿一边伸直以较小的角度蹬冰，蹬冰结束时，左冰刀的位置在上体的右后方(成交叉步姿势)。当踝关节积极伸直时，蹬冰动作结束，蹬冰腿的冰刀离开支点，腿完全蹬直。

4. *右腿下刀动作*

动作要领：右腿冰刀在左冰刀的左前方以内刃着冰，右腿的膝关节由于身体重量移到该腿上而弯曲，当左腿蹬冰结束时，身体重量全部移到右腿上。

5. *左腿摆腿动作*

自左腿冰刀离开冰面起，到重新着冰止。

动作要领：蹬冰后，左腿膝关节微屈，左腿摆动并加快向右腿移动。左腿紧贴冰面先向左前方，再略向上摆动，这一动作促使蹬冰角度减小，从而为加速右腿伸直的速度创造条件，摆腿动作的加速完成就会使速度大大提高。

6. 右腿单支撑蹬冰动作

动作要领:左腿开始摆腿时,右腿冰刀正在沿着弯道弧切线方向滑行,并逐渐离开雪线,身体中心却沿着另一个切线方向开始移动。最有力的蹬冰动作是在摆动腿和蹬冰腿交叉时发生,髋关节和膝关节积极伸直,右腿以冰刀内刃中部向右前方滑行,并且越来越向冰面倾斜,以使自己能够更好地利用蹬冰力量。

7. 双支撑阶段右腿蹬冰动作

自左腿着冰起,到右腿离冰止。

动作要领:左腿着冰时,右腿冰刀与其成角度并稍靠后滑行,冰刀尖外转,迫使腿更加伸直,否则它会失去支撑。腿向冰面倾斜,一边蹬冰一边继续滑行。

8. 左腿下刀动作

动作要领:左腿冰刀以外刃在身体中心投影点处着冰。支撑点落到冰刀外刃上,并从冰刀着冰时一直延续到身体重量移到腿上。

(三)弯道滑跑全身配合

1. 两腿的配合

弯道滑跑两腿动作的配合关系是按其一个复步的四个阶段、八个动作的依次循环来配合的。

动作的配合:在左腿单支撑蹬冰动作与右腿的摆动腿相对应;左腿双支撑阶段的蹬冰动作与右腿的下刀动作相对应(而右腿的动作恰恰与左腿向反)。

视频 13-7:弯道滑跑全身配合技术

2. 臂与腿的配合

弯道的摆臂不同于直道,左右臂摆动方法也不一样。

从右臂来看,向前摆至右前方使手、鼻、膝、刀四点成一线。后摆至后高点时,要做向后侧而不要向侧摆动,后摆时也不要超过身体。

从左臂来看,它摆法是上臂靠近身体不动,只做前臂顺躯干的前后摆动,其主要起到协调的作用(图 13-13)。

图 13-13 弯道滑跑全身配合

四、起跑、起跑后的疾跑与终点冲刺

(一)起跑

起跑的任务是使身体迅速摆脱静止状态,获得向前的最大冲力,为起跑后发挥高速度创造有利条件。以点冰式为例介绍起跑动作。

1. 各就位

各就位时,运动员先找好后脚的位置,一般刀跟在起跑线的预备线左右,前脚刀尖紧贴起跑线压入冰面成正面点冰。身体前倾，中心前移，后腿微屈或伸直，上体基本是在后腿的延长线上，头不偏离身体中轴。左臂屈于胸前，右臂自然下垂或略后举，两刀紧紧地咬住冰面，静止不动，冰刀间的角度为 50°～70°角，两刀相距 35～55 cm，前脚刀与起跑线成 66°～70°角，后脚刀成 10°～15°角。

图 13-14　起跑预备姿势

2. 预备

预备姿势的身体中心前后位置基本同各就位姿势，只是腿屈膝下蹲，两腿蹲屈都适中，静止不动，全神等待枪声(图 13-14)。

3. 起动(鸣枪)

鸣枪后，运动员后腿迅速蹬直，前腿在向侧前方摆腿的同时，边摆动边做冰刀外转，小腿自然收回的动作。两臂前后摆动，上体略向前。

(二)起跑后的疾跑

疾跑的任务是在最短的距离内发挥出本项目的最佳速度。

疾跑技术：当第 1 步踏出之后，就进入疾跑阶段，第 2、3 步均以踏切动作来完成，从第 4 步起切滑结合随着步数的增加，滑的成分逐渐增大，切的成分减小。手臂振幅要小而有力，步伐要清晰自如，步距以小为佳，下刀动作位于身体重心投影点上。从 5～6 步开始，身体姿势由高变低，蹬冰逐渐向侧，滑跑步幅由小变大，摆臂振幅逐渐加大。两刀分开角由大变小，身体重心的投影点由前向后移动，移到正常滑跑时重心投影点上。疾跑时用两刀内刃完成动作。

视频 13-8：起跑后的疾跑技术

衔接：疾跑后采用 3 或 4 个单步，利用惯性，把疾跑中已获得的速度转移到正常滑跑中，这时要有明显正刃滑行过渡到内刃支撑(图 13-15)。

图 13-15　起跑后的疾跑

（三）终点冲刺

终点冲刺是全程滑跑的一部分，是在全程的最后段，运动员在越来越疲劳的情况下，用最大的力量滑完全程的结束段（终点冲刺）。在冲刺时采用双摆臂，冲刺距离的长短取决于滑跑的项目及运动员训练水平（图 13-16）。

图 13-16　终点冲刺

视频 13-9：
终点冲刺技术

五、停止法

（一）内八字停止法

停止时，上体稍前倾，两腿微屈，两膝内扣，上体后坐，重心下降，用两刀内刃压冰，刀跟逐渐分开，成八字（图 13-17）。

（二）转体内外刃停止法

两腿并拢，两刀平行向左（右）转体 90°，同时后坐，上体前倾，身体向左（右）倾倒，用右刀内刃，左刀外刃（或右刀外刃，左刀内刃），逐渐用力压切冰面（图 13-18）。

图 13-17　内八字停止法

视频 13-10：
内八字停止法

图 13-18　转体内外刃停止法

视频 13-11：
转体内外刃停止法

第四节 速度滑冰主要规则

(1)速滑是一项能让人类不借助外力在平面上达到最快速度的体育项目,奥运冠军们最快速度能超过 60 km/h。

(2)比赛在周长 400 m 的跑道上进行,跑道由两条直线和两条 180°的弧线连接而成,分内、外两道,道宽 5 m。内跑道的内圈半径为 25 m,外跑道的内圈半径为 30 m。

(3)起跑时,运动员采取蹲立式,以便有强大的爆发力。在长距离比赛中,选手可以把一只或两只胳膊背在身后,以增加空气动力,同时节省体力。

(4)选手被分成两人一组,道次安排和出发顺序抽签随机决定。同组的两位选手在发令枪响后,绕着冰道逆时针滑行,率先达到终点的获胜,由于速度太快,成绩往往异常接近,要用百分之一秒计算。

(5)每组选手允许一次抢跑,如果运动员第二次犯规将被取消比赛资格。每圈过后两位选手在交换区互换内外道位置,这样是为了保证两人的滑行总距离相同。外道的选手优先换道。

(6)在下列情况下,选手将被取消比赛资格:第二次抢跑、滑出自己跑道、在交换区没有换道、在换道时干扰对手。

(7)运动员遇到以下情况时可以重赛:因为严重的干扰而受伤,其中干扰包括对手摔倒。出现这种情况后,该选手可以休息 30 min,然后重赛,取本次成绩和上次成绩中的最好成绩。比赛中,如果选手摔倒,可以站起来,重新投入比赛。当运动员在终点附近摔倒时,将根据选手(包括冰鞋和身体)是否完全过终点线判断如何计时。

第十四章　肌肉力量训练

第一节　肌肉力量训练简介

一、肌肉力量训练基本知识

人的运动系统由骨、关节和肌肉三部分组成。骨和关节是人体的支架，起支撑体重作用，肌肉收缩时起杠杆作用。肌肉占人体重量的40%左右，绝大多数附着在躯干和四肢骨骼上，称为骨骼肌，简称肌肉。肌肉具有一定的伸展性、弹性和黏滞性，在外力作用下能立即被拉长，表现出肌肉的伸展性。当外力消除后，肌肉又恢复到原来的长度，表现出肌肉的弹性。肌肉收缩时肌纤维之间及肌纤维内部胶体物质之间摩擦产生的阻力，表现出肌肉的黏滞性。温度低，肌肉的黏滞性大，温度升高，肌肉的黏滞性降低。因此，肌肉力量锻炼前，必须充分做好准备活动，使体温升高减少肌肉黏滞性产生的阻力，以加快肌肉舒张、收缩速度，提高肌肉工作能力和预防肌肉拉伤。人体主要肌肉群分为胸部、背部、腹部、臂部、腿部5个部分。

肌肉力量是指肌肉工作时克服内外阻力的能力。肌肉力量是人体运动的动力。人的一切运动，无论日常生活，还是生产劳动、体育运动，都是在中枢神经系统控制下实现的肌肉活动。人的任何活动离不开肌肉的收缩力量，它维持着人类的生活能力。丧失肌肉力量的人，生活将无法自理。人体主要骨骼肌位置如图14-1所示。

二、肌肉力量训练的特点和锻炼价值

(一)肌肉力量训练的特点

肌肉力量训练是通过徒手或各种器械，运用行之有效的锻炼方法，进行科学的和经常的力量训练。它可使发达肌肉，增加力量，改善体型、体态，提高岗位体能，树立自信心。肌肉力量训练时物质代谢旺盛，毛细血管开放增多，改善骨骼肌的氧供应；使肌肉内能量供应充沛；有利于增强肌肉力量，肌肉中和肌肉之间结缔组织增厚；肌肉训练消耗大量热能，会使肌肉内脂肪和皮下脂肪减少；肌肉力量训练促进肌肉体积增大、肌肉比重增加。进行肌肉力量锻炼，要持之以恒地坚持锻炼，科学训练才能达到增加力量，提高体能的目的。

(二)肌肉力量训练的锻炼价值

1. 肌肉力量训练可以延缓衰老

随着年龄的增长，机体各个器官机能都在渐渐地退化。例如，颈椎或腰椎劳损、椎间盘突出等问题都是肌肉退化引起的。如果把人体比作大楼，骨骼就是钢筋，肌肉即是混凝土。如果混凝土都掉光了，钢筋也就垮了，大楼自然报废了。肌肉退化，骨骼不堪重负，出现劳损、变形，进而压迫神经，这样问题就出现了。进行力量练习，可以保持肌肉力量，延缓肌肉的退化。此外，力量训练还能减缓心脏、动脉血管和免疫系统的衰老速度。

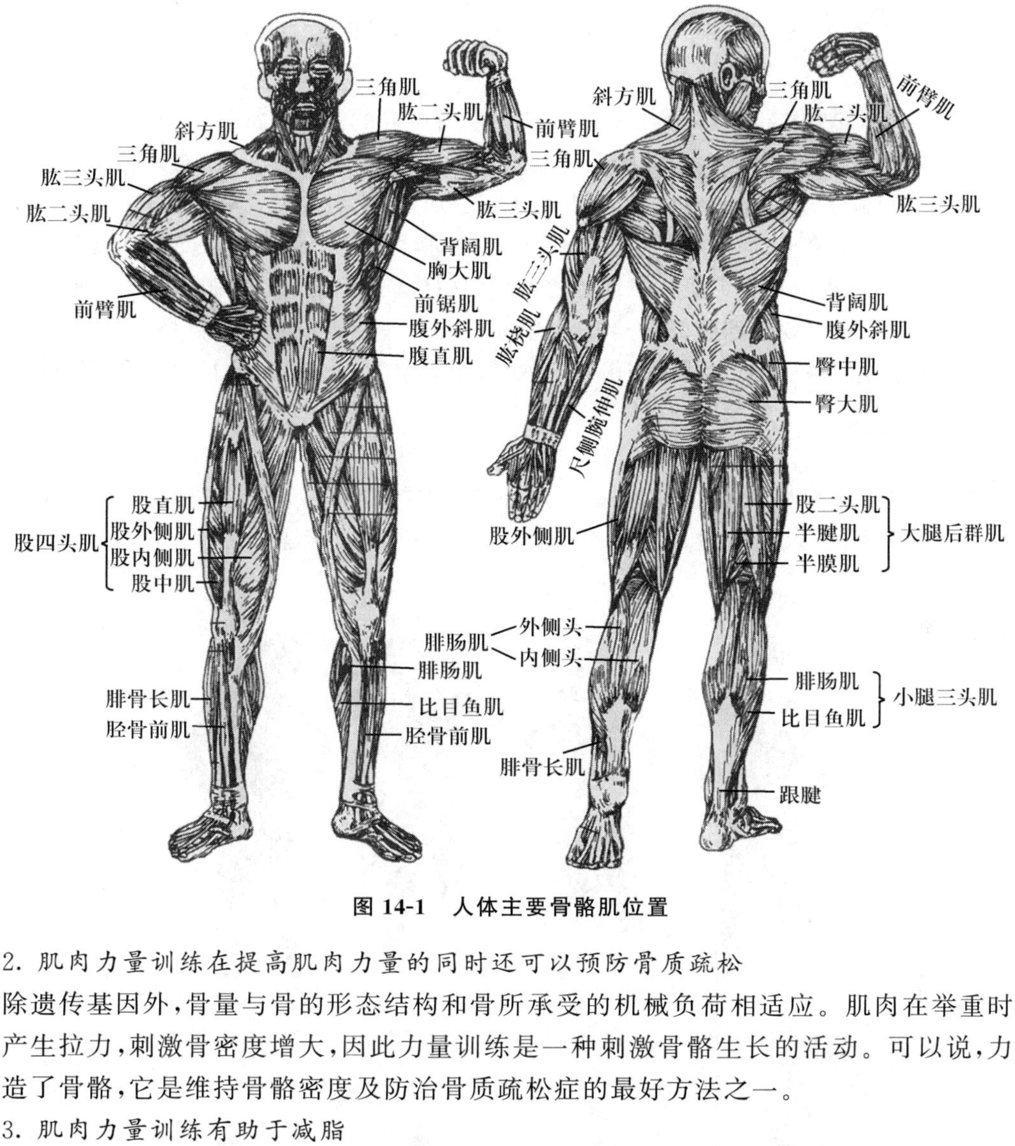

图 14-1 人体主要骨骼肌位置

2. 肌肉力量训练在提高肌肉力量的同时还可以预防骨质疏松

除遗传基因外,骨量与骨的形态结构和骨所承受的机械负荷相适应。肌肉在举重时会对骨头产生拉力,刺激骨密度增大,因此力量训练是一种刺激骨骼生长的活动。可以说,力量训练塑造了骨骼,它是维持骨骼密度及防治骨质疏松症的最好方法之一。

3. 肌肉力量训练有助于减脂

肥胖是由于长期能量摄入过多,超过机体能量消耗,体内多余能量转化为脂肪,并过度积聚而引起的营养代谢失衡性疾病。细胞中的线粒体是提供能量的微型能源工厂。脂肪细胞的线粒体数量很少,因为脂肪细胞主要是储存能量而不是燃烧能量。相反,肌肉细胞的线粒体数量较多,因为其需要能量来完成工作。当通过力量训练来锻炼肌肉细胞时,也就增加了线粒体的数量,从而提高了新陈代谢速度。人体肌肉越多,燃烧的卡路里也越多,即使在休息的时候也如此。通过力量训练增加肌肉,这样就可进入增肌—减脂—健美的良性循环。

4. 肌肉力量训练还有助于一些慢性疾病的治疗

已有研究表明,在药物治疗的基础上配合力量练习,能改善糖尿病人的脂质代谢和身体成分,降低其体内炎性因子的水平,更好地控制糖尿病人的血糖。力量训练还有助于一些慢性疾病如关节炎、冠心病、中风等的治疗。

第二节　肌肉力量训练基本方法

肌肉力量训练的方法很多，一般根据不同的需求有不同的方法。如果是强身健体、改善心肺功能，可以采用全身肌肉训练如跑步、健步走、舞蹈、武术、游泳等。假如有健美需求要训练某一个部位的肌肉，可以采取具体的方法，如上肢训练二头肌、三头肌力量有哑铃、握力器、拉力器等；训练下肢力量有动感单车、蹲马步、立定跳远；上下肢同时训练有杠铃等。要训练腹部肌肉可以做仰卧起坐，对背部肌肉及肩带肌同时训练的可以做引体向上，其他的如俯卧撑对上肢和腹部肌肉都能得到锻炼。假如要达到更好的健美效果，在健身房还有专门的健身器材，针对某一个部位进行具体的训练，所以要根据自己的需求就地取材，用简单的方法达到最好的肌肉训练效果。

一、准备活动

力量训练的技术动作相对简单，但是需要有很高的神经肌肉系统兴奋性、本体感觉活化程度和动作模式唤醒，所以在一般力量训练前的热身准备活动更是不可缺少的。如图 14-2 至图 14-11 所示。

(a) 向前低头　(b) 向后仰头　(c) 向左环绕　(d) 向右环绕

图 14-2　头部运动

(a) 指尖触肩关节　(b) 屈臂向前环绕　(c) 屈臂向后环绕　(d) 屈臂向下环绕

图 14-3　肩关节环绕

(a) 左手向里拉右臂　(b) 右手向里拉左臂　(c) 颈后拉直臂　(d) 颈后抓腕拉臂

图 14-4　肩部肌肉拉伸

(a) 右臂斜上举　(b) 身体向左侧屈　(c) 左臂斜上举　(d) 身体向右侧屈

图 14-5　体侧运动

(a) 双手叉腰　(b) 向左环绕　(c) 向右环绕　(d) 还原直立

图 14-6　腰部运动

(a) 双手扶膝　　(b) 向左环绕　　(c) 向后环绕　　(d) 向外、向内环绕

图 14-7　膝关节绕环

(a) 向右转体　　(b) 向左转体

图 14-8　前俯腰转体

(a) 双手拉伸左腿　　(b) 双手拉伸右腿

图 14-9　股四头肌拉伸

(a) 两腿左右分开向前屈　　(b) 身体向左侧屈　　(c) 身体向右侧屈

图 14-10　大腿内侧、后侧肌肉拉伸

(a) 右腿向内环绕　(b) 右腿向外环绕　(c) 左腿向内环绕　(d) 左腿向外环绕

图 14-11　踝腕关节环绕

二、胸部肌肉力量训练方法

随着我们身体脂肪率的增加，体内的脂肪会自然积累并停留在特定的区域。比如男性，主要积聚在背部、腹部、胸部。特别是对于肥胖的男士，胸部容易堆积脂肪，穿衣服不仅不好看，还会影响男子气概。胸部肌肉可以通过多做一些扩胸运动来锻炼，也可以通过多做哑铃和杠铃推举的方式来锻炼。当然在锻炼胸部肌肉时，一般需要选择到正规的健身房训练，因为正规的健身房，有教学经验比较丰富的教练，教练会根据体质情况来选择合适的方式，达到锻炼出胸部肌肉的效果。并且在专业人士的指导下锻炼，还可以避免肌肉拉伤现象的发生。胸部肌肉力量训练方法如图 14-12 至图 14-20 所示。

(a) 胸前正握杠铃　(b) 向胸上方推举　(c) 两臂推直　(d) 屈臂回落至胸前

图 14-12　平卧推

(a) 胸上方握杠　(b) 向胸上方推起　(c) 两臂推直　(d) 回落至胸前

图 14-13　上斜板推举

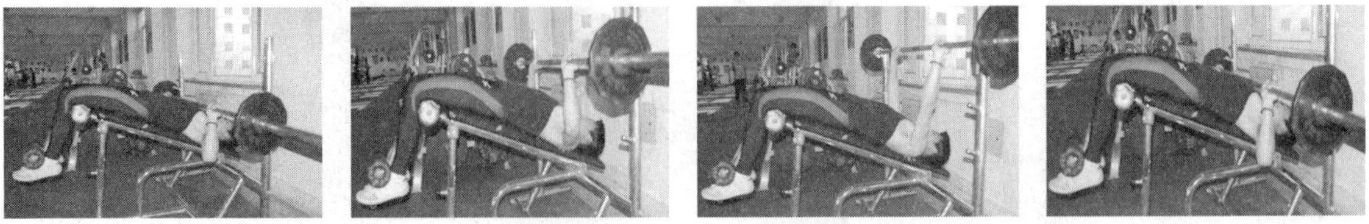

（a）两臂握杠于胸下　（b）向胸上方推起　（c）向上推直　（d）屈臂回落于胸下

图 14-14　下斜板推举

（a）持哑铃上方举起　（b）两臂落至最低　（c）向胸上方拉起　（d）手臂伸直

图 14-15　仰卧飞鸟

（a）臂靠住拉臂　（b）向内侧拉　（c）两臂靠近　（d）两臂向侧展开

图 14-16　坐姿器械夹胸

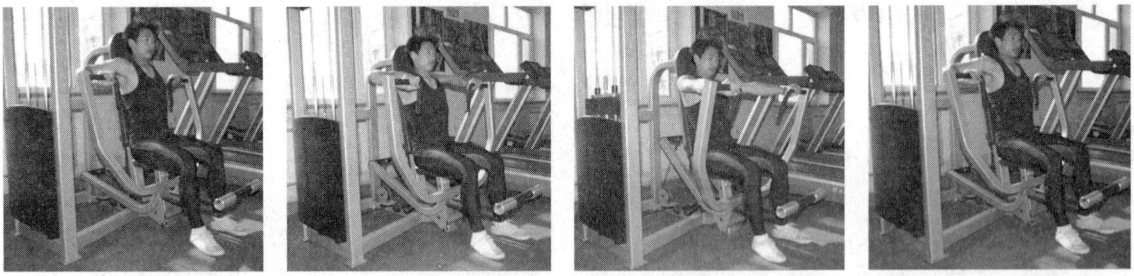

（a）双手握把手　（b）两臂向前推　（c）两臂推直　（d）两臂慢收回

图 14-17　坐姿平推

(a) 双手握把手　　(b) 两臂下拉　　(c) 拉至腹前　　(d) 放松至与肩平

图 14-18　拉力器夹胸

(a) 两臂伸直持哑铃　　(b) 直臂上拉哑铃　　(c) 拉举至胸上方

图 14-19　仰卧直臂哑铃拉起

(a) 两臂伸直撑地　　(b) 两臂弯曲身体靠近地面　　(c) 双臂用力撑起

图 14-20　俯卧撑

三、背部肌肉力量训练方法

人体线条清晰的背部肌肉，给人一种可靠正直的感觉，同时在我们的健身训练中，背部肌肉也十分重要。背部肌肉是练出倒三角体型的关键。对于减脂的人，练习背部肌肉能提高代谢，减脂效率更高。背部肌肉并不是身体最大和最强壮的唯一部位。它是由一系列复杂且相互连接的肌肉群组成。训练背部应该使用不同的器械从上到下从不同的角度去锻炼，达到既宽又厚，充分展现男人的挺拔身姿。背部肌肉力量训练方法如图 14-21 至图 14-27 所示。

(a) 直臂半蹲握把手　(b) 屈臂上拉　(c) 拉至腹前

图 14-21　半蹲拉力器上拉

(a) 直臂悬垂　(b) 屈臂引体　(c) 拉至最高点

图 14-22　引体向上

(a) 伸臂握把手　(b) 屈臂向后拉　(c) 拉至胸腹部　(d) 两臂放松还原

图 14-23　坐姿划船

(a) 头上握拉力器　(b) 拉至胸前

图 14-24　拉力器胸前下拉

(a) 双手握拉力器　(b) 拉向头后　(c) 拉至颈后

图 14-25　拉力器颈后下拉

(a) 躬身屈腿握杠铃　(b) 向身体拉近　(c) 稍作停顿　(d) 放松还原

图 14-26　躬身杠铃划船

(a) 躬身正反手握杠　(b) 背肌发力上拉　(c) 挺胸直立　(d) 还原放松

图 14-27　拉杠铃

四、腹部肌肉力量训练方法

腹肌是人体结缔组织组成中的重要部分，包括腹直肌、腹外斜肌、腹内斜肌和腹横肌。当它们收缩时，可以使躯干弯曲及旋转，并可以防止骨盆前倾。腹部肌肉对于腰椎的活动和稳定性也有相当重要的作用，还可以控制骨盆与脊柱的活动。软弱无力的腹肌可能导致骨盆前倾和腰椎生理弯曲增加，并增加腰背痛的概率。腹部肌肉力量训练方法如图 14-28 至图 14-34 所示。

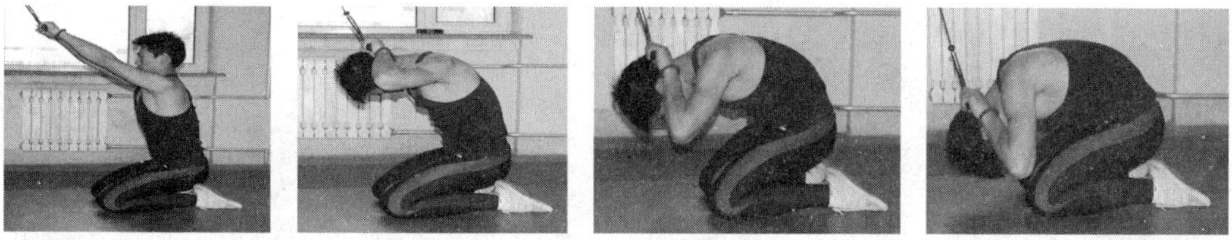

(a) 跪姿双手握拉力器　(b) 双手贴在头后　(c) 腹肌用力下拉　(d) 身体下弯至极限

图 14-28　跪姿拉力器下拉

(a) 两脚勾住、双手抱头　(b) 从头部开始卷起　(c) 肩背腰依次卷起　(d) 至肘关节触膝

图 14-29　下斜板仰卧起坐

(a) 仰卧斜板手握把手　(b) 双腿并拢上举　(c) 将腿举至垂直

图 14-30　上斜板仰卧举腿

(a) 仰卧斜板手握把手　(b) 屈膝收腿　(c) 收至胸前腰抬起

图 14-31　上斜板仰卧收腿

(a) 仰卧垫上两臂伸直　(b) 臂与腿同时离开垫子　(c) 两手触脚

图 14-32　垫上两头起

(a) 双手握杠悬垂　(b) 屈腿上提

图 14-33　悬垂提腿

(a) 肩负杠铃双手扶持　(b) 向左转体　(c) 向右转体

图 14-34　负重转体

五、大腿肌肉力量训练方法

腿也是身体的主要肌肉群，要让一个健身项目在身体上有良好的体现，就必须靠全身的肌肉群来做功，通过腿部训练，可以提高下肢腿部的肌肉力量，更有助于健身者在面对各种运动时游刃有余，突破自己体重的限制。此外，腿也是许多运动的起点，全身做功的发力点，如果要想做出流畅的动作，就要学会从下肢开始发力，下肢有足够的力量和好的发力方式才能驱动全身动作的协调。同时通过锻炼腿部肌肉，能增强全身的肌肉质量，获得更强壮的腿部形状，优化身材比例。大腿肌肉力量训练方法如图 14-35 至图 14-39 所示。

（a）肩负杠铃脚跟垫起　（b）挺胸收腰慢下蹲　（c）挺胸伸膝　（d）两腿充分伸直

图 14-35　负杠铃蹲起

（a）肩负杠铃半蹲　（b）两腿蹬地　（c）向上跳起　（d）落地屈膝

图 14-36　负杠铃浅蹲跳

（a）负重弓步站立　（b）屈腿向前迈步　（c）落地成弓箭步

图 14-37　负杠铃弓箭步走

(a) 握住把手脚放踏板上　　(b) 两腿用力蹬直　　(c) 缓慢屈收两腿

图 14-38　坐姿蹬腿

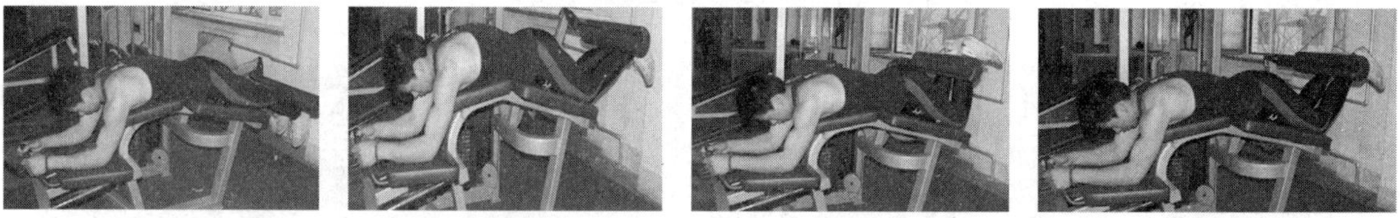

(a) 手握把手身体俯卧　　(b) 脚跟勾横臂屈小腿　　(c) 将横臂勾至极限　　(d) 慢慢下放还原

图 14-39　俯卧屈小腿

六、小腿肌肉力量训练方法

关于小腿肌肉力量提升，一般在健身训练很少有健身者去刻意强化小腿部力量，其实小腿力量对于运动健身非常关键，尤其是对于跑步者增强小腿的力量是非常关键的。增强小腿的力量可以更好地保护脚踝，避免脚踝崴伤，在跑步时如果小腿的力量不够强大，就会增加脚踝的压力，增加脚踝的磨损，而如果增强小腿部的力量不仅可以降低脚踝的磨损压力，而且还会增强跑步时对整体的膝关节以及脚腕的压力，增强跑步的安全度，所以增强小腿的力量可以更好地提升跑步质量和耐力以及安全性。小腿肌肉力量训练方法如图 14-40、图 14-41 所示。

(a) 手握杠铃放膝关节处　　(b) 小腿发力脚跟上提至极限　　(c) 脚跟下落还原

图 14-40　坐姿杠铃压膝提踵

(a) 负杠铃前脚掌垫起　(b) 两脚跟上提　(c) 脚跟提至极限　(d) 慢慢下放还原

图 14-41　负重提踵

七、三角肌力量训练方法

三角肌俗称“虎头肌”，因其凸出上臂，形状酷似虎头而得名，而且发达的三角肌体积比较大，显得威猛，所以它也是力量的象征。此外练好三角肌，可以增加肩部宽度，使男性无论是穿衬衣还是西服等都能完美展现，而且拥有完美的三角肌能让男性显得威猛雄健。三角肌力量训练方法如图 14-42 至图 14-47 所示。

(a) 坐姿双手颈后持杠铃　(b) 两臂向上推举杠铃　(c) 举至两臂充分伸直

图 14-42　坐姿杠铃颈后推举

(a) 双手屈臂持哑铃　(b) 两臂向上举哑铃

图 14-43　坐姿哑铃推举

(a) 体侧持铃　(b) 直臂上拉　(c) 举至同肩高

图 14-44　哑铃直臂前平举

(a) 体侧持铃　(b) 由体侧向上拉起　(c) 举至两臂同肩高　(d) 经侧还原

图 14-45　哑铃侧平举

(a) 手心相对持哑铃　(b) 屈臂向两侧拉开　(c) 两臂至最高点　(d) 两臂慢落还

图 14-46　躬身飞鸟

(a) 掌心向前持铃　(b) 两臂内夹　(c) 至两臂靠拢　(d) 两臂向侧拉开

图 14-47　持哑铃夹胸

八、肱二头肌力量训练方法

肱二头肌呈梭形附着在上臂前面，它收缩时会形成一个肌肉疙瘩，向人展示力量时，曲臂侧举，显得胳膊粗壮。通过专门的练习，比如杠铃弯举、哑铃弯举、拉力器弯举等，能让肱二头肌更粗壮，收缩时肌峰更高，肌肉更坚硬，男子汉气质更浓厚。肱二头肌力量训练方法如图14-48、图14-49所示。

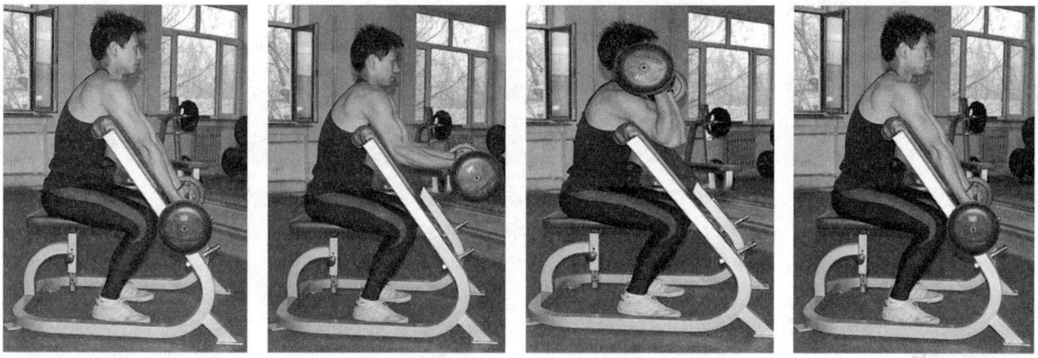

(a) 两手反握杠铃　(b) 屈臂向上拉起　(c) 杠铃拉至肩前　(d) 慢落还原

图 14-48　坐姿斜板弯举

(a) 右手握哑铃　(b) 右手肱二头肌向上拉起　(c) 左手握哑铃　(d) 左手肱二头肌向上拉起

图 14-49　坐姿哑铃弯举

九、肱三头肌力量训练方法

肱三头肌的作用一般可以让肩关节的稳定程度增强，也起到了相互保护的作用。在伸肘时主要的力量来源就是肱三头肌，通过伸肘人体就可以做一系列的活动，比如可以撑起上身、格斗、投掷、攀爬、提起重物等，在这一系列的活动当中，都需要强有力的伸直动作，也就是肱三头肌的收缩来完成。肱三头肌也是人体重要的部位，一旦有非常丰厚的肌肉，平时锻炼的时候，肌肉会更加明显，如果肱三头肌部位出现了不适的症状，会影响到整个手臂的活动和劳动能力，最好在平时生活当中多注意合理的锻炼。肱三头肌力量训练方法如图14-50至图14-54所示。

(a) 颈后持铃　(b) 前臂上举　(c) 举至臂伸直

图 14-50　哑铃颈后臂屈伸

(a) 双手屈臂握杠　(b) 伸臂向上撑　(c) 肘关节伸直

图 14-51　双臂屈伸

(a) 两手正握把手　(b) 以肘为轴下拉　(c) 拉至两臂伸直　(d) 慢慢放松至胸前

图 14-52　拉力器下拉

(a) 手握杠铃于头后上方　(b) 向上拉起杠铃　(c) 举至臂伸直

图 14-53　仰卧杠铃颈后推举

(a) 坐姿屈臂握把手　(b) 肱三头肌用力下压　(c) 双臂充分伸直

图 14-54　肱三头肌训练器下压

十、前臂肌力量训练方法

通过前臂的肌肉锻炼,能够使前臂内部的肌纤维增粗,从而使肌肉在外表看起来更美观。前臂群肌可以增强手部的力量,通过锻炼前臂肌肉,可以使手指抓握更有力,使我们在劳动当中效率提高。同时有助于维持腕关节以及肘关节的稳定性,可以使这两处关节周围的肌腱及关节囊变得更加强韧,减少这两处关节损伤。前臂肌力量训练方法如图 14-55 至图 14-57 所示。

(a) 持哑铃手腕下垂　(b) 屈手腕上卷　(c) 手腕放松至下垂

图 14-55　反握卷腕

(a) 手持哑铃拳心向上　(b) 手腕向内旋转　(c) 手腕向外旋转

图 14-56　坐姿哑铃旋臂

(a) 手握臂力棒两端　(b) 前臂用力使其上折　(c) 折至两手靠拢　(d) 慢慢松开还原

图 14-57　压臂力棒

参考文献

[1] 习近平．在全国高校思想政治工作会议上的讲话[N]．人民日报，2016-12-9(1)．

[2] 习近平．在全国教育大会上的讲话[N]．人民日报，2018-9-10(2)．

[3] 习近平．用新时代中国特色社会主义思想铸魂育人贯彻党的教育方针落实立德树人根本任务[N]．人民日报，2019-3-19(1)．

[4] 侯文达．高等学校乒乓球教材[M]．北京：北京大学出版社，1994．

[5] 高子琦，黄辅周．排球裁判必读[M]．北京：北京体育大学出版社，1998．

[6] 马振洪．篮球[M]．北京：北京体育大学出版社，1998．

[7] 郁鸿骏，戴金彪．羽毛球竞赛裁判手册[M]．北京：人民体育出版社，1999．

[8] 曲宗湖．现代社会与学校体育[M]．北京：人民体育出版社，1999．

[9] 叶国雄，陈树华．篮球运动研究必读[M]．北京：人民体育出版社，1999．

[10] 刘俊庭，吴纪饶．大学生健康教育[M]．北京：高等教育出版社，1999．

[11] 李瑶章，符进学．轮滑运动[M]．北京：人民体育出版社，1999．

[12] 中国羽毛球协会．羽毛球俱乐部[M]．北京：中国铁道出版社，2000．

[13] 王少华．体育基础理论与实践教程[M]．北京：北京体育大学出版社，2001．

[14] 中国篮球协会．篮球竞赛规则[M]．北京：光明日报出版社，2001．

[15] 黄汉生．球类运动——排球[M]．北京：高等教育出版社，2001．

[16] 俞继英．奥林匹克排球[M]．北京：人民体育出版社，2001．

[17] 孙孔懿．素质教育概论[M]．北京：人民教育出版社，2001．

[18] 刘振中．身体素质教育论[M]．广州：广东教育出版社，2002．

[19] 李重申．体育实践教程[M]．北京：高等教育出版社，2002．

[20] 麻雪田，王崇喜．现代足球运动高级教程[M]．北京：高等教育出版社，2002．

[21] 杨国庆．大学体育[M]．北京：中国社会科学出版社，2002．

[22] 马永生．高等职业教育基础教材[M]．大连：大连理工大学出版社，2003．

[23] 李金梅．体育理论教程[M]．北京：高等教育出版社，2003．

[24] 冯建军．生命与教育[M]．北京：教育科学出版社，2004．

[25] 邹继豪，孙麒麟．体育与健康教程[M]．沈阳：辽宁大学出版社，2004．

[26] 刘兆杰．中国体育养生学[M]．北京：中医古籍出版社，2004．

[27] 郁俊，廖诗方．大学体育教程[M]．长春：吉林人民出版社，2005．

[28] 王祖爵．奥林匹克文化[M]．北京：中国水利水电出版社，2005．

[29] 卢元镇．体育人文社会科学概论高级教程[M]．北京：高等教育出版社，2005．

[30] 郭怡．奥林匹克演绎的教育文化[M]．杭州：浙江大学出版社，2006．

[31] 陈智勇．新编大学体育教程[M]. 北京:北京航空航天大学出版社,2007.
[32] 贾焕亮．体育与健康教程[M]. 武汉:武汉大学出版社,2009.
[33] 薛亚钢,梁林．体育与美学[M]. 北京:北京体育大学出版社,2015.
[34] 袁守龙．大学体育与健康[M]. 北京:人民邮电出版社,2019.